JN075205

保育内容「言葉」と指導法

理解する　考える　実践する

編集　齋藤政子

中央法規

はじめに

きょうだい数の減少や地域の異年齢集団の解体、外あそびの減少などが進むなかで、子ども同士で群れて遊ぶ姿がすっかり街のなかにみられなくなり、「生きる力」の育ちの弱さが近年指摘されています。子育て支援や保育の現場では、集中力や持続力がなかなか育たない、言葉で他者とコミュニケーションをとることが難しいといった声も聴かれます。一方、2020（令和 2）年 2 月から始まった新型コロナウイルス感染防止対策のなかで、マスクをしたままで会話をする子ども達の「言葉」の育ちに、不安や心配をもつ保育者や保護者も増えています。マスク越しの音を、耳を澄ませて聴き取らなければならない子ども達は、発音が不明瞭になったり、声を出すこと自体が億劫になったりしているようです。

乳幼児にとって、言葉は、初めて周りの世界に踏み出そうとする際の心の杖であり、他者と共同して世界をつくっていくための手段でもあります。本来ならば、相手から「言葉」が受け渡されるだけでなく、相手の表情やしぐさから様々な情報を子ども達は受け取ってるのに、マスクで口元が見えにくく、声が聞こえにくくなっていることによって、子どもにも大人にも、コミュニケーションが十分にとれないもどかしさや不安があるようです。

それでは、ウィズコロナの時代のなかで、どうすれば子ども達は「言葉」のもつ感覚の楽しさ・面白さを感じながら、伝え合う喜びを大人や仲間と共有できるようになるのでしょうか。また、「言葉」の発達が著しい乳幼児期においては、どのような大人の関わりや環境が必要なのでしょうか。

本書では、そうした疑問に答えながら、「言葉」の領域の内容や指導法、「言葉」を育て豊かにするための教材や保育のあり方などについて考えていきます。

ところで、言葉の力を育てていくためには、乳幼児にとっての 3 つの「ごかん」を研ぎ澄ませていく必要があると考えられます。1 つ目は、五感（人間が外界を感じることができる 5 つの感覚）です。この視覚・聴覚・嗅覚・触覚・味覚を通して、生活やあそびの豊かさを味わい、面白いと思ったことに知的好奇心をもって取り組み、主体的自己を育てていきます。2 つ目に、この五感を起こさせる 5 つの感覚器官である五官についても、健康の保持と情緒の安定を図っていくことで正常に機能するよう配慮していく必要があるでしょう。3 つ目に、乳幼児の言葉の力としては難しいレベルにはなりますが、語感（ごかん）を感じ取る力、つまり「感性」も大事にしていきたいものです。言葉には、中心的な意味のほかに、ニュアンスや響きの違いによるデリケートな用法があり、それを識別できる能力も、心を動かすような様々な体験のなかで、育てていく必要があるのではないでしょうか。

「言葉」に関する保育士養成課程のテキストでは、保育実践や子どもの観察事例を読んで、「言葉」について考えるという演習が多かったと考えられますが、活字になっている字を読み取って考えるだけでなく、保育者自身、学生自身の「感性」を育てていく必要性を、養成校教員として感じています。本書では、特に児童文化財への学びを深めながら、学生同士が互いに話し合う、つくる、演じる、考える、発表するというアクティブラーニングの手法をとりつつ、乳幼児と言葉およびその指導法について、理解できるように工夫しました。

学生の皆さんが、言葉とその指導法について、楽しみながら生き生きと語り合い、学び合う時間をつくる一助となりましたら、これに勝る喜びはありません。

編者　齋藤政子

【本書の特徴】

① 教育職員免許法と同施行規則の改正に伴い、領域に関する専門的事項を学べるよう、保育内容言葉の指導法と、領域「言葉」の内容、また乳児・幼児と「言葉」についても網羅した内容になっています。

② 保育内容の領域としての「言葉」に関する知識と、乳幼児への指導の内容・方法が＜理論編＞＜演習編＞＜実践編＞３編全 15 章で構成され、養成校の授業で活用しやすいようにまとめられています。

③ 豊富な事例を通して、学生が具体的な子どもの姿や子どもとの関わり方を学べるように工夫されています。各章ごとに、自分のやってみようと思える演習課題が掲載されており、＜実践編＞では、聴いて、話して、実践しながら、考え、学べるよう工夫されています。

目次

第1章 言葉の意義と機能

人類を人間たらしめているのは、言語という記号体系を獲得し、自らの発達と社会生活の維持・発展に活用しているという点でしょう。本章では、人間の発達に深く関連する言葉の意義と機能について学びます。特に、乳幼児期の思考やコミュニケーションに、言葉がどのように関連しているのかについて考えていきましょう。

第1節 人間と言葉

1. 類人猿からヒトへ

人類が類人猿から枝分かれしたのは、約700万年前だといわれています（三井, 2005、山極・本郷, 2018ほか）。直立二足歩行を始めた人類は、手が自由に使えるようになり、道具を使用し始めました。脳の発達が促され、より大きくなった頭部を支えるために、さらに二足歩行を安定化させていきました。かつてヒト科の分類は、猿人・原人・旧人・新人の4種類とされていましたが、近年の化石人類の発見や再検討により、形態の違いから何種類にも分かれていたことがわかっています。最も古い「ホモ属」は、今から約250万年前に出現したホモ・ハビリスですが、彼らは群れをつくり、打製石器製作技術を発達させました。約20万年前に出現したホモ・サピエンス（現生人類）が絶滅せず生き残り、私達の祖先となりました。

2. 人間の独自性―ヒトとヒト以外の霊長類との違い

動物が登場する番組を見ていると、イヌやネコ、チンパンジーも、私達とコミュニケーションをとっており、会話しているようにみえることがあります。しかし結論からいえば、私達ヒトが、ヒト以外の霊長類を含む動物と違うのは、「言語」を持っているかどうかです。確かに動物も様々な方法でコミュニケーションをとっているといえますが、それは「言語」とはいえません。

ヒト以外の霊長類も、コミュニケーションの能力に言葉のようなものを使っています。旧・京都大学霊長類研究所で行われたチンパンジーのアイとアユム親子の研究では、数字を理解して小さい順にボタンを押す課題をこなしたり、それを

2人（2頭）が順番に協働で行う姿が報告されています（Martin, Biro & Matsuzawa,2017）。また、テラス（1986）の研究では、チンパンジーがサインで文を作って要求したことも報告されています。チンパンジーは、サインで言葉を伝え、「ちょうだい、オレンジ、わたし、ちょうだい、たべる、オレンジ、わたし、たべる、オレンジ、ちょうだい、わたし、たべる、オレンジ、ちょうだい、わたし、あなた」と言ったと報告されています。しかし、この文は、単語の繰り返しで、文法がありません。また、チンパンジーが漢字や数字を理解して覚えたとしても、単語と記号や身振りとの関係性を覚えることができたということであって、それはコミュニケーションとしては重要だといえますが、それだけで「言語」を理解し活用する能力として十分だとはいえないのです。

そもそも「言語」とは、「人間が音声または文字を用いて思想・感情・意思などを伝達したり、理解したりするために用いる記号体系」（広辞苑 第5版）であり、「文法」と「意味」と「音（韻）」をもったシステムです。酒井（2002）は、「言語」の特徴を、非常にあいまいなものであり、構文を複雑にすることが可能で、人々の生活や地域、時代によって文法なども変わりうるものだと紹介しています。例えば、「みにくいアヒルの子」という言葉だけでは、誰がみにくいのかはわかりません。アヒルの子がみにくいのかもしれませんし、その親がみにくいのかもしれません。それは文脈全体から読み取る必要があります。また、「二匹は相撲をとった」という文の主語と述語に、それぞれ修飾語を足していくことで、どんどん情報量が増え、話を複雑にしていくことができます。このような「文法」と「意味」の複雑さやあいまいさが、単語の羅列との違いであり、それに対応できる能力が、「言語」を活用する能力には必要だといえます。

3. 自他を同型的なものとして捉え、世界を構築する

ところで、ヒトとヒト以外の霊長類との違いとしてもう一つ挙げるとするなら、それは私達が「“知覚世界を共同化し”しかも“自己と他者を同型的なものとして組織化し”た存在」（麻生,1992）であることを認識しているということでしょう。相手がしていることは自分にもできるはずだという意識は、「同種の他者を自分自身と同じように意図を持つ存在であると理解すること」（トマセロ,2006）を前提としています。

アフリカのギニアに生息しているチンパンジーは、ハンマーと置石でクルミを割って食べるという習慣があるということですから、同種の他者が行っている姿を見て模倣するという意味で、他者を、意図をもつ存在だと理解していると考え

られます。しかし、共同化された世界を「言語」という記号体系で構築していく作業は、ヒトの成長過程のなかにしかみられません。

知覚世界の共同化のプロセスで最初にみられるのは、生後9か月から12か月頃に創発される一群の新しい行動です。“大人が見ているほうを見る（視線追従）”“指をさしたほうを見る（指さしの理解）”“指さして大人に教えようとする”“大人の行動を真似しようとする（模倣）”“大人の表情を読み、社会的な参照点として利用しようとする（社会的参照）”などが挙げられます。

例えば、道路を走っている車を見て、大人が「ブーブーが来たよ」と言ったとします（**図表 1-1 Ⓐ**）。乳児は、大人の視線の先にあるものを見て、何かを伝えようとしていることを理解して車のほうを見ます（**図表 1-1 Ⓑ**）。そのとき、乳児は、大人が“車に対する注意を共有してほしいと考えていること”を理解しているといえます。このあと、大人も乳児も車に注意を向けます。その際に、「共同注意」場面が生まれます（**図表 1-1 Ⓒ**）。第3章第2節でも学びますが、このような対象物と子どもと人との関係を、「三項関係」と呼びます。そしてこの共同注意場面のなかで、子どもは大人と情報や感情を共有し合います。乳児が車を発見して大人に指さして伝える場面もあるでしょう（**図表 1-1 Ⓓ**）。そして、車という事象が「ブーブー」という音声と結びつき、大人が自分に向けて使った「ブー

図表 1-1 大人の伝達意図を理解する（対象世界の共同化）プロセス

Ⓐ 大人が乳児に声をかける「ブーブーが来たよ」

Ⓒ 大人の提案に応じて車に注意を向ける

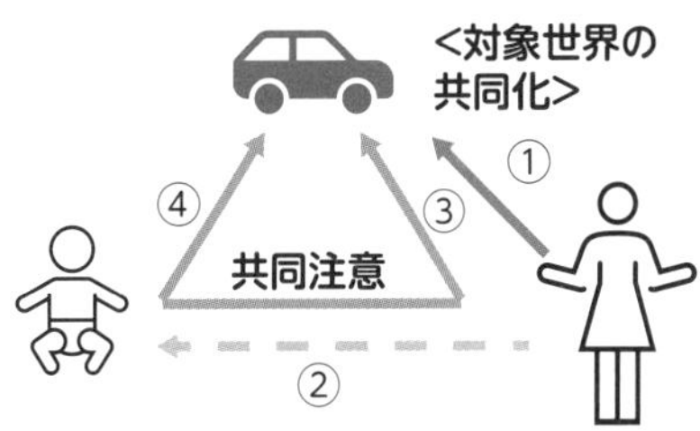

Ⓑ “大人は何かを伝えたがっている”とわかる

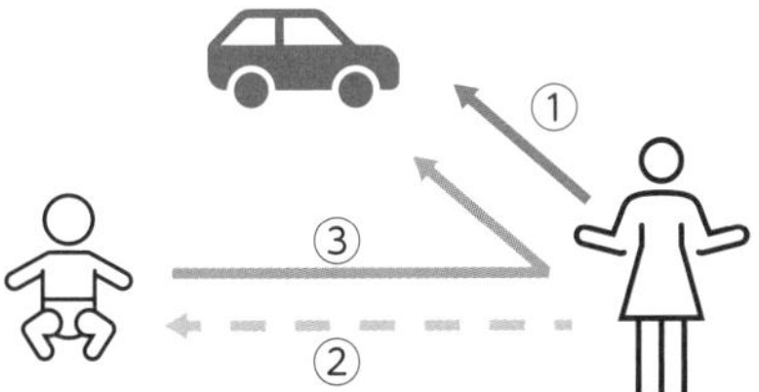

Ⓓ 乳児が発見して大人に伝える

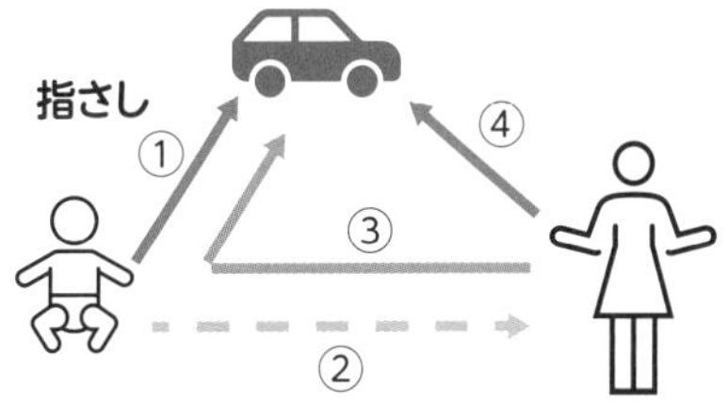

参考：トマセロ，M.，大堀壽夫・中澤恒子・西村義樹・本多啓訳（2006）『心とことばの起源を探る―文化と認知』勁草書房，p.139．図 4-2b を参考に筆者作成

図表 1-2 大人と子どもと「車（もの）」の関係

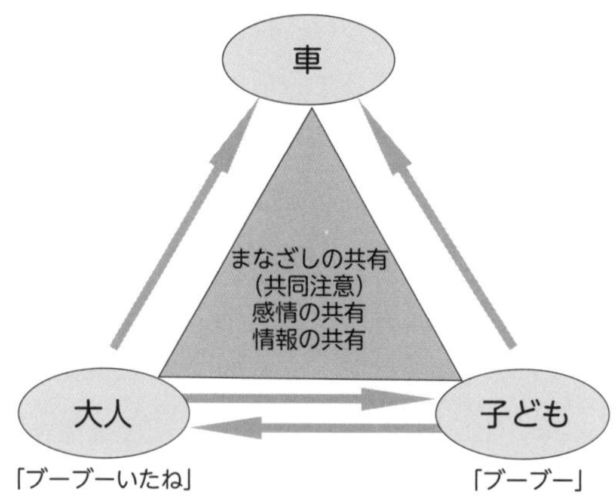

出典：齋藤政子（2009）「第２章 乳幼児の発達と「人間関係」」金田利子・齋藤政子編著『保育・教育ネオシリーズ17　保育内容・人間関係　第二版』同文書院, p.21.

ブー」という言語記号を、今度は大人に向けて使うようになっていくのです（**図表 1-2**）。

また、このように“相手の見ているものは自分も見える”、“相手がしていて面白そうなことは自分もできる”と考えるようになった子どもは、**事例 1-1** のように、大好きな大人がしていることを盛んに模倣するようになります。

事例 1-1

１歳６か月のＬは、祖母がほうきで床を掃き始めたのをじっと見ていた。祖母がほうきを片付けようとすると、Ｌはトコトコとやってきてほうきを取り、柄を持って歩きだした。柄が長いため、ほうきを前のほうにつきだして前後に動かしている。ゴミを広げているので「きれいになったね、ありがとね、おしまいにしようか」と言って片付けようとすると、「チャンモ！（Ｌちゃんもやりたいという意味）」と大きな声を出した。（筆者観察記録）

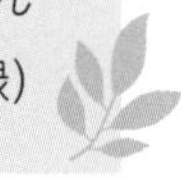

さらに２歳頃になると、相手がしていることだけでなく、自分がいつもしてもらっていることを、みたて・つもりあそびのなかに組み入れていきます。象徴的なレベルで自己と他者との役割を交換可能なものとして認識していくわけです。麻生（2003）は、これを「自己と他者の基本構造の成立」と呼んでいます。ぬいぐるみを寝かしつけたり、何か食べさせようとして「モグモグネ」と言ったりする姿は、まさしくその例です。

このように、相手がしていることを自分もしたらできる存在だと認識する力が育ってくると、同じようにしてみたくなり、実際にやってみると相手の気持ちにも気がつき始めます。指さしをしながら言葉を発すると、自分の伝達意図は相手に伝わるはずだとわかっています。そして、このようなやり取りを通して理解言語と表出言語が増加し、言語的コミュニケーションを習得していくのです。

第2節 言葉とコミュニケーション

1. 言葉とその機能

「言語」は、人類が進化の過程でつくり上げたある種の記号体系だと紹介しましたが、それでは、「言葉」とは何でしょうか。『広辞苑 第5版』によると「ある意味を表すために、口で言ったり、字で書いたりするもの」とあり、「言語」より簡単な説明です[1)]。しかし、心理学者の岡本夏木は、言葉というものは、「発達の中から生まれ、さらにその発達そのものを大きく変えていく」ものであり、「その子がもつすべての領域や機能の統合体を土壌として育ってくる」ものでもあり、しかも「子どもの発達のあらゆる側面に強い影響力をもって浸透していく」ものであると説明しています（岡本,1982)。

このように、乳幼児の発達のプロセスのなかで、生まれ、育ち、さらにその発達そのものを変えていくのが言葉であるとしたら、私達が保育内容として学ぶ領域名は、「言語」ではなく、「言葉」であるのも頷けます。

それでは、言葉が持っている３つの機能とは何でしょうか。それは、①思考、②コミュニケーション、③行動調整です。

1 思考と行動調整

言葉が「思考」に深く関係していることは自明の理ですが、そもそも「思考」とは、「考える」ということだけではありません。「気づく」「知覚する」「意識する」「理解する」「説明する」「推論する」「考察する」「記憶する」といった認知・認識機能すべてを指しています。実は「言語」そのものも、この認識過程の営みのなかで行われているものなので、広くいえば、前述の３つの機能は、個

1)『新明解国語辞典 第7版』（三省堂）によれば、「言葉」は「その社会を構成する（同じ民族に属する）人びとが思想・意志・感情などを伝え合ったり諸事物・諸事象を識別したりするための記号として伝統的な慣習に従って用いる音声。また、その音声による表現行為」と記述されており、「言語」は「言葉」の意の漢語的表現となっています。体系や構造ではなく、機能の面からみれば同じ働きをしているともいえます。

人の脳内で行われる認知・認識機能と、個人と個人との間で行われるコミュニケーション機能の２つに分けられるといえます。

「行動調整機能」とは、言葉が自分の行動を制御したり調整したりする役割を果たすことです。例えば、「ふみきり止まれ」と心のなかで唱えながら歩いていた子どもが、実際に踏み切りの手前でいったん止まったおかげで、その日に限って壊れて上がったままになっていた遮断機の向こうを走ってきた電車に轢(ひ)かれずにすんだという話を聞いたことがあります。また、両手を上げたり前に出したりするあそびで、単にかけ声をかけるよりも、「上」「前」と言葉をかけるほうが動作が正確になることはよく知られています。初めて聞く言葉ではなく、意味がよくわかっている言葉であれば、その言葉をイメージしながら自らの行動を調整することが人間にはできるのです。

2 言葉は世界を切り分ける

１歳児が、走っているバスを見つけて、うれしそうに「バス！」と叫んでいるとします。これは、「バス」という言葉を獲得したことによって、ほかの車とは違うものを見つける喜びを獲得したともいえます。しかし、もう一つ大事なことは、子どもは「バス」という言葉を獲得したことによって子どもの見えている世界のなかに「バス」というものが鮮明に浮かび上がってきて、「バス」とほかのものとの違いを明確に意識するようになるということです。言葉は子どもの周りの世界のなかにあるもの一つひとつを浮かび上がらせていくという機能を持っているのです。

また、今井（2010）は、３歳から５歳の幼児に、「ウシ」の絵を見せたあと、「ブタ」と「ミルク」の絵を見せ、「ウシと同じ種類なのはどっち？」と聞くと、多くの子どもが「ミルク」の絵を指すと紹介しています。私達は、多くの場合、動物、哺乳類、食品など、共通する特徴を捉えて上位概念で仲間づくりをすることが多いのですが、因果関係や連想関係で言葉をつなぎ合わせていくこともあります。

このように、人間は、知っている言葉のなかにある共通する特徴を捉えて分類したり関連づけたりしながら、世界を理解しようとしてきました。つまり、対象世界を「分けることによって“わかろう”と努力してきた」（坂本,1982）のです。「わかる」という意味の英語“understand”は、語源を調べると、「間に」や「前に」という意味と、「立つ」という意味とが結びついたものであるという説があります。つまり、対象を前に立たせてそれを注意深く見るという行為から、この言葉が生まれてきたようです。あるものを対象として前に据えたとき、その意味を理解しようとして分けてみる、これ以上分けられなくなるところまで分けて解きほぐしたものをよく観察する、そのような分解・分析する心の働きによって、その対象の意味がより鮮明になっていくわけです[2)]。

ですから、乳幼児にとっては、まず目の前のものをよく見るということが、認識過程において重要となります。「わかる」ために、見る、分類する、同じところや違うところを見つけるというような行為に結びついて、言葉がつくられ、乳幼児も発達初期からそうした行為をていねいに繰り返しているのではないかと考えられます。

それでは、乳幼児が目の前のものを対象として認識するようになるのは、いつ頃なのでしょうか。

やまだ（1987）は、生後 5 か月頃から目で見たものを手でつかもうとして腕を伸ばし（リーチング）、6、7 か月頃にハイハイを開始すると、今度は振ったりしゃぶったりするためにモノをつかみに行きますが、9 か月の終わり頃には、逆に、「行かないで＜ここ＞にとどまって見る」という行動が芽生え始めると説明しています。この行動は、目の前の世界に向かってモノを取りに行く行動ではなく、目の前の世界にあるモノを客観的にながめて、意識して捉えようとするかのような行動です。「静観的認識」の始まりと呼ばれる、言語機能の発達にとって重要な変化です（やまだ, 1987）。例えば、**事例 1-2** のように、S は、対象物を手に取りたいのではなく、「そこにある」ということを発見し、世界のなかに位置づけて（定位して）います。ここでみられるのは「要求の指さし」ではなく、「発見・定位の指さし」といえます。このように、対象世界の共同化のプロセスでみられる指さしは、認知的性質をもって発達していきます。

事例 1-2

生後 10 か月の S は、ベランダに置いてあったタライの水に反射した光が、天井でユラユラ揺れているのを見つけた。天井の光の揺れている箇所を指さして、小さく「ア、ア」と言っている。大人を振り返るわけでもなく、しばらく指さしながらじっと見ている。

（筆者観察記録）

3 シンボルとしての言葉

言語学者のソシュール, F. が用いた用語で「能記・所記」という言葉がありま

2）坂本（1982）は、「わかる」の古い例は 9 世紀にできた『新撰字鏡』という漢和辞典に出ており、現代の字義である「訳」は、もともと、引き出してつないでいく、一つの言葉を別の言葉に移し替えることであると説明している。

す。例えば、ブロックをバスに見立てて遊んでいる子どもがいるとします。この場合、ブロックが能記（意味するもの）で、バスが所記（意味されるもの）です。バスという「いま・ここ」に存在しないものを表示するために、ブロックというシンボル（象徴）を使ってバスを指し示しているといえます。岡本（1982）は、これについて、シンボル（象徴）こそ「現前する状況の束縛を抜け出し、与えられた意味に満足せず、みずから意味を作り出し、そこに新しい自分の世界を築いて」いこうとするもので、「象徴機能は言語機能の中核をなすもの」と説明しています。バスをブロックに見立てて「ブッブー」と動かしているとき、その子どもはバスのイメージ、つまり表象を頭のなかにもっているわけで、そのバスの表象をブロックは表しているのです。ですから、**図表 1-3** のように実際のバスとブロックはイコールで結びつくものではなく、事象と象徴は、バスのイメージである表象が媒介しているのです。このように、子ども自らが現実的状況を超えて記号的状況をつくり出していけるようになると、言語機能はますます発達していきます。

図表 1-3　事象と表象と象徴の関係

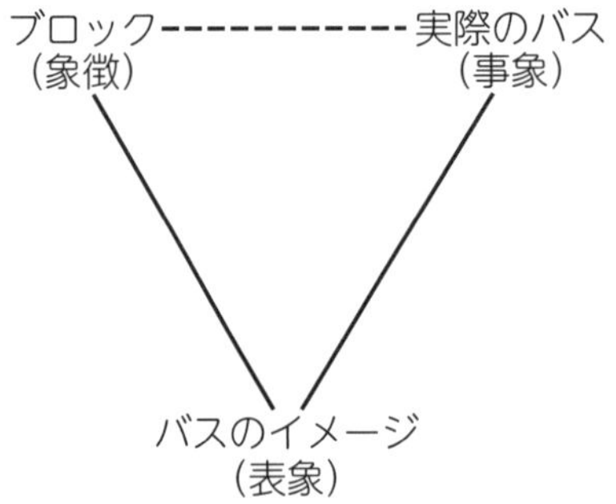

出典：岡本夏木（1982）『子どもとことば』岩波新書，p.93.

2. 乳幼児とコミュニケーション

1 コミュニケーションとは

言語機能の一つであるコミュニケーションは、複数の人間や動物が、表情、身振り、文字などを使用して、感情、意思、情報などを伝え合うことを指します。伝える媒介となるものには、上記のほかに、鳴き声、分泌物などもあります。いずれにしても、人間がほかの動物と違う点は、言語を媒介として情報を発信、受信するだけでなく、他者から受け取った情報によって相手の心の状態を推測し、理解したり、共感したりすることも含まれています。また、テレビ、ラジオ、電話、携帯、本、雑誌、新聞、メール、インターネット、看板、信号、道路標識、デザインなどを使用した様々なコミュニケーションの方法があります。

人間のコミュニケーションには、大きく分けると、言語的コミュニケーション（verbal communication）と、非言語的コミュニケーション（nonverbal communication）とがあります。後者には、表情やジェスチャー（身振り）だけでなく、泣き声やサイン（合図）などが含まれています。この身振りや身体動作については、近年、言葉としての機能の見直しが図られています。例えば、麻生（1992）は、子ども達は養育者とのコミュニケーションを通して、「言葉としての機能する"身体"を獲得する」と述べています。また、トヴェルスキー, B.（2020）は、身体動作が驚くほど多くの意味を伝え、思考を助けていると語っています。

例えば、次の実験に皆さんも挑戦してみてください。

六つのグラスが並んでいます。左側の三つは空で、右側の三つには水がいっぱい入っています。一つだけ動かして、空のグラスと水がいっぱい入ったグラスが交互に並ぶようにしてください。

出典：トヴェルスキー, B., 渡会圭子訳，諏訪正樹解説（2020）『Mind in Motion—身体動作と空間が思考をつくる』森北出版，p.136.

トヴェルスキー, B.（2020）が、大学生を対象にこの実験を行ったところ、大半の学生が手を動かして解いており、ジェスチャー（身振り）を使った人のほうが正答率が高かったと説明しています。このように、身振りにはコミュニケーションの手段としての機能だけではなく、思考の機能もあるということがわかります。

2 幼児期の話し合い

乳幼児は言語的・非言語的コミュニケーションの両方を使って他者と世界を共同化していきますが、幼児期に入ると、言葉を使って自分の思いを巧みに表現できるようになっていきます。少し長いですが、D山保育園保育主任の高見先生の4歳児クラスの実践（**事例 1-3**）を紹介します。

事例 1-3

今日は久々の晴れ。予定表には散歩かホールと書かれていて、子どもたちは、朝から「散歩がいい」と「ホールがいい」に分かれていました。これはおもしろい！　と思い、（中略）話し合い、決めることにしました。

保育者：じゃあ、今日の一日が決まる話だからよく聞いてね。まずは……散歩チームに聞くよ？　どうして散歩がいいですか？

こうが：だってグラウンド行ったらいっぱいサッカーできるし
保育者：じゃあ、ホールチーム、どうしてホールがいいですか？
かずや：だってしまわたりとか、オセロとか、なつかしいゲームやりたい
保育者：散歩チームどうする？
けいた：はい！　だって、しずくちゃんとかかおりちゃんとか……いづみちゃんとあすかちゃんで遊びたいから
保育者：お友だちと遊びたいんだね。ホールチーム何かある？
かほ　：はい！……うんっと……氷オニができるから
こうが：えっ⁉……氷オニはお外でもできる！　でしょ
えいた：でも、ホールで氷オニやったことないよ
さつき：はい！　ホールでだるまさん転んだとかやりたいから
保育者：散歩チームどうだい？
こうが：あのね、ホールより公園のほうが広いんだよ
いづみ：なんでもできる、広いから
かずや：ホールだったら、しっぽとりとかできる
こうが：しっぽとり、グラウンドでもできる
保育者：なるほどねぇ。じゃあ、この話をして、ホールより散歩のほうがいいなーと思った人は、（中略）移動してください
かなこちゃんとさつきちゃんが、ホールチームから散歩チームに移動。
保育者：お、散歩チーム増えた。ホールチーム、それでもホールがいいと思うのはナゼ？
あらた：楽しいからにきまってる！
こうが：お外だって楽しいじゃん
かおり：うん、散歩楽しいよ
保育者：ホールチームどう？
かんな：歩くの大変なんだよね
かほ　：かほちゃんだって！
かずや：かずやもー
ゆみこ：晴れてるから、暑いしね
こうが：えっ？　え⁉　暑くないよ、今日ね、ちょっとだけ寒いよ
きょうた：そうそう、寒い時は気持ちがいい
保育者：さあ、どうしよー。じゃあ、こういうのはどう？　ホールはいつでも行けるけど、散歩はいつでも行けないよね
かほ　：ホールはさ、いつでも行けるけどさ、ひよこ（0歳児クラスの子）がいたら行けない。散歩だってホールだって行けないよ

保育者：たしかに
さとし：どっちもダメかー
　　（中略）
　ホール派も散歩派も、“楽しいことはしたい”という気持ちは共通のようです。それにしても、この時期の４歳児クラスの子どもたちが、自分の意見を理由もつけてきわめて論理的に述べているのには驚くばかりです。
　ところが、議論を続けているうちに、散歩に行きたい理由を力説していたこうがくんたち散歩チームの、ホールチームへのまさかの大量移動が起きます。
保育者：じゃあ移動した人に聞くね！　おさむくん、どうして移動したの？
おさむ：あのね、うんとね、え～っと……
保育者：じゃあ、こうがくんは？
こうが：あのねーぜったい……やっぱり散歩だと歩くの大変だから
なえ　：なえは、ドキドキドッチボールしたくなったから
じゅん：歩くのいやだから
　　（中略）
保育者：あらまー、そんなに歩きたくないのかなあ
　　（中略）
こうが：あのね、お外だと玉入れができない！
保育者：たしかにそうだった。なんでもグラウンドでできるわけじゃないねー
えいた：あのさ、前にやったさ、フーセンとかもやりたい
保育者：あら、フーセンもやりたくなっちゃった？　フーセンは外では無理だもんね

出典：齋藤政子（2016）「お散歩大作戦！」齋藤政子編著，加藤繁美監『子どもとつくる４歳児保育―揺れる心をドラマにかえて』ひとなる書房，pp.95-96．を一部改変

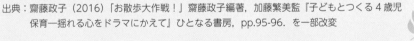

　この後、最終的には「今日はホールで遊ぼう」と皆で決めていくのですが、４歳児クラスの子ども達が、自分の意見を複数の他者にわかりやすい言葉で伝えていることに驚かされます。この話し合いの実践を読んで気づくことは、次の５点です。第一に、子ども達は４歳児なりにではありますが、自分はどちらがいいのか、その理由は何かをはっきりと主張していることです。第二に、相手の主張と自分の主張が違っていても、決して感情的にならず、筋が通った発言をしていることです。第三に、自分の主張が相手の主張とどのように違うのかを理解したうえで、「ホールより公園のほうが広いんだよ」や「しっぽとり、グラウンドでもできる」というように、そのポイントを説明していることです。第四に、「歩くの大変」という発言に対し「晴れているから、暑いしね」と共感の言葉を添えているように、相手の思いに寄り添って主張の内容を理解していることです。第

五に、相手の意見を聞いて納得したら、潔く自分の意見を変えていることです。幼児クラスの子ども達は、仲間とたくさんのあそびを共有してきた体験の積み重ねがあり、信頼関係が築かれているからこそ、譲れない思いも揺れ動く心情も仲間のなかでさらけ出すことができるのかもしれません。

このように、子ども達は、特定の大人との１対１の信頼関係を基礎にコミュニケーションを積み重ねながら、目の前の相手に対する個別的な関わりだけでなく、大勢の他者に対して意見を表明する力を蓄えていくのです。

引用文献

・麻生武（1992）『身ぶりからことばへ―赤ちゃんにみる私たちの起源』新曜社，p.200, p.392.
・麻生武（2003）「第 12 章 考察　からだとことばをつなぐもの」麻生武・浜田寿美男編著『からだとことばをつなぐもの―人との関係に問題をもつ子どもたち』ミネルヴァ書房，p.200.
・今井むつみ（2010）『ことばと思考』岩波書店，p.141.
・Martin C.F., Biro D., Matsuzawa T.（2017）'Chimpanzees spontaneously take turns in a shared serial ordering task', *Scientific Reports*, 7, 14307.
https://dx.doi.org/10.1038/s41598-017-14393-x
出典：京都大学霊長類研究所チンパンジー・アイ：Christopher F Martin, Dora Biro, Tetsuro Matsuzawa (Chimpanzees spontaneously take turns in a shared serial ordering task)
https://www.pri.kyoto-u.ac.jp/sections/langint/ai/ja/publication/ChristopherFMartin/Martin2017-srep.html
・三井誠（2005）『人類進化の 700 万年―書き換えられる「ヒトの起源」』講談社，p.18.
・岡本夏木（1982）『子どもとことば』岩波書店，pp.10-11，pp.93-94.
・酒井邦嘉（2002）『言語の脳科学―脳はどのようにことばを生みだすか』中央公論新社，p.20.
・齋藤政子（2006）「第２章 乳幼児の発達と「人間関係」」金田利子・齋藤政子編著『保育内容・人間関係』同文書院，p.21.
・齋藤政子（2016）「お散歩大作戦」齋藤政子，加藤繁美監『子どもとつくる４歳児保育―揺れる心をドラマにかえて』ひとなる書房，pp.95-96.
・坂本賢三（2006）『「分ける」こと「わかる」こと』講談社，p.48.
・テラス，H. S.，中野尚彦訳（1986）『ニム―手話で語るチンパンジー』思索社，p.248，p.300.
・トマセロ，M.，大堀壽夫・中澤恒子・西村義樹・本多啓訳（2006）『心とことばの起源を探る』勁草書房，p.71，p.139.
・トヴェルスキー，B.，渡会圭子訳，諏訪正樹解説（2020）『Mind in Motion―身体動作と空間が思考をつくる』森北出版，pp.116-154.
・やまだようこ（1987）『ことばの前のことば―ことばが生まれるすじみち 1』新曜社，p.296.
・山極寿一・本郷峻（2017）『人類の社会性の進化（上）―「社会」の学としての霊長類学』詩想舎，p.98.

第2章 領域「言葉」と保育

言葉を育てるとは、どのようなことをいうのでしょうか。言葉はそれだけを取り出して育てることはできません。子ども達の発達や様々な経験と相互に関連し合いながら育っていきます。本章では、要領・指針（平成29年告示）をもとに、領域「言葉」においてどのように言葉の力を育てようとしているのか確認します。

第1節 幼稚園教育要領・保育所保育指針・幼保連携型認定こども園教育・保育要領と保育の基本

1. 要領・指針とは何か

「幼稚園教育要領」「保育所保育指針」「幼保連携型認定こども園教育・保育要領」（この3つを指すときは、以下、要領・指針とする）はどのような役割を果たしているのでしょうか。

要領・指針とは、保育・幼児教育における考え方や内容の基準です。実際の保育・幼児教育は、各幼稚園・保育所・認定こども園の理念や目標、地域の実情に応じて展開され、その独自性や創意工夫が尊重されます。しかしその一方で、すべての子どもの最善の利益が保障され、乳幼児期にふさわしい生活が展開されるためには、各幼稚園・保育所・認定こども園が行うべき保育の内容等に関して共通の枠組みをもち、一定の水準を保つことが求められます。要領・指針の役割は、保育・幼児教育の全国的な水準を確保することにあり、園や保育者にとっては自らの保育を確認するためのものとなります。

2. なぜ改訂（定）するのか

「幼稚園教育要領（以下、教育要領とする）」は1956（昭和31）年に、「保育所保育指針（以下、保育指針とする）」は1965（昭和40）年に示されて以降、近年では約10年ごとに改訂（定）されています。なぜ改訂（定）されるのでしょうか。

教育要領（平成29年告示）は「幼稚園教育の基本」について、「幼児期の教育は、生涯にわたる人格形成の基礎を培う重要なものであり、幼稚園教育は、学校教育法に規定する目的及び目標を達成するため、幼児期の特性を踏まえ、環境を通して行うものであることを基本とする」と示しています。保育指針（平成29年告示）は「保育の目標」について、「保育所は、子どもが生涯にわたる人間形成にとって極めて重要な時期に、その生活時間の大半を過ごす場である。このため、保育所の保育は、子どもが現在を最も良く生き、望ましい未来をつくり出す力の基礎を培うために、次の目標を目指して行わなければならない」と示しています。

これらから、保育・幼児教育の目的は、生涯にわたる人格形成の基礎をつちかうこと、子ども達が現在を最もよく生き、望ましい未来をつくりだす力の基礎をつちかうことであるといえるでしょう。

子ども達の「生涯」「現在」や「望ましい未来」を考えるとき、私達が生きる社会のあり方を抜きにして考えることはできません。社会は変わります。社会が変われば、そこで生きる子ども達が抱える課題も変わります。子ども達が自ら望ましい未来をつくりだすために必要な力はどのようなものか、それらをはぐくむためにどのような保育・幼児教育が求められるのか、社会の変化に応じて見直し、示していくために要領・指針は改訂（定）されます。

2017（平成29）年には、要領・指針の３法令が同時に改訂（定）されました。この改訂（定）によって、幼稚園・保育所・幼保連携型認定こども園が「幼児教育を行う施設」であると位置づけられ、幼児教育の内容や質について共通の見通しが示されました。幼稚園・保育所・認定こども園のどの施設に通っていても、共通の、一定以上の質が保たれた幼児教育を受けられることが望まれます。さらに、保育指針、教育・保育要領において、乳児と１～２歳児の保育についてそれぞれの発達に応じた詳しい記載がなされました。この時期の子ども達には養護の側面が特に重要であることが示され、その保育の質の向上が期待されています。（以下、要領・指針は特に年号の記載がないものは平成29年告示を指す）

3. 保育の基本とは何か

1 「保育」の意味

「保育」という言葉は、一般的には、幼稚園や保育所等における乳幼児への働きかけと捉えることができます。この働きかけについて、教育要領では「教育」という言葉が、保育指針では「保育（養護及び教育を一体的に行うこと）」という言葉が主に使用されています。ここにみる「教育」と「保育」に違いはあるのでしょうか。結論を先に示せば、この言葉の違いはそれぞれが根拠とする法律に基づく表記の違いであり、意味の違いではありません。

「保育」という言葉の意味について、汐見（2017）は、戦後の学校教育法をつくる動きのなかで「保育」という言葉が再定義された歴史を紹介しながら、次のことを説明しています。

- 当時の議論のなかで、「保育」とは「子どもを保護し教育する」こと、つまり、子どもに深い愛情をもち子どもの気持ちに寄り添い「保護」することと、「教育」することの２つの意味をかけ合わせた言葉として再定義された。
- 1965（昭和40）年に初めて保育指針が作成された際、「保護」にかわり「養護」という言葉が用いられ、現在の保育指針（平成29年告示）には「保育とは養護と教育とを一体的に展開する」と表現されている。
- 教育要領（平成29年告示）において「養護」という言葉は用いられていないが、安心や信頼関係などの表現のなかには通じるものがある。

資料：汐見稔幸（2017）『さあ、子どもたちの「未来」を話しませんか―2017年告示 新指針・要領からのメッセージ』小学館，pp.63-68，p.80. をもとに筆者要約

「保育」という言葉は、時代背景やそれを用いる立場や考え方によって様々に捉えられますが、保育者として「保育」を考えるとき、「保護」「養護」と「教育」とを切り離すことなく捉えていくことが求められます。

2 保育の基本

保育は「環境を通して行う」ことが基本とされます。

乳幼児期の子ども達は、自らの興味や欲求に基づいて周囲の環境に関わりながら、直接的・具体的な体験を通して様々なことを学んでいきます。この時期の子ども達にとって、身近な人、もの、こと、場所などの環境との関わりは、とても重要な意味をもちます。乳幼児期における環境の重要性について、教育要領解説（平成30年）および教育・保育要領解説（平成30年）では「乳幼児期（幼児期）は心身の発達が著しく、環境からの影響を大きく受ける時期である。したがって、この時期にどのような環境の下で生活し、その環境にどのように関わったかが将来にわたる発達や人間としての生き方に重要な意味をもつことになる」（第１章 総則　第１節　２（1）環境を通して行う教育の意義（及び保育））と説明しています。また、保育指針解説（平成30年）では「乳幼児期の子どもの成長にふさわしい保育の環境をいかに構成していくかということは、子どもの経験の豊かさに影響を及ぼすという意味で、保育の質に深く関わるものである」

（第１章 総則　１　(4) 保育の環境）と説明しています。（以下、解説は特に年号の記載がないものは平成 30 年のものを指す）

子ども達は、安心感と信頼感から生じる安定した情緒を支えとしながら、自身の世界を広げていきます。そして、自身の興味や関心に基づいてあそびに夢中になりながらいろいろな経験をし、様々な能力や態度を身につけていきます。しかしそれは、子ども達にすべてを任せ、ただ遊ばせておけばよいということではありません。保育者は、育てたい・育ってほしい姿に向けて、子ども達にはどのような体験や経験が必要か、そのためにはどのような環境が必要かなど、子ども達の生活や発達を見通しながら計画的・意図的に環境を構成し、子どもの主体性を引き出すことが求められます。子どもが自ら意欲的に環境に関わり、好奇心や探究心を膨らませながら活動し、充実感や達成感を味わうという体験を積み重ねることが大切です。乳幼児期の子ども達があそびに浸れる環境を構成し、あそびを援助していくことは、子ども達がその後の人生をよりよく生きるための力をはぐくむことにつながっているのです。

第２節　領域「言葉」のねらいと内容

要領・指針（平成 29 年告示）では、幼稚園、保育所、認定こども園がともに「幼児教育を行う施設」であると位置づけられ、共通して「育みたい資質・能力」と「幼児期の終わりまでに育ってほしい姿」が示されました。これらは５領域等で示されている保育の「ねらい」や「内容」と深く関連しています。

1. 育みたい資質・能力

「資質・能力」は、要領・指針（平成 29 年告示）だけでなく、小学校、中学校、高等学校の学習指導要領にも共通して示されており、保育・幼児教育からそれ以降の各学校段階すべての教育に共通して育成を目指すものです。急速に変化し、将来の予測が難しくなっている社会のなかで、これからを生きる子ども達に必要とされる力は何か、「生きる力」を具体化したものとして、①知識及び技能、②思考力、判断力、表現力等、③学びに向かう力、人間性等の３つに整理されています。

幼児期はその基礎をつちかうものとして、要領・指針に次のように定義されました。

（1）豊かな体験を通じて、感じたり、気付いたり、分かったり、できるようになったりする「知識及び技能の基礎」
（2）気付いたことや、できるようになったことなどを使い、考えたり、試したり、工夫したり、表現したりする「思考力、判断力、表現力等の基礎」
（3）心情、意欲、態度が育つ中で、よりよい生活を営もうとする「学びに向かう力、人間性等」（下線は筆者による）

これら３つの要素は、個別に取り出して指導するのではなく、生活やあそびを通した総合的な指導のなかで子どもの育ちを見通しながら、一体的にはぐくむことが重要です。

2. 幼児期の終わりまでに育ってほしい姿

「幼児期の終わりまでに育ってほしい姿」は、要領・指針のなかで10項目（「健康な心と体」「自立心」「協同性」「道徳性・規範意識の芽生え」「社会生活との関わり」「思考力の芽生え」「自然との関わり・生命尊重」「数量や図形、標識や文字などへの関心・感覚」「言葉による伝え合い」「豊かな感性と表現」）で示されています。これらの姿は、到達目標ではなく指導を進めるための方向性であることや、個別に取り出されて指導されるものではないことに留意が必要です。10の姿は後述する５領域の「ねらい」および「内容」をふまえ、子ども達があそびや生活を積み重ねることによって「資質・能力」がはぐくまれていく際にみられる具体的な姿であり、特に５歳児後半にみられる姿として示されています。

3. ねらいと内容

1 ねらいと内容

要領・指針によれば、「ねらい」とは「保育の目標を具体化したもの」であり、「育みたい資質・能力を子どもの生活する姿から捉えたもの」です。言い換えれば、育てたい・育ってほしい子どもの具体的な姿です。

「内容」は、教育要領では「ねらいを達成するために指導する事項」、保育指針では「子どもの生活やその状況に応じて保育士等が適切に行う事項と、保育士等が援助して子どもが環境に関わって経験する事項」と説明されています。子どもの立場からは、自ら環境に関わりながら具体的な活動を通して経験していくことと捉えることができます。

2 視点・領域の考え方

保育の「ねらい」と「内容」は、乳児、1～2歳児、3～5歳児の3つの年齢区分から整理されています。乳児、1～2歳児については保育指針および教育・保育要領に、3～5歳児については要領・指針に記載されており、使用される用語の違いはありますが、ほぼ同一の記述となっています。

乳児保育は3つの視点（①身体的発達に関する視点「健やかに伸び伸びと育つ」、②社会的発達に関する視点「身近な人と気持ちが通じ合う」、③精神的発達に関する視点「身近なものと関わり感性が育つ」）から、1～2歳児および3～5歳児の保育は、5領域（①心身の健康に関する領域「健康」、②人との関わりに関する領域「人間関係」、③身近な環境との関わりに関する領域「環境」、④言葉の獲得に関する領域「言葉」、⑤感性と表現に関する領域「表現」）から整理されています。これらに示される「視点」や「領域」とは何なのでしょうか。

一つは、乳幼児の発達をみるための観点です。要領・指針によれば、「視点」や「領域」は乳幼児の「発達の側面から」まとめ、示したものです。子ども達に生きる力の基礎をつちかうために必要な体験や経験を、発達に応じて捉えるための観点となります。

もう一つは、保育者が乳幼児の生活を通して総合的な援助や指導を行う際に留意する観点です。何を意図して保育を行うのか、考えるための観点となります。

子どもの生活やあそびには複数の「視点」や「領域」に関わる体験や経験が含まれています。これらは、子ども達の生活やあそびのなかで互いに重なり合い、関連をもちながらはぐくまれていくものです。子どもの姿を理解しようとするとき、一つの「視点」や「領域」からみるのではなく、様々な「視点」や「領域」から総合的に、補完的に理解することが求められます。

3 領域「言葉」における言葉の育ち

領域「言葉」では、言葉の力をどのように育てようとしているのでしょうか。

①1～2歳児における育ち

1～2歳児の「ねらい」には、「楽しさを感じる」「伝えようとする」「親しむ」「身近な人と気持ちを通わせる」のように、言葉や言葉を介した身近な人との関わりについての情意的な側面が示されています。「内容」には、子どもが経験する事項だけではなく、保育者の関わりが併せて示されています。保育者がこの時期の子ども達の気持ちや言葉を受容的・共感的に受け止め、応答的に関わることで、子ども達の「伝えたい」「わかりたい」という、話すこと・聞くことへの意欲や態度を育てることにつながります。

② 3 ～ 5 歳児における育ち

3 ～ 5 歳児の「ねらい」には、「楽しさを味わう」「伝え合う喜びを味わう」「感覚を豊かにし、先生や友達と心を通わせる」のように、1 ～ 2 歳児の「ねらい」に示されていた情意的な側面に加え、言葉を交わす対象を広げながら子どもが自分なりに言葉で表現する姿が示されています。「内容」には、子どもが自ら言葉を使って他者とコミュニケーションをとること、言葉の感覚を豊かにしていくこと、絵本や物語の世界に浸り想像する楽しみと出会うこと、文字や記号の機能に気づき使う喜びを味わうことが示されています。これらはいずれも「言葉による伝え合い」を豊かにすることにつながります。

③言葉の育ちの基盤となるもの

領域「言葉」において言葉を育てるとは、言い表された言葉だけを対象として、言葉を正しく使う、会話を成立させる、語彙を増やすといった形式的なことをいうのではありません。言葉で表現する楽しさや伝え合う喜びといった言葉の育ちの基盤となるものをていねいに育てることが求められます。ここでは、教育要領解説「第 2 章／ 4 言葉の獲得に関する領域―「言葉」［内容の取扱い］（1）～（5）」に基づいて、言葉の育ちの基盤となるものについて確認します。

第一に、子どもが「伝えたくなる」ような心を動かされる体験をすることです。日々の生活やあそびのなかで子どもは新たな気づきや発見、驚きや喜びなど、心を動かされる体験をしています。心が大きく動くとき、子どもはその思いを伝えたくなります。

第二に、子どもが「伝えたい」と思う相手がいることです。心のなかに伝えたいことがあったとしても、その気持ちや言葉に温かく応答し受け止めてくれる人がいなければ、言葉は育ちません。

第三に、「言葉による伝え合い」を重ねていくことです。生活やあそびのなかで心を動かされるような体験をし、他者と言葉を交わす喜びや楽しさを感じ始めると、「伝えたい」という意欲はもちろん、相手の話を「理解したい」という意欲が育ちます。話す・聞くという言葉でのやり取りを繰り返しながら、思いを伝え受けとめる楽しさや喜びを感じることで、次第に伝え合うことができるようになっていきます。

第四に、わらべうた、言葉あそび、絵本、紙芝居、劇あそびなど、言葉に対する感覚やイメージを豊かにする児童文化財やその他の環境が子どもの身近にあることです。これらは子どもにとって新しい言葉や表現との出会いにつながります。

最後に、日常生活のなかで文字や記号と出会う環境があることです。身近なところにある記号や文字からその機能を知り、文字で「表現したい」「伝えたい」という思いを育て、文字を使って伝える喜びや楽しさを味わうことが大切です。

第３節　指導上の留意点と評価の考え方

1. 指導上の留意点

1 指導の意味

「指導」という言葉は、一般的には「教え導くこと」と理解されますが、幼稚園や保育所、認定こども園における「指導」を考えるとき、「保育者が子ども達を『教え導く』」という一方向からの理解で十分なのでしょうか。文部科学省『幼児の思いをつなぐ指導計画の作成と保育の展開（令和３年２月）』(2021) では、「指導」の意味を次のように説明しています。

> 幼稚園教育における指導については、幼稚園生活の全体を通して幼児の発達の実情を把握して一人一人の幼児の特性や発達の課題を捉え、幼児の行動や発見、努力、工夫、感動などを温かく受け止めて認めたり、共感したり、励ましたりして心を通わせ、幼児の生活の流れや発達などに即した具体的なねらいや内容にふさわしい環境をつくり出し、幼児の展開する活動に対して必要な助言・指示・承認・共感・励ましなど、教師が行う援助の全てを総称して、指導と呼んでいます。

子ども達の主体的な活動のために、保育者には多様な関わりが求められています。保育者主導で一方的に何かを教えたり、計画通りに行わせようとしたりすることが指導ではありません。活動の主体は子ども達です。子ども達が安心して自己を発揮できるよう、子ども達と温かな関係を築くこと、主体である子ども達の興味関心を引き出す環境を意図的に構成すること、子ども達にとって必要な体験や経験が得られるよう状況に応じた援助をすることというように、保育・幼児教育において「指導」にはいくつもの側面があります。そして、その「指導」を担う保育者の役割は重要です。

2 言語活動の充実

教育要領および教育・保育要領（ともに平成 29 年告示）には、指導計画作成上の留意点の一つに、「言語活動の充実」が挙げられています。

> 言語に関する能力の発達と思考力等の発達が関連していることを踏まえ、幼稚園（幼保連携型認定こども園における）生活全体を通して、幼児（園児）の発達を踏まえた言語環境を整え、言語活動の充実を図ること。

子ども達にとって言葉は、他者とコミュニケーションをとるための手段であると同時に、自身の行動や考えを導く手段でもあります。子どもは興味のある体験を積み重ね、試行錯誤しながら自分の行動を言葉に置き換えていきます。行動が言葉へ変換されることで、「こうすれば、こうなる」「こうしたらよい」という予測力や判断力が身についていきます。つまり、行動が言葉によって思考へと高められていくのです。

子ども達は生活やあそびのなかで人やものと関わることを通し、言葉の力や思考する力を獲得していきます。そのため、保育者には、子どもが興味をもったことにじっくり関わり試行錯誤できる環境を整えることや、試行錯誤の過程のなかで、子どもが伝えたいことを伝えたい誰かに向けて言葉にしたり表現したりすることができる言語環境を整えていくことが求められます。子どもが言葉に親しみ、言葉を用いて考えを深めていくことのできる活動を取り入れ、言語活動の充実を目指していくことが大切です。

2. 子ども理解に基づいた評価

1 子どもを理解することと指導の過程を振り返ること

保育・幼児教育における評価とは、子ども達を「できる・できない」「よい・悪い」と判断していくことではありません。教育要領解説(平成 30 年)では「評価は幼児の発達の理解と教師の指導の改善という両面から行うことが大切である」と説明されています。さらに、「評価の実施に当たっては、指導の過程を振り返りながら、幼児がどのような姿を見せていたか、どのように変容しているか、そのような姿が生み出されてきた状況はどのようなものであったかといった点から幼児の理解を進め、幼児一人一人のよさや可能性、特徴的な姿や伸びつつあるものなどを把握するとともに、教師の指導が適切であったかどうかを把握し、指導の改善に生かすようにすること」「他の幼児との比較や一定の基準に対する達成度についての評定によって捉えるものではないこと」が示されています。

保育における評価とは、子ども達一人ひとりの育ちや可能性を捉え理解し、そのために計画していたことが適切であったかどうかを検討し、次の保育をよりよいものへと改善していくための手がかりを得ることです。

2 評価の妥当性と信頼性

評価には妥当性や信頼性が求められます。「何となくそう感じる」では改善のための確かな根拠とはなりません。子ども達の育ちや可能性、保育者の指導のあり方を根拠をもって検討するためには、日々の記録が重要となります。

記録にある様々な情報を振り返ることで、子どもの行為の意味や内面について理解を深めていくことができます。日々の記録を「線」として長い期間で捉えることで、子どもの変容に気づくこともできます。子どもの育ちを振り返ることは、自らの保育が子ども達の育ちを支えるものとなっていたかを振り返り、検討することにもつながります。妥当性や信頼性の高い評価を実現していくために、記録は欠かせません。記録は、保育を改善するための貴重な情報源となります。

また、評価を行う際には、複数の保育者で検討することが大切です。子どもの育ちや保育者自身の指導について一人で検討するには限界があります。複数の目で検討し合うことは、子どもを多面的に理解することや、指導の選択肢を広げることにつながります。

第4節 小学校の教科とのつながり

1. 幼児期の教育と小学校教育

1 教育課程や指導方法の違い

幼児期の教育と小学校教育とでは、教育内容や方法について大きな違いがあります。幼児期の教育は、生活やあそびを通して発達に必要な体験や経験を積み重ねていけるように計画されます。あそびは子どもが自発的に環境に関わって展開されるものであり、「いつ」「何をして」遊ぶのかを保育者があらかじめ設定しておくことはできません。一方、小学校以上の学校教育は教科を中心として編成されています。教科ごとにねらいが設定され、決まった時間割に沿って学習が進められます。

2 発達や学びの連続性

幼児期の教育と小学校教育との違いをふまえて接続を考えるとき、前提にしておかなければならない点について、文部科学省『幼児の思いをつなぐ指導計画の作成と保育の展開（令和３年２月)』(2021）は「子供の発達や学びは幼児期と児童期ではっきりと分かれるものではなくつながっていること」を挙げています。そして、「幼稚園と小学校とでは、子供の生活や教育内容、教育方法が異なるものの、生活の変化に子供が対応できるようになっていくことも学びの一つとして捉え、教師は適切な指導を行うことが必要」であると述べています。

内容や方法をどちらか一方に無理に合わせるのではなく、発達や学びの連続性のなかで、幼児期の終わり・児童期の始まりにそれぞれ大切にしたい育ちは何かを十分に考え、適切な指導を行うことが必要です。

2. 学びのめばえと自覚的な学び

幼児期の学びと児童期の学びとには、「学びのめばえ」の時期と「自覚的な学び」の時期という違いもあります。幼児期は自身の「やりたい」ことに集中し、遊び込むことで気づきや発見を得て知的好奇心を高めていくという段階です。一方、児童期は小学校教育において「学ぶ」時間と「それ以外」の時間が時間割で区別され、「何を学ぶか」が示されることから、「学ぶ」ということを意識するようになります。

「学びのめばえ」を「自覚的な学び」につなげるためには、どのような取り組みが求められるのでしょうか。

1 創造的な思考や主体的な生活態度の基礎の育成

要領・指針（平成 29 年告示）では、保育・幼児教育が「小学校以降の生活や学習の基盤の育成につながることに配慮し、幼児期にふさわしい生活を通して、創造的な思考や主体的な生活態度などの基礎を培うようにすること」が示されています。要領・指針解説（平成 30 年）によれば、創造的な思考の基礎は、子どもが自身の興味関心を広げ、いろいろな事柄に挑戦していくなかで、たとえうまくできなくても試行錯誤しながら自分の発想を実現していくことで、はぐくまれていきます。主体的な態度の基本は、何事にも積極的に取り組むことであり、自分なりに生活をつくり、自分を向上させていこうとする意欲が生まれることです。

保育者は、こうした基礎が子ども達に育ってきているか、子ども達の姿から十分に捉えることが求められます。

2 小学校生活科を中心とした接続

小学校学習指導要領（平成 29 年告示）総則では、学校段階等間の接続について「幼児期において自発的な活動としての遊びを通して育まれてきたことが、各教科等における学習に円滑に接続されるよう、生活科を中心に合科的・関連的な指導や弾力的な時間割の設定など、指導の工夫や指導計画の作成を行うこと」が示されています。生活科は直接体験を重視した教科であり、具体的な活動や体験のなかで得られる気づきから自立への基礎を養うことをねらいとしています。生活科で育成を目指す自立とは、子ども達一人ひとりが幼児期の教育ではぐくまれたことを基礎にしながら、将来の自立に向けてその度合を高めていくことです。

小学校学習指導要領（平成 29 年告示）解説　生活編では、「小学校入学当初に大切にしたいこと」として「幼児期における遊びを通した総合的な学びから他教科等における学習に円滑に移行し、主体的に自己を発揮しながら、より自覚的な学びに向かうことが可能となるようにすること」が示されています。

学びの接続のためには、幼児期の学びと育ちに対する理解が何より重要です。小学校での学びの基礎が幼児期の学びのなかに確かにあることを、「幼児期の終わりまでに育ってほしい姿」などを手がかりにしながら、保育者と小学校教師とが共に理解し合うことが求められます。そして小学校では、子ども達が安心して小学校生活に慣れ、自らの力を発揮しながら主体的な学習者として育っていく過程を創り出すことが求められています。

引用文献

- 文部科学省（2021）『幼児の思いをつなぐ指導計画の作成と保育の展開』チャイルド本社，pp.10-11，p.47.
- 汐見稔幸（2017）『さあ、子どもたちの「未来」を話しませんか―2017 年告示 新指針・要領からのメッセージ』小学館，pp.63-68，p.80.

参考文献

- 秋田喜代美監，東京大学大学院教育学研究科附属発達保育実践政策学センター編著（2019）『保育学用語辞典』中央法規出版
- 今井和子（2013）『遊びこそ豊かな学び―乳幼児期に育つ感動する心と、考え・表現する力』ひとなる書房
- 河邉貴子（2019）『新 3 法令対応―幼児教育・保育カリキュラム論』東京書籍
- 無藤隆（2017）『ここが変わった！平成 29 年告示幼稚園教育要領まるわかりガイド』チャイルド本社
- 無藤隆（2017）『ここが変わった！平成 29 年告示幼保連携型認定こども園教育・保育要領まるわかりガイド』チャイルド本社
- 文部科学省（2019）『幼児理解に基づいた評価（平成 31 年 3 月）』チャイルド本社
- 文部科学省（2021）『幼児の思いをつなぐ指導計画の作成と保育の展開（令和 3 年 2 月）』チャイルド本社
- 汐見稔幸（2017）『ここが変わった！平成 29 年告示保育所保育指針まるわかりガイド』チャイルド本

社
・汐見稔幸（2017）『さあ、子どもたちの「未来」を話しませんか―2017年告示 新指針・要領からのメッセージ』小学館
・汐見稔幸・松本園子ほか（2017）『日本の保育の歴史―子ども観と保育の歴史150年』萌文書林
・民秋言編集代表（2017）『幼稚園教育要領・保育所保育指針・幼保連携型認定こども園教育・保育要領の成立と変遷』萌文書林
・田中亨胤・三宅茂夫編（2019）『シリーズ知のゆりかご　教育・保育カリキュラム論』みらい

＊Column1　言葉を交わす挨拶は思いも交わすこと

幼稚園教育要領の「第２章　ねらい及び内容」の言葉の領域の内容（6）には「親しみをもって日常の挨拶をする」という項目があります。これは、保育所保育指針でも幼保連携型認定こども園教育・保育要領でも３歳以上児については同様ですが、保育所保育指針の１歳以上３歳未満児では、「親しみをもって日常の挨拶に応じる」（傍線筆者）となっています。これにはどのような意味があるのでしょう。

実は、乳幼児にとって挨拶は、コミュニケーションの一つにすぎません。「おはよう」と目を合わせようとすると、はにかんだ表情で大人の後ろに隠れようとしたり、うれしくてぴょんぴょんとジャンプしたり、言いたいことや気持ちを表現する過渡期にあるのが３歳未満児です。ですから、挨拶を無理強いせず、まずは大人からの温かく優しい関わりが重要であり、それに乳幼児が「親しみをもって応じる」ことが大事であるという意味だと考えられます。

子ども達は、社会性の育ちとともに、少しずつ時間や場所、季節に応じた挨拶をするようになります。ある幼稚園の先生からお聞きした話では、年始の初日、門の所で待っていると、３歳児は「おはようございまーす」とやってきたのに対し、４歳児は「おめでとうございます」、５歳児は「あけましておめでとうございます」と挨拶し、５歳児のなかには、続けて「今年もよろしくおねがいします」と言う子もいたそうです。もちろん５歳児も日常的に様々な挨拶が習慣化されているというわけではありません。挨拶を言えることが重要なのではなく、親しみをもって言えるような子どもと大人、あるいは子ども同士の信頼関係をつくっていくことが大事なのだと思われます。

けんかをして一日中口を利かなかった友達とも、降園のときに「バイバイ、またあした」と言い合ったことで気持ちを結び直すことができ、その日の夜に安心して眠りにつくこともできます。挨拶は「人が人と出会ったときや、別れるときに交わす儀礼的な言葉や動作」（大辞林）ではありますが、「言葉」を交わすという行為によって互いの「思い」も交わし、より人間関係が深まるきっかけになるのではないでしょうか。

第3章 乳幼児期の言葉の発達のプロセス

赤ちゃんは言葉をもたずに生まれてきます。やがて周囲の大人達との情動的な交流を基盤として、たくさんの言葉に出会い、言葉を獲得していきます。本章では、乳幼児期における言語発達のプロセスを学び、コミュニケーションを通して子どもがどのように言語を獲得していくのか学んでいきましょう。

第1節 言葉の発達に関する理論

1. 子どもの“言葉の発達”を理解すること

保育所での実習を目の前にした学生さん達に、「心配なことは？」と尋ねると、その一つに、「コミュニケーションをとることができる幼児とは関わることができるけれど、話が通じない乳児は苦手です」との答えが返ってきます。話が通じないことで、相手を理解することの難しさを感じているようです。

言葉は、自分と他者との間で意思を伝達し合うコミュニケーション手段としての役割をもつといわれています。乳児は、はじめから言葉を話すことはできませんが、周りの大人の言葉をよく聞いて言葉を獲得していきます。大人も、子どもが発する声や言葉を聞きながら相手の意図を察知することが重要です。互いに応答的に関わることがコミュニケーションの始まりとなるのです。

また、言葉は、人がものを考えるという精神的な活動に欠かせない役割をもつといわれています。例えば、幼児期の子どもが一人あそびをしているときに、「あっ、こうすればいいんだ」「だったらそうしよう！」などと“ひとりごと”を言いながら、自分で考え、それを自らが声に出し、自身のやり方を工夫します。

本節では、このような言葉の主な役割をふまえつつ、乳幼児期における言葉の発達に関する理論的な背景を振り返りながら学んでいきましょう。

2. 言葉の発達とピアジェ理論

スイスの心理学者ピアジェ[1)] は、人間の認知発達を、①感覚運動的段階、②前

1) ピアジェ, J.（Piaget, J. 1896-1980）はスイスの心理学者。「子どもの認識発達」に関する研究により、20世紀において最も影響力のあった心理学者の1人とされていた。

操作的段階、③具体的操作段階、④形式的操作段階の４つに分け、その過程で子どもの言語の発達についても説明しています。感覚運動期は、誕生から２歳頃までであり、前操作期は乳児期から幼児期、つまり小学校就学前頃までの期間であって、子どもの活動の内面化という点で著しい進歩を示す段階だとされています。

ピアジェ（1979）は、言葉を表現活動のなかで最も社会的なものであるとしていました。前操作期の子どもは、言葉が発達して友達や大人とも容易にコミュニケーションを図ることができますが、自己中心的な思考からそれを表す言葉を繰り返します。当時の心理学者は、思考と言葉は幼児期において相補的なシステムとして発達すると考えていましたが、ピアジェは思考が言葉の発達の基礎にあると主張していました。

ピアジェは、言葉の発達を、単に年齢の変化や発達段階の特徴として捉えるのではなく、発達段階における認知構造の変化として捉え、一人ひとりの子どもが認識を構成していく過程として捉えるべきと考えていました。

3. 言葉の発達とヴィゴツキーの「外言」と「内言」

心理学者であるヴィゴツキー[2)]は、幼児期の子どもが言う「ひとりごと」については、子ども自身の思考を促進させる重要な役割を果たしていると考えていました。ヴィゴツキー（2004）は、言葉をコミュニケーションの手段として音声化された「外言」と、ものを考えるために音声化されず精神の内面で行われる「内言」に分けました。

ヴィゴツキーは、子どもの言葉の発達について、まず「外言」が発達し、その後、「内言」に転化することによって、それが子ども自身の思考の基礎になると指摘しています。ヴィゴツキーは、ピアジェがいう「自己中心的」な言葉を発する子どもは、「外言」が「内言」に転化する過程で生じた、一時的で他者の立場を考慮しない不完全な表現であると考えていましたが、子どもの精神機能の発達において極めて重要な過程であると指摘しています。

ヴィゴツキーは、「外言」から「内言」への転化を促進するためには、子どもと周りの人達との良好な“相互関係”を維持し、またその基礎となる友達とのあそびを通した“協同”が大切であると考えていました。

2）ヴィゴツキー, L. S.(Vygotsky, L. S. 1896-1934) は、旧ソビエト連邦の心理学者。心理学の領域だけでなく、児童学、障害学等、幅広い分野で多くの業績を残した。

4.“言葉”の獲得の時期に関する考え方

子どもの言葉の獲得の時期と特徴については諸説ありますが、心理学者である岡本（1985）は、子どもの言葉の獲得の時期を４つに分けて解説しています。

（1）ことば以前（前言語期）（誕生～１歳頃）

この時期は、いまだ言葉を話すことができない時期ですが、その後の言葉の獲得を可能にさせる様々な機能が発達する時期であるとしています。また、この時期は、周囲の大人との情動的な交流を基盤として子どもの発達が展開される時期であり、言葉の発達を促す重要な関わりだといわれています。

（2）ことばの誕生期（発語の時期・語彙爆発の時期）（１～３歳頃）

この時期は、初語が現れる時期であり、本格的な言葉の獲得期に入るとされています。ひとたび言葉の組織的な獲得期に入ると、爆発的ともいえるくらいに語彙の獲得や文の生成がみられるようになり、言葉によって新しい世界を切り拓いていきます。

（3）一次的ことば期（生活のことば化の時期）（３～６歳頃）

言葉を獲得した子どもは、生活のなかで、自己の言葉として使い始めていきます。子どもは、４歳頃になると、日常生活のなかで巧みに言葉を使いこなすようになってきます。この時期に、子どもは自己の内的世界を築き上げていくことになります。

（4）二次的ことば期（ことばのことば化の時期）（６歳頃～）

この時期は、幼児期以降の学童期にあたり、日常生活だけでなく、学校教育の場面に直面していきます。「一次的ことば期」は話し言葉が主体でしたが、「二次的ことば期」は学校教育のなかで習得した書き言葉が加わり、話し言葉の使用についても、意識的・意図的な語の探索や文の形成が目立ちます。

岡本の理論で重要な点は、「一次的ことば期」の世界が広がり、「二次的ことば期」の段階で言葉の機能が一段と拡張されることを示唆している点です。したがって、前言語期から一次的ことば期に子どもの言葉の発達に対して保育者が果たす役割が極めて大きいことが理解できます。

5. 一人ひとりの子どもの言葉の獲得の過程を見極めること

このように、子どもの言葉の発達に関する理論は、おおまかな年齢に基づきながら各段階や時期に区分して説明されてきましたが、それは一つの目安でしかありません。子どもが言葉を獲得するプロセスは、個々の子どもの能力や、おかれた環境等々により大きく異なる点を忘れてはならないからです。一人ひとりの子どもの言葉を獲得するプロセスを見極めることは難しいことですが、保育者は言葉の果たす役割をふまえたうえで、子どもに適切な援助を行うことができるよう努めなければなりません。

第２節　新生児期・乳児期の言葉とコミュニケーション

1. 胎児期から始まる音声学習

新生児は、白紙の状態で生まれるのではなく、生まれる前から周囲の環境を学習しています。聴覚は妊娠 19 ～ 27 週頃までに機能し始め、母親の腹壁や羊水越しに外界の音を知覚します（Hepper, P. G., & Shahidullah, B. S., 1994)。母親の声は体の振動としても胎児に伝わるため、外界の音に比べて知覚しやすいと考えられます。新生児は、母語（Moon et al., 1993）や母親が妊娠中に読み聞かせた文章に注意を向け（DeCasper, A. J., & Spence, M. J., 1986)、生まれる前に高頻度で聞いた単語を胎内で学習しているという研究結果（Partanen et al, 2013）等が報告されています。このように、胎児は外界の音声を知覚し、すでに音声学習を始めていることが明らかになっています。

2. コミュニケーションの土台

人は、人に対する特別な関心をもって生まれてきます。新生児に、人の声と人工音（人の声を加工して人の声らしさをなくした音）を聞かせると、人の声を選好することや（Vouloumanos, A., & Werker, J. F., 2007)、目があるなど顔らしい特徴を持つ図形を、ほかのパターン（活字や無地等）の図形よりも長い時間注視することが実験で示されています（Fantz, R. L.,1963)。また、表情に対しても敏感です。新生児を腕に抱き、顔を見つめゆっくりと舌を出す表情を繰り返していると、新生児も舌を出し始めます（Meltzoff, A. N., & Moore, M. K.,1977)。これは共鳴動作（新生児模倣）と呼ばれ、反射的に相手の動作から引き出されるようにして生じるものと考えられています。さらに、養育者からの声かけのリズムに合わせて手足を動かす同期行動（エントレインメント）もみられます。

このように、人は他者と社会的相互作用を行うための土台をもって生まれてきます。生まれたばかりの新生児と養育者との関わりにおいて、大人が一方的にコントロールしているように感じられるかもしれませんが、新生児が養育者の働きかけを誘発しているといえます。新生児の共鳴動作や同期行動は、養育者に愛おしさや可愛らしさを感じさせ、両者のコミュニケーションを促し、養育行動を引き出す刺激になっていると考えられます。

3. 言葉のめばえ

1 クーイング

新生児は口の中のほとんどを舌が占めているため、泣き声（叫喚音（きょうかんおん））しか出ませんが、生後２～３か月頃になると口腔内が広がり、機嫌のよいとき（たくさん眠り、おなかも満たされた快い状態）に、「アー」や「クー」等の「クーイング」と呼ばれるやわらかく響く音を出すようになります。また、喉や声帯などの器官の発達に伴い、声を立てて笑うことができるようになります。この時期の笑い声は同時に足を何度も繰り返し蹴るという動作が伴っていますが、次第に手足の運動は消失していきます。これは、言葉発声の元となるパターンを習得するのに身体運動を道具的に用いており、笑い声は言葉を発するためのメカニズムを下敷きにして発現するためであると考えられています。

2 喃語（なんご）

４か月頃から「パ」「ダ」等の破裂音がスムーズになり、「バーバーバー」「ダダダ…」のような「喃語（バブリング）」を発するようになります。クーイングと喃語の音は、世界の諸語に共通に使われることが多いことから、先天的なものと考えられています。

3 ジャーゴン

人は、生後６か月頃までは世界中の言語を聞き分けることができますが、母語に存在しない音韻を区別する能力は次第に低下します。これは乳児が母語の環境に応じて、母語の音韻体系に適した音韻知覚のみを効率的に発達させるためであると考えられています。そして、８～11か月頃になると、音韻の組み合わせがでたらめで意味は通じませんが、「ジャーゴン」と呼ばれる母語そっくりのイントネーションをもつ発声が出てくるようになります。

4. 乳児期（前言語期）のコミュニケーション

1 社会的微笑

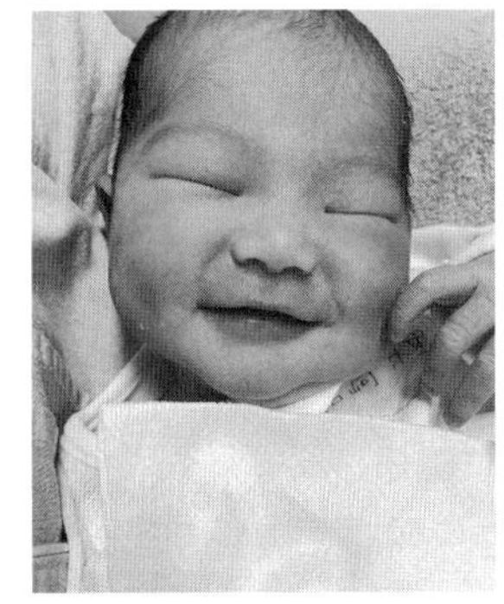

写真 3-1 生理的微笑（左：生後 3 日）と社会的微笑（右：生後 4 か月）

養育者が、乳児の発声に対して「なぁに？」「そうなのね」「ご機嫌なの～」等と抑揚のあるゆっくりとしたやや高めの声（マザリーズ、育児語）で、優しく応答していると、乳児は笑顔をみせるようになります。この笑みは「社会的微笑」と呼ばれ、他者との相互作用によって生じます。新生児期における自動的な筋肉の反射（原始反射）によって生じる「生理的微笑（新生児微笑）」とは異なり、相手に向けた微笑です（写真 3-1）。

2 マインド・マインデッドネス

乳児は、はじめは単に音を出すこと自体を楽しんでいるようですが、大人とのやり取りを続けていくうちに、自分の行為に大人が応答していることを理解し、大人が話し終わってから喃語で答え返す、というコミュニケーションへと発展していきます。養育者が乳児の心の状態に目を向け、「オムツを替えてさっぱりしたね」「眠いよね」等、心を気遣うことを「マインド・マインデッドネス（mind-mindedness）」と呼びます。生後 6 か月の時点で高いマインド・マインデッドネスをもつ母親の子どもは、4 歳の時点において感情理解に優れ、同時に語彙の理解も高かったことが示され（篠原, 2011）、子どもの発達に影響を与えると考えられています。

3 三項関係と共同注意

お座りができる等の運動機能の発達とともに、より広い範囲にわたって注意を向けることができるようになります。これまで特定の他者や対象物との「二項関係」（自分―他者、または、自分―対象物）であったのが、9 ～ 10 か月頃になると、自分と他者が同じ対象に注意を向け合うこと（共同注意）ができるようになり、自分―対象物―他者の「三項関係」が成立します。「ちょうだい」と言われて物を手渡したり、「あれを見て」と指をさされた対象を見たりする三項関係のやり取りができる背景には、乳児が他者を自分と同じように意図をもつ主体として認識していることを意味します。相手が何を見ているか、何をしようとしているかという「意図」の観点から他者の行為を捉え、そのとき発せられる言葉も相手の「意図」を伝えるものとして認識し始めます。

三項関係と共同注意

4 指さし行動

三項関係が成立すると、指さし行動が現れます。いろいろな物を指さし、大人と物とを交互に見て、大人が「それはブーブーだね」「ワンワンいるね」等と言葉で応じてくれることを期待します。また、欲しい物を指さしながら「あっあっ！」と声を発し大人の注意を向けさせる等、要求の表現に指さしを用いるようになります。指さし行動が可能になる背景には、物の名前や言葉の意味を理解し、意味内容をイメージする力の発達と同時に、他者と思いを共有したい、関わりたいというコミュニケーションに対する欲求が育っていることがあります。子どもの発声を受け取り読み取ってくれる相手と気持ちを伝え合い、心地よさをもたらしてくれる関係性は、言葉の獲得に先立って成立しており、人とコミュニケーションをとる力を高め、人間関係の基盤になっています。すなわち、コミュニケーションは単に言葉を獲得するか否かではなく、気持ちを通わせたくなる相手との共感的なやり取りを支えに成り立っているといえます。

指さし行動

第３節　幼児期の言葉とコミュニケーション

1. 語彙獲得の道筋

1 初語の出現と一語文

「初語」は、子どもが発した言葉を身近な大人が意味のある音として認識した最初の発声のことで、１歳頃に「ママ」「パパ」など子どもの生活経験のなかから出てくる語です。「パパ」の一語に、「パパ、遊んで」「パパの靴がある」「パパが帰ってきた」等、様々な意味をもたせることから、一語文（一語発話）と呼ばれます。大人は発話の場面や状況、子どもの表情や行動とあわせて、子どもの言いたいことを推察しながらコミュニケーションをとっていきます。

この時期にみられる特徴的な現象に、語の過剰般化（過剰拡張）があります。例えば、「ブーブー」という語を、自動車だけでなくバスや電車等の乗り物全般を表す語として使用します。逆に、「ワンワン」という語を、イヌ一般ではなく自宅の飼いイヌのみを表す語としての縮小的使用（過剰縮小）がみられることもあります。こうした語彙の獲得過程における初期の特徴は、言葉を使ったやり取りや語彙数の増加とともに修正されます。

2 語彙爆発と文法の獲得

初語からしばらくは月に5語程度のゆっくりとしたペースで語彙を獲得していきますが、1歳半～2歳頃にかけて、月に30～60語と急激に語彙が増加します（語彙爆発）。そして、3歳頃にかけて大人に「これ、なに？」と盛んに尋ね（質問期、命名期）、どんどん言葉を覚えていきます。この時期は、まだ調音の器官と音声の認知能力が未発達であるため、「たまご」が「たがも」や、「イヌ」が「イウ」になる等の言い間違いが生じます。子ども自身は正しく発音しているつもりのことが多く、調音器官等の発達（3歳半～4歳頃に急激に発達）とともに自然に成人音へと移行します。

語彙の獲得には個人差があり、性差もみられます。女児は男児に比べて獲得速度がやや早く、この性差は日本語以外の言語でも普遍的に報告されています。言語に関する脳内の処理過程に幼い頃から性差があることが、1つの大きな要因だと考えられています（Burman et al., 2008）。

語彙が爆発的に増え始めると、単語と単語をつなげた二語文が出現します。二語文は単語をランダムに羅列したものではなく、母語の語順にしたがって「パパ（主語）＋いない（述語）」という文法的な構造で現れます。二語文の発話に習熟すると、2歳半頃から一気に3～8語の文（多語文）が自由な形で使用されていきます。これは、語の意味理解とともに文法規則の発達が前提となっています。

2. 幼児期のコミュニケーション

1 自我のめばえと自己主張

幼児期になると、体を思うように動かすことができるようになります。自分は自分であるという自我意識がはっきりし、自分で決めて行動したいため、大人の手を借りずに何でも自分でやろうとしたり、大人の提案を拒否したりするようになります（自己主張）。「イヤ」「自分で」という主張はこの気持ちが育っていることの表れといえます。

2 体験の広がりと言葉の発達

①イメージを言葉にする

2歳頃は象徴機能が発達し、さつまいもを電車に見立てる等、身近にある物を別の物に見立てて想像を膨らませて遊ぶ、見立てあそび（模倣あそび）をするようになります（**写真 3-2**）。

写真 3-2 さつまいもを電車に見立てる

3～4歳頃になると友達やいろいろなあそびに興味をもちますが、はじめのうちは自己調整力が未熟で自分の気持ちのままに行動することが多いので、言葉よりも先にたたく・押す等の手が出てしまいます。自分を表現する手段として言葉が出てくるようになると、相手の言っていることを聞いて理解できるようになり、話し合いや役割分担が可能になります。この頃には、言葉を使って友達とイメージを共有することができるようになり、見立てあそびがより発展したごっこあそびがみられます。ごっこあそびのなかで、子どもはその役になりきる一体感を味わい、充足感や満足感を得ると同時に、自分以外の役への理解を体感しながら深めていきます。さらに、仲間意識の高まりや社会性、語彙の広がり等も得ていきます。

②言葉を使って考える

4～5歳頃には「今、ここ」の状況を超えて、過去や未来に視点を移し、時間的な視点から自分をみることが可能になってきます。例えば、鉄棒で逆上がりをしている年長児の姿を見て、「きっと自分もあんなふうに逆上がりができるようになる」と、少し未来の自分を想像して見通すことができるようになります。また、身の回りの物事の仕組みや因果関係に興味をもち、「どうして～になるの？」「なんで？」という質問が増えてきます（なぜなぜ期）。思考力が高まり、自分でも「～だからかな？」と考えるようになります。言葉が伝達の手段であるだけでなく、思考の道具としても機能し始めます。

③言葉がコミュニケーションの中心になる

5～6歳頃になると、音節（音韻）分解（「あめ」は「あ」と「め」の音節からできていること）を理解し、しりとりやカルタあそびを友達同士で楽しみます。また、集団で遊ぶようになり、言葉がコミュニケーションの中心になっていきます。他者を意識して話ができるようになるため、相手がわからない様子であったり、自分が思ったのと違う返事が返ってきたりすると、別の言葉で言い直す等、相手にわかってもらおうと言葉をつなぐ姿がみられます。

④言葉で行動をコントロールする

6歳頃には自分自身の内面への関心が高まり、自意識や自尊心が生まれます。また、人の気持ちや状況に合わせて欲求や衝動を調整できるようになり、自分の言葉によって行動をコントロールする力が備わってきます。以前は大人の指示に従い行動していたのが、例えば、横断歩道を渡る際に「右見て、左見て」と言葉にして自分自身の行動をコントロールすることが可能になります。

このように、子どもの体験と言葉は相互に絡み合いながら深まっていきます。子どもの体験は言葉の発達を支え、より豊かな表現を身につけると同時に、言葉の発達に支えられて子どもの経験はさらに広がっていきます（**図表3-1**）。

図表3-1 幼児期の言語発達のめやす

	認知発達と体験の広がり	言葉の発達
2歳頃	・象徴機能の発達（さつまいもを電車に見立てる、葉っぱを皿に見立てる等） ・記憶力の発達と模倣 ・自我の育ちと自己主張（「イヤ」「自分で」等）	・語彙数約500語 ・二語文（「ママ、きて」等）から多語文へ ・質問期（命名期）（「これ、なに？」等） ・助詞（「が」「を」「の」等）の使用 ・自分のことを「○○ちゃん」と呼ぶ
3歳頃	・模倣（大人の言葉を真似る） ・ごっごあそび ・友達と遊ぶことを好むが、他者の気持ちの理解が未熟で自己中心的言語が多く、子ども同士の衝突が多い	・語彙数約1000語 ・接続詞（「そして」「だから」）の使用 ・一人称（「ぼく」「わたし」）の使用 ・なぜなぜ期（「なんで？」「どうして？」「どうなるの？」等）
4歳頃	・自我の抑制や我慢ができ、自他の調整が進む ・想像あそび（体験したことと見聞きしたことを重ね合わせて、イメージを膨らませお話をつくる等）	・語彙数1500語以上 ・複文（「雨が降っているから、お外に行けない」等、述語が複数の文）の使用 ・日常会話の成立 ・時制（昨日、今日、明日）の理解
5歳頃	・思考力、共感力の発達 ・なぞなぞ、しりとり、カルタあそび ・集団あそび	・語彙数2000語以上 ・構音が上達し正しく発音 ・音節分解の理解 ・外への発話と自分への言葉の分化
6歳頃	・自意識や自尊心が生まれる ・人の気持ちや状況に合わせて欲求や衝動をコントロールすることができるようになる	・語彙数約2200語～3000語 ・文字への興味・関心の高まり ・論理的表現（「○○はどんなところが便利ですか？」等）、複雑な指示の理解 ・言葉による思考、行動調整の発達

第４節　児童期の言葉とコミュニケーション

1. 読み書きの発達

幼児期後半になると、自分の持ち物や絵本、町中で見かける標識や看板などの文字・記号に興味関心をもち、その意味や機能を理解して、自分の名前やひらがなを読んだり書いたりできるようになっていきます。

現代の日本では、子ども達の多くは就学前にひらがなの読みを獲得し（島村ら, 1994、太田ら, 2018）、小学校入学後は漢字を学習しつつ読解の能力を発達させていきます。高橋（2001）によれば、小学１年生の段階では、読解能力はひらがなの読みの習得時期の影響を受けていましたが、学年が上がるにつれてその影響は少なくなりました。ひらがなの書字についても、小学２年生までは「視覚と運動の協応」「図形の模写」が関連していましたが、小学３年生ではその関連性が消失していました（滝口, 2019）。これらの調査から、早期に読み書きを指導する必要はないといえそうです。幼児期には、お手紙ごっこなど文字を介したコミュニケーションの楽しさや喜びを体験するなかで、もっと書きたい、読めるようになりたい、という気持ちをはぐくむことが大切でしょう。

2. 児童期のコミュニケーション

児童期は就学を通じて、親しい友達や先生に囲まれた環境から、知らない人を含む大集団での学校教育環境へと中心となる活動の場が変化します。それに伴い、第１節にあるように、身近な人との会話中心の「一次的ことば」に加え、授業でのクラス全体に向けた発言や、書き言葉のような時間空間を隔てた不特定多数に伝える「二次的ことば」を習得していきます（岡本, 1985）。こうして、児童期にはコミュニケーションの幅が広がっていきます。

引用文献

- Burman, D.D., Bitan, T., & Booth, J. R. (2008). Sex differences in neural processing of language among children. *Neuropsychologia,* 46, pp.1349-1362.
- DeCasper, A.J., & Spence, M.J. (1986). Prenatal maternal speech influences newborns' perception of speech sounds. *Infant Behavior and Development,* 9, pp.133-150.
- Fantz, R. L. (1963). Pattern Vision in Newborn Infants. *Science,* 140, pp.296-297.
- Goren, C. C., Sarty, M., & Wu, P. Y. K. (1975). Visual following and pattern discrimination of face-like stimuli by newborn infants. *Pediatrics,* 56, pp.544-549.

・Hepper, P.G., & Shahidullah, B.S.（1994）. Development of fetal hearing. *Archives of Disease in Childhood*, 71, pp.81-87.
・Meltzoff, A.N., & Moore, M. K.（1977）. Imitation of facial and manual gestures by human neonates. *Science*, 198（4312）, pp.74-78.
・Moon, C., Cooper, R.P., & Fifer, W.P.（1993）. Two-day-olds prefer their native language. *Infant Behavior and Development*, 16, pp.495-500.
・太田静佳・宇野彰・猪俣朋恵（2018）「幼稚園年長児におけるひらがな読み書きの習得度」『音声言語医学』59(1), pp.9-15.
・岡本夏木（1985）『ことばと発達』岩波書店，pp.22-30.
・Partanen, E., Kujala, T., Näätänen, R., Liitola, A., Sambeth, A., & Huotilainen, M.（2013）. Learning-induced neural plasticity of speech processing before birth. *Proceedings of the National Academy of Sciences*, 110, pp.15145-15150.
・ピアジェ, J. 著・芳賀純編訳（1979）『誠信ピアジェ選書 4　発達の条件と学習』誠信書房，pp.38-41.
・島村直己・三神廣子（1994）「幼児のひらがなの習得―国立国語研究所の 1967 年の調査との比較を通して」『教育心理学研究』42(1), pp.70-76.
・篠原郁子（2011）「母親の mind-mindedness と子どもの信念・感情理解の発達：生後 5 年間の縦断調査」『発達心理学研究』22(3), pp.240-250.
・高橋登（2001）「学童期における読解能力の発達過程―1-5 年生の縦断的な分析」『教育心理学研究』49, pp.1-10.
・滝口圭子（2019）「第 11 章 就学前後の子どもたち」心理科学研究会編『新・育ちあう乳幼児心理学―保育実践とともに未来へ』有斐閣コンパクト, pp.208-226.
・ヴィゴツキー , L. S., 土井捷三・神谷栄司訳（2003）『「発達の最近接領域」の理論―教授・学習過程における子どもの発達』三学出版，pp.21-23.
・Vouloumanos, A., & Werker, J. F.（2007）Listening to language at birth: evidence for a bias for speech in neonates. *Developmental Science*, 10, pp.159-164.

参考文献

・秋田喜代美・三宅茂夫監，秋田喜代美・砂上史子編（2020）『シリーズ知のゆりかご 子どもの姿からはじめる領域・言葉』みらい
・コンスタンス・カミイ，リタ・デブリース・稲垣佳世子訳（1980）『ピアジェ理論と幼児教育』チャイルド本社
・小林春美・佐々木正人編（1997）『子どもたちの言語獲得』大修館書店
・正高信男（2001）『子どもはことばをからだで覚える―メロディから意味の世界へ』中央公論新社
・岡本夏木（1982）『子どもとことば』岩波書店
・岡本夏木（1985）『ことばと発達』岩波書店
・岡本夏木（1988）『認識とことばの発達心理学』ミネルヴァ書房
・太田光洋・古相正美・野中千都（2022）『保育ニュー・スタンダード 保育内容「言葉」―話し、考え、つながる言葉の力を育てる』同文書院
・塩美佐枝・古川寿子編（2020）『保育内容「言葉」―乳幼児期の言葉の発達と援助』ミネルヴァ書房
・竹内通夫（1999）『ピアジェの発達理論と幼児教育』あるむ
・戸田雅美（2019）『演習 保育内容「言葉」―基礎的事項の理解と指導法』建帛社
・ライマー, J., パオリット, D. P., ハーシュ, R. H.・荒木紀幸監訳（2004）『道徳性を発達させる授業のコツ―ピアジェとコールバーグの到達点』北大路書房
・山口真美・金沢創（2016）『乳幼児心理学 改訂版』放送大学教育振興会

第4章 言葉と環境

本章の前半では、子どもを取り巻く人的・文化的環境やメディア環境という視点から言葉について考えます。そして、本章の後半では、保育者の役割や室内環境の工夫など保育や保育者に焦点を置き、実際の保育を考える土台となる内容を取り上げています。本章を通じて、子どもの言葉をはぐくむ環境について考えていきましょう。

第1節 言葉と人的・文化的環境

1. コミュニケーションの始まり

皆さんは「雪」を指す言葉をいくつ知っていますか。宮岡（1987）によると、カナダのイヌイット語には、「カニック（降雪・雪片）、アニウ（溶かして水にする雪）、アプット（積雪）、プカック（きめ細やかな雪）、ペエヘトック（吹雪）、アウヴェック（切りだした雪塊）」という6種類の「雪」を指す言葉があり、派生した言葉を含めるとさらに多くなるのだそうです。この例から、同じものでも文化により切り分け方が異なり、その切り分け方は言葉によって知ることができるとわかります。このように、言葉は文化と密接に関連しているのです。そこで本節では、言葉の獲得と人的・文化的環境との関連について考えます。最初は、コミュニケーションの始まりについてみていきましょう。

正高（1993）は、人間の新生児が乳首を吸う行動を観察しました。すると、人間の新生児は、乳房からであっても哺乳瓶からであっても、母乳あるいは人工乳を連続して吸い続けることはせず、一定の長さ吸っては一定の長さ休むという、吸う一休む一吸う一休むの繰り返しをリズミカルに行うというのです。そして母親は、新生児が乳首を吸うのを休んでいる間に、新生児をゆすったり、新生児に声をかけたりといった行動をとります。新生児は、この母親の行動を待って、また乳首を吸い始めるのだそうです。この新生児と母親との間で行われている無意識のやりとりは、人間の大人が行っている社会的交渉の原初形態ではないかと、正高は指摘しています。

つまり、一方が何かをすれば他方はそれを見守る、相手の行動が終わった後で今度はこちら側が働きかける、という交渉を成立させる行動の始まりが、生後2

週目の人間の新生児にみられるのです。乳首を吸うという行動が、生きるための栄養摂取だけではない、人と人とのコミュニケーションの始まりになっていると考えられます。

このような唇を通しての母親との交流をもとにして、声を使ってコミュニケーションを図ろうとする意図が芽生えているのではないかと、正高は考察を進めます。さらに、授乳のときに吸っては休み、吸っては休みというパターンを繰り返す動物は、人間の新生児以外知られていないことから、この行動の機能は、母親との相互作用をなるべく早く成立させること以外にはないとも述べています。私達人間は、生きるためや成長するためのエネルギー摂取を犠牲にしてまでも、唇によるコミュニケーションに重点を置くようになっているのです。

2. 言語の獲得と人との関わり

次に、社会的相互作用が初期の言語獲得に及ぼす影響に関する実験を紹介します。クール, P.（Kuhl, P.）は、アメリカの生後 9 か月の乳児を 4 グループに分け、1 つのグループには英語を、ほかの 3 グループにはそれまで全く聞いたことのない中国語を異なる 3 つの方法で聞かせ、乳児の音声学習における社会的相互作用の影響を調べました。その 3 つの方法とは、1 つ目は生身の中国語話者が乳児と社会的相互作用をもちながら 12 セッションにわたって中国語を乳児に聞かせるという方法（ライブ条件）、2 つ目は同じ中国語話者がテレビスクリーンから話す中国語を 12 セッションにわたって乳児に聞かせるという方法（テレビ条件）、3 つ目はスピーカーから流れてくる中国語話者の音声を 12 セッションにわたって乳児に聞かせるという方法（スピーカー条件）です。その結果、音声学習に効果があったのは、生身の人間が乳児と実際に相互作用をもちながら中国語を聞かせたライブ条件のみでした。それ以外の方法では、英語を 12 セッション聞いたグループと同じ結果だった、つまり学習効果がみられなかったというのです（クール, 2007）。

この実験から、乳児にテレビや DVD などの映像を見せるだけ、あるいは音声を聞かせるだけでは、言葉を話せるようになるのは難しく、乳児が言葉を獲得するためには、実際に人と相互作用をもちながら言葉にふれることが大切であることがわかります。

3. 人間の可塑性（かそせい）と言葉

人間の新生児は、人と関わろう、コミュニケーションを取ろうとする能力を生まれたときから持っており、それが誕生後に多くを学び得る前提となっていることは、すでにみたとおりです。

さて、ポルトマン, A.（Portmann, A.）は、人間の新生児の特徴を、約１年早く生まれてしまった「生理的早産」、つまり、人間の誕生時の状態が通常化してしまった早産であると指摘しました（ポルトマン, 1961）[1)]。人間にとって、「生理的早産」であることの意味は何なのでしょうか。

人間は、「離巣性の高等哺乳類」が母胎の中で過ごしている時期に、すでに周囲の人間やもの、こと、自然等豊かな環境と関わり、それらから様々な刺激を受けて育ちます。人間が生活している環境は多種多様ですが、大人に頼らなければならない「生理的早産」だからこそ、生まれ落ちた環境に柔軟に適応する能力を持つことができるのです。このことは、言葉について考えるとわかりやすいでしょう。人間の新生児は、生まれたときに言葉を理解し用いる能力は持っています。しかし、どのような言葉を話すようになるかは、育ててくれる大人が使っている言葉により異なります。そして、人との関わりのなかで、特定の言葉を用いる能力を身につけ、その社会の一員へと成長していきます（藤枝, 2022）。

ここまで述べてきたことを人的・文化的環境に引きつけてまとめれば、新生児からの働きかけに大人が適切に応えたり、大人から新生児に適切な働きかけを行わなければ、つまり、新生児が適切な人的・文化的環境のなかで育てられなければ、生まれながらに持っていた可能性を開花させたり、豊かに伸ばすことはできないのです。これは、生後 19 か月に病気によって視力、聴力、言葉を失ったヘレン・ケラー（Keller, H. A.）が、アン・サリバン（Sullivan, A.）先生から適切な教育を受けることで、その才能を伸ばした事実（サリバン, 1973）をみても明らかだといえるでしょう。人間は、生まれたときから秘めている多くの能力や可能性を、誕生後の人間をはじめとする周囲の環境との関わりによって開花させ、様々な能力を獲得し、身につけていく存在なのです。

1）ポルトマンは、その種の成長した個体（成体）がその種を特徴づける存在様式を身につける時期に着目し、「離巣性の高等哺乳類」と人間の新生児とを比較した。例えば、ウマの存在様式である四足で立って歩くこと等は生まれてすぐにできる。しかし、人間の新生児が、ヒトという種を特徴づける存在様式（ポルトマンは、ヒトの存在様式として、直立姿勢、言語、洞察力ある行為を挙げている）を身につけ始めるのは生後１年頃からである。

第2節　言葉とメディア環境

1. 子どもとメディア

幼稚園教育要領「第２章　ねらい及び内容」「言葉」では、「経験したことや考えたことなどを自分なりの言葉で表現し、相手の話す言葉を聞こうとする意欲や態度を育て、言葉に対する感覚や言葉で表現する力を養う」とし、そのねらいとして、「(1)自分の気持ちを言葉で表現する楽しさを味わう。(2)人の言葉や話などをよく聞き、自分の経験したことや考えたことを話し、伝え合う喜びを味わう。(3)日常生活に必要な言葉が分かるようになるとともに、絵本や物語などに親しみ、言葉に対する感覚を豊かにし、先生や友達と心を通わせる。」の３つを挙げています。保育所保育指針、幼保連携型認定こども園教育・保育要領にも同様の内容が示されています。乳幼児期は直接体験が重要な時期であることから、幼稚園や保育所等では、話し言葉の体験を充実させることで相手に伝えたいという意欲や態度を育てること、言葉を通して人とつながる楽しさを体験すること等が重視されているのです。

乳幼児期の子どもにとって直接体験が欠かせないことには変わりありませんが、子どもを取り巻く環境が変化していることも事実です。従来から家庭に普及している絵本、テレビ、ビデオやDVDに加え、保護者や家族がパソコン、タブレット端末、携帯電話・スマートフォン、ゲーム機等を持ち、いつでもどこでもインターネットで情報の受信や発信をしている姿を子どもは見ています。そして、次項で示すように、最近ではICT機器を使用している子どもも少なくありません。また、2020（令和2）年度から実施されている小学校学習指導要領では、情報活用能力を、言語能力と同様に学習の基盤となる資質・能力と位置づけ、その育成を目指しています。

インターネットやICT機器の普及は、私達のコミュニケーションに大きな変化をもたらしました。私達は、一方的に情報を受け取るだけでなく、自らも容易に情報を送り出す発信者になれるようになったのです。これにより、受信者としても発信者としてもメディア・リテラシー[2)]を身につけることが必要になってきています。

2. 子どものICT機器等の使用

ベネッセ教育総合研究所が、2013（平成25）年（第1回調査）と2017（平成29）年（第2回調査）に0歳6か月から6歳就学前の乳幼児をもつ母親に行った、家庭における乳幼児の「テレビ番組やビデオ・DVDに加え、タブレット端末やスマートフォン、据え置き型ゲーム機、携帯型ゲーム機などのメディア」の利用等に関する調査[3]から子どものICT機器等の使用実態をみていきましょう。

最初に、子どもがメディアを使い始めた時期（**図表4-1**）をみると、「テレビ番組（録画を含む)」は1歳頃までに、「ビデオ・DVD」は2歳頃までに視聴し始める子どもが多くなっています。また、「スマートフォン」は、その普及[4]にあわせて子どもの使用も増えていますが、2歳以降になると「使ったことがない」が20%前後を維持していることから、使用する子どもと使用しない子どもに分かれることも読み取れます。

2）メディア・リテラシー（media literacy）とは、「メディアのあり方を社会構造のなかにおいて理解し、メディアの提供する情報を正しく読み解き、メディアを使いこなす人びとの能力のこと」であり、「①受け手としてメディアの特性を理解し判断する能力（わかる)、②使い手としてメディアを選択する能力（使う)、③作り手としてメディアを構成し制作する能力（作る）の3つの能力に分類できる」とされる。
出典：渡辺武達・山口功二編（1999）『メディア用語を学ぶ人のために』世界思想社，p.85，p.99.

3）ベネッセ教育総合研究所（2018）『第2回 乳幼児の親子のメディア活用調査報告書』より。首都圏（東京都、神奈川県、千葉県、埼玉県）に住む母親が調査対象となっている。

4）総務省（2020）『令和2年版 情報通信白書』によると、スマートフォンの世帯保有率は、2015（平成27）年には72.0%、2016（平成28）年には71.8%、2017（平成29）年には75.1%、2018（平成30）年には79.2%、2019（令和元）年には83.4%である。

図表 4-1 メディアを使い始めた時期（子どもの年齢別、2017 年）

（%）

メディア種類	現在の年齢	使い始めた年齢							
		0 歳ごろ	1 歳ごろ	2 歳ごろ	3 歳ごろ	4 歳ごろ	5 歳ごろ	6 歳ごろ	使ったことがない
テレビ番組（録画を含む）	0 歳後半	77.1							22.9
	1 歳	72.4	23.1						4.5
	2 歳	60.6	36.5	2.1					0.8
	3 歳	53.0	37.7	8.5	0.8				0.0
	4 歳	51.7	35.1	9.3	1.7	1.2			1.0
	5 歳	46.4	36.1	12.8	3.1	0.2	0.0		1.4
	6 歳	39.6	40.0	13.3	4.3	1.1	0.0	0.0	1.6
ビデオ・DVD	0 歳後半	40.7							59.3
	1 歳	43.1	24.7						32.2
	2 歳	31.8	40.8	15.7					11.7
	3 歳	24.7	43.5	21.4	4.9				5.6
	4 歳	27.2	39.0	21.2	7.2	1.6			3.9
	5 歳	25.2	34.2	21.2	11.7	2.3	0.2		5.2
	6 歳	22.4	35.7	18.8	13.7	4.3	1.1	0.0	3.9
スマートフォン	0 歳後半	35.1							64.9
	1 歳	32.0	27.2						40.8
	2 歳	14.6	46.2	20.8					18.4
	3 歳	7.0	29.9	34.0	8.9				20.2
	4 歳	4.3	16.7	32.4	21.0	7.0			18.6
	5 歳	2.5	9.5	22.5	24.5	17.1	4.3		19.6
	6 歳	2.7	8.2	11.7	18.8	19.7	16.7	2.3	19.9
タブレット端末	0 歳後半	12.6							87.4
	1 歳	8.3	14.2						77.5
	2 歳	5.6	16.1	11.7					66.6
	3 歳	3.7	10.3	14.8	6.8				64.5
	4 歳	1.7	8.0	15.1	12.8	5.6			56.7
	5 歳	1.0	3.5	10.3	13.8	8.3	5.8		57.3
	6 歳	1.8	3.0	5.9	10.5	9.4	8.9	4.8	55.6
パソコン	0 歳後半	9.3							90.7
	1 歳	5.0	8.2						86.8
	2 歳	4.7	12.4	10.3					72.6
	3 歳	3.7	9.3	14.2	7.2				65.6
	4 歳	2.3	7.4	11.5	12.6	4.7			61.6
	5 歳	1.7	6.0	10.7	11.3	6.2	4.3		59.8
	6 歳	2.7	3.4	5.0	13.3	9.8	8.2	4.1	53.3

注）網かけは、15%以上のもの（「使ったことがない」を除く）。
出典：ベネッセ教育総合研究所（2018）『第 2 回 乳幼児の親子のメディア活用調査報告書』表 1-8-1 より抜粋

次に、子どものメディア活用状況をみてみましょう。**図表 4-2** は、1週間に「ほとんど毎日」、「週3～4日」使用するという回答を合計し、子どもの年齢別にまとめました。

図表 4-2 メディア活用状況（1週間のうち「ほとんど毎日」と「週3～4日」使う）

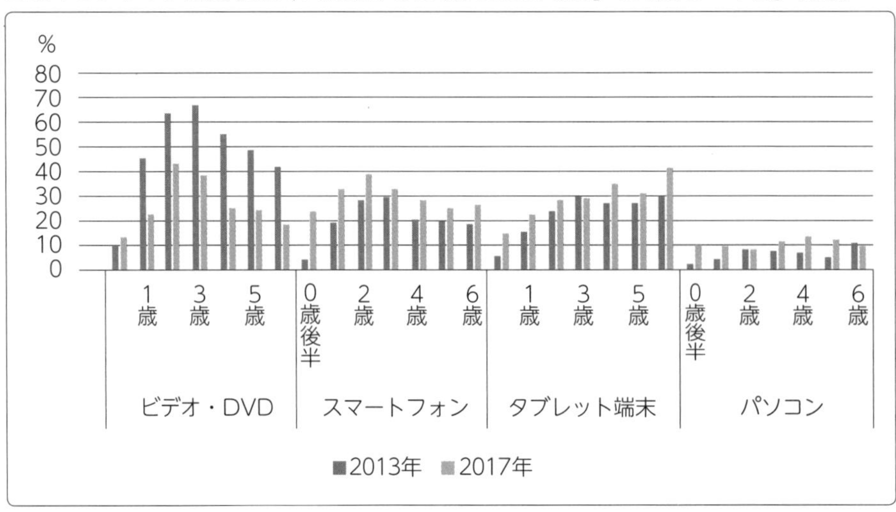

出典：ベネッセ教育総合研究所（2018）『第2回 乳幼児の親子のメディア活用調査報告書』図 1-2-3 ～図 1-2-6 より作成

なお、テレビ番組（録画を含む）の視聴は、2013年（第1回調査）で「ほとんど毎日」、「週3～4日」と回答した割合が、0歳後半62.4％、1歳94.4％であり、2歳以降も95％前後となっています。2017年（第2回調査）では、0歳後半72.1％、1歳86.7％で、2歳以降も86％以上となっており、テレビ番組が子どもにとって身近なものであることがわかります。「ビデオ・DVD」が1歳以降のすべての年齢で2017年に減少した一方で、「スマートフォン」、「タブレット端末」、「パソコン」の使用は、ほぼすべての年齢で増加しています。特に、保護者の保有率の高さを考えると、「スマートフォン」が子どもの生活へと広がっていることがわかります。

「テレビ番組」等と異なり、子どもは、「スマートフォン」や「タブレット端末」等で何をしているのでしょうか。**図表 4-3** は、母親が子どもに、「携帯電話・スマートフォン、タブレット端末、パソコン」でさせることをまとめたものです。0歳後半、1歳では、写真や動画を見せる、音や音楽を聞かせるの割合が高く、2歳になると「写真を撮らせる」が約50％と増えます。3歳以降は「写真を見せる」、「あなたやお子さまが撮った動画を見せる」、「写真を撮らせる」が上位を占めますが、写真や動画を見せる割合は下降傾向です。その一方で、「写真を撮らせる」に加え、「ゲームをさせる」、「お子さまに動画を撮らせる」が増加しています。以上から、年齢が上がるにしたがって、子ども自身がスマートフォン等を操作して使っていることがわかります。

図表 4-3 携帯電話・スマートフォン、タブレット端末、パソコンで子どもにさせること（子どもの年齢別、2017 年）

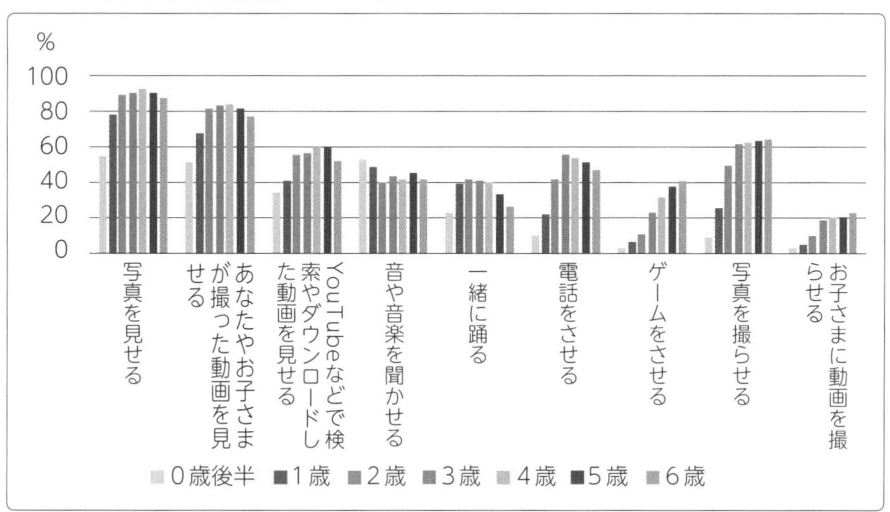

	0歳後半 (388)	1歳 (515)	2歳 (515)	3歳 (515)	4歳 (515)	5歳 (515)	6歳 (437)
写真を見せる	54.9	78.5	89.5	90.5	92.8	90.5	87.6
あなたやお子さまが撮った動画を見せる	51.5	68.3	81.5	83.5	84.1	81.4	77.6
YouTube などで検索やダウンロードした動画を見せる	34.5	41.7	55.9	56.7	60.6	59.8	52.9
音や音楽を聞かせる	53.3	48.8	40.6	43.9	42.3	45.6	41.8
一緒に踊る	23.5	39.6	42.5	41.2	40.2	33.9	27.0
電話をさせる	10.3	22.6	42.5	55.9	54.0	51.3	47.6
ゲームをさせる	3.6	6.5	11.6	23.5	31.9	38.2	41.2
写真を撮らせる	9.8	25.4	49.9	62.3	62.7	63.3	64.3
お子さまに動画を撮らせる	3.4	5.5	10.5	18.8	20.8	20.6	23.1

注）その機器は「家にない」「使わない」場合も回答。「よくある」＋「ときどきある」の合計値。（ ）内はサンプル数。

出典：ベネッセ教育総合研究所（2018）『第２回 乳幼児の親子のメディア活用調査報告書』図 1-5-2 より作成

3. 保育におけるICT機器等の活用

ここまでみてきたように、インターネットが普及した社会で、子ども達は多様なICT機器等に囲まれて生活し、自らもそれらを使用しています。幼稚園や保育所等では、インターネットや様々な機器をどのように活用し、子ども達のあそびや生活での経験を豊かにしていけばよいでしょうか。

ICT（Information and Communication Technology）と聞くと、情報技術だけでなく、通信技術によって生まれる新たな可能性に期待が高まります。ICTを活用した保育のあり方は、これからも、保育に関わる人々が知恵を出し合ってよりよい方法を模索し続けていく必要があります。そのときに大切になるのが、①子どもに育てたいことが明確になっているかどうか、②子どもの直接体験と関連をもちながら、子どもの興味や関心、経験を広げたり深めたりすることができているかどうか、③子ども同士、子どもと保育者、子どもと保護者や地域の人々との間で、関わりや対話が生まれることにつながっているかどうか等の視点ではないでしょうか。私達保育者は、ICTや道具としての機器それぞれの特徴を知り、子ども達と一緒に試行錯誤しながら、適切な活用方法についての理解を深める努力を続けなければなりません。

第3節　幼児の文字認識と保育者の文字指導観

1. 子どもと文字との関わり

文字のまとまった学習は小学校入学以降に始められますが、実際には、子ども達の多くは小学校入学前にひらがなを読むことができるようになります。なかには、自分の名前の文字を書くことができる子どももいます。子ども達はどのようにして文字を読み、書くようになるのでしょうか。

このことについて、内田（1999）は「子どもは読み書きを組織的な学習を通してではなく、生活の中で文字に関連した活動を目にし、参加することによって自然と覚えてしまうらしい」とまとめています。また、稲垣・波多野（2013）は「自分のまわりに多くの文字があり、しかもそれを使って生活しているおとなの姿を繰り返し目にすること、これを通して子どもは、識字に対して高い価値をおくようになるのであろう。文化によるこのような準備があってはじめて、幼児の文字学習が効果的になされるのである」と述べています。

幼児期の子どもと文字との関わりは、生活のなかにある文字の存在に子どもが気づくことから始まります。生活のなかで文字が使われている状況や場面、文字を使っている大人の姿にふれることで、子どもは文字の存在を知り、その機能に気づきます。文字の機能に気づくと、実際に使ってみたくなります。大人が絵本を読む姿やメモをとる姿を真似たり、店員に扮(ふん)して看板やメニューをつくったり、友達に手紙を書いたりして、楽しそうに遊んでいる子どもを目にしたことがあるでしょう。子どもはこうしたあそびを通して文字にふれながら、「読める」ように、「書ける」ようになっていくのです。

2. 保育者の役割

では、幼児期の子どもと文字との豊かな関わりを支えていくために、どのような指導が求められるのでしょうか（「指導」については第 2 章第 3 節 20 ページを参照）。

幼児期は、生活やあそびを通じ自発的に文字を自分のものにしていこうとする時期です。そして文字獲得までの過程を支えているのは、直接的で具体的な体験から生じる子ども自らの「読んでみたい」「書いてみたい」「伝えたい」という思いと、誰かとつながり合う楽しさや喜びです。そのため、子どもの興味関心や必要感と切り離し、「読むこと」「書くこと」だけを取り出して一方的に教え込むような指導は望ましくありません。幼児期の子どもにとって、文字は教えられて覚えていくものではなく、直接的で具体的な人やものといった環境との関わりを通して、子どもの内面に育つ興味関心、好奇心、探究心を源(みなもと)に獲得していくものです。幼児期には「正しく」読む・書くことよりも、生活のなかで文字を必要とする気持ちや文字を使ってみたいという欲求、文字や言葉で人と伝え合うことの楽しさや喜びを育てることが重要です。

柴崎（1987）は、文字を獲得していく過程には、子どもが文字をどのように捉えているかという文字意識の変化が重要な役割を果たしているとして、二方向の文字意識の発達を示しています。一つはトップダウン的意識であり、「生活の中で文字に親しむことによって文字の機能的側面に気づき、自己を読み書きの主体者として位置づけることにより、実際に文字を機能的に使用していく方向性」です。もう一つはボトムアップ的意識であり、「文字らしいものを書きなぐる体験の中で文字のもつ構造的側面を意識するようになり、その後実際に文字を読んだり書いたりする中で、音節読みから単語読みを経て文読みへ、文字書きからやがては文書きへと統合されていく方向性」です。そして、子どもの文字意識の発達は、トップダウン的意識が先行し、後にボトムアップ的意識をもつようになるといいます。

例えば、トップダウン的意識に着目すると、子どもの文字への気づきや文字を使う主体としての欲求を把握し、それらが自然な形で育つような文字環境を構成することが指導として求められるでしょう。ボトムアップ的意識に着目すると、線を繰り返し書いたり文字のようなものを書き綴(つづ)ったり、一見すると文字を書いているとはいえないような行為であっても、それが幼児の文字獲得に重要な役割を果たしていることをふまえ、存分に遊び浸ることができるよう援助することが求められます。このように子どもの生活のなかには文字獲得の基礎となる体験が豊かにあることを認識し、子ども一人ひとりの体験を見逃さず、きめ細かく関わり、そのときに望まれる指導について検討していくことが大切です。

3. 文字の「指導」とは

藤本（2018）は、保育者が幼児と文字との関わりをどのように位置づけているのかを調査し、保育者の文字指導観を分析しています。そこで確認されたのは、「自身の保育において『文字環境を整える』『文字に出会う楽しさを伝える』といった指導を行っているにも関わらず、指導を行っているとは認識していない」保育者の文字指導観です。なぜ、保育者の実際の指導とその認識には、ずれが生じるのでしょうか。その理由には、「文字指導」という語のもつイメージが関係していると推測されます。

「文字指導」とは「文字について直接指導すること」というイメージが強いのではないでしょうか。しかし、保育・幼児教育の場では、文字を正しく読むこと・書くことではなく、その土台となる文字に親しむ体験を重ねていくことが求められます。そして現場では、そのための環境構成をはじめとした様々な援助が行われています。このことが幼児期における「文字指導」であると認識することが必要です。前項で確認したように、「文字指導」は、子ども達の文字獲得過程におけるトップダウン的意識とボトムアップ的意識との両者について行われます。再度、幼児期における「文字指導」が示す内容を確認しましょう。

さらに保育者は、自身の「文字指導」を自覚したうえで、子ども達が文字の獲得過程においてどの発達段階にあるのかを把握する必要があります。子ども達が生活のなかで文字に親しむためにはどのような環境が求められるのか、構成した環境を通して子ども達は文字のどのような機能に気づくのか、子ども達が読み書きの主体者となるためにどのような環境やあそびが必要なのか、自身の保育と子ども達の文字獲得過程との関係を捉えなおすことが望まれます。

子どもの文字獲得は独立してなされるものではなく、言語発達のなかで、話し言葉の十分な育ちを土台としてなされるものです。幼児期には幼児期に求められる文字指導があります。小学校での学習を先取りするのではなく、その学習の基盤を築くために、子どもの生活場面に寄り添った指導について検討することが大切です。

第４節　言葉と室内環境

1. 絵本や物語にふれる環境

言葉に関する室内環境としてまず思い浮かぶのが、絵本や物語にふれる環境です。子ども達がすぐに手に取れる場所に絵本や物語を置いておくことで、お気に入りの１冊を見つけて、繰り返しそのお話の世界を楽しむことができます。絵本棚や絵本コーナーは、年齢によって形を工夫することが必要です。例えば、低年齢の子どもであれば、表紙が見えやすい棚を使うことで読みたい本が選びやすくなるでしょう（写真 4-1）。また、年齢が上がるにつれて種類や数を増やしていくことも考えられます（写真 4-2）。保育者がおすすめする本や、クラスで読み聞かせた本を、室内の目立つ場所に置いておくこともあります。

写真 4-1 表紙の見やすい絵本棚

写真 4-2 保育室内の絵本コーナー

2. 物の表示に関する環境

1 自分の物

園では、子ども達が自分の物と友達の物を区別しながら使えるように、一人ひとりの名前を表示することが多くあります。持ち物だけでなく、引き出しやロッカー、靴箱など、個々の置き場にも表示があります。自分のつくった作品に名前をつけて、愛着をもちながら大切にできるよう働きかけることもあります。

名前をかな文字で表示するほか、個人用のイラストやマークなどをあわせて表示している園もあります。自分の物や場がわかることから始まり、友達の物や場にも関心をもち、名前を見つけたり呼んだりすることにもつながっていきます。

2 みんなの物

写真 4-3 写真を貼って置き場を表示する

園には、園全体やクラスみんなの物や場もあります。子ども達が安心して心地よく生活できるように、それぞれの部屋の表示をしたり、遊具の置き場を表示したりしています。そのとき、例えば、ままごとのお皿の置き場であれば、「おさら」と文字で表すのか、お皿の絵や写真で表すのか（写真 4-3）、両方で表すのか、あるいはあえてどちらも表示しないのか、年齢や時期、保育の意図をふまえて、いろいろな方法が考えられます。

3. 生活のなかの情報を伝える環境

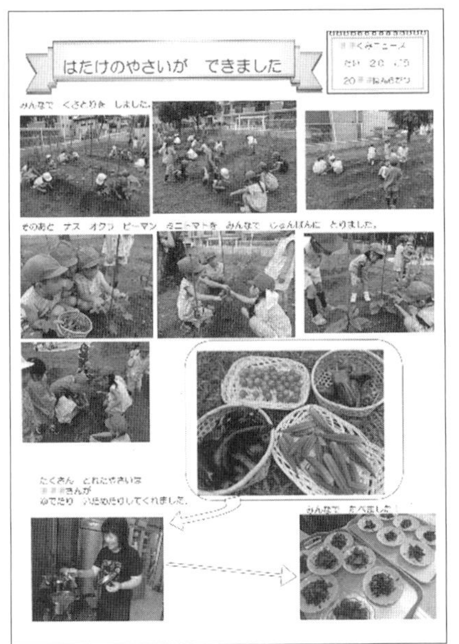

写真 4-4 活動の様子を伝える掲示物

園での生活に必要なことや子ども達に知らせたいことなど、情報を伝える環境においても、文字や言葉を用います。例えば、野菜の栽培活動をしているなかで、日々の取り組みや成長の様子を写真に撮り、どんなことがあったのかを言葉で書き添えることで、より関心を高められる環境になります（写真 4-4）。また、誕生日をお祝いするために、その子の好きなものや、友達からのメッセージを知らせる「新聞」をつくる活動もできるでしょう。ほかにも、行事予定を記入したカレンダーやグループの当番表なども、それぞれの子どもが情報を取り入れながら見通しをもって生活することにつながります。

4. 友達とのあそびを言葉で振り返る環境

幼稚園教育要領および保育所保育指針、幼保連携型認定こども園教育・保育要領の領域「言葉」のねらいの一つに、「人の言葉や話などをよく聞き、自分の経験したことや考えたことを話し、伝え合う喜びを味わう」ことがあります。言葉に関する環境というと、文字を読んだり書いたりすることに目がいきがちですが、話す／聞くという体験を引き出す視点で環境を整えることも大切です。

一例を紹介します。図表 4-4 は、5 歳児の保育室に掲示した図です。子ども達が園のなかで生み出した様々なあそびを、架空の街のように描き加えていったものです。お店やさんやお化け屋敷など、ごっこあそびを中心としながら、相撲道場や野球場、チョウやバッタなどのお墓も描いてあります。実際の園内の地図ではなく、子ども達のなかにあるあそびのイメージをつなぎ、あそびの履歴としてわかる地図として、1 年かけて変化していきました。地図を見ながら、友達が新しくどんなあそびを始めたのか、自分達が過去にどんなあそびをしていたのか、子ども同士で話したり聞いたりし、伝え合うきっかけとなる環境でした。

言葉の視点だけを取り出すのではなく、子どものあそびを充実させることや、乳幼児期の豊かな体験を保障することを意識して環境をつくることが、言葉の育ちを支えるものと考えられます。

図表 4-4 あそびの履歴の地図

引用文献

・ベネッセ教育総合研究所（2018）『第２回 乳幼児の親子のメディア活用調査報告書』pp.18-25,36-37,50-52.

・藤枝充子（2022）「人生の基礎としての乳児期―ポルトマンの考え方に学ぶ」志村聡子編著『はじめて学ぶ乳児保育 第三版』同文書院，pp.60-63.

・藤本朋美（2018）「保育者の文字指導観に関する考察―保育者は幼児の文字との関わりをどのように捉えているのか」『南九州大学人間発達研究』南九州大学人間発達学部，8，pp.3-13.

・稲垣佳世子・波多野誼余夫（1989）『人はいかに学ぶか―日常的認知の世界』中央公論新社，p.112.

・クール, P.，藤崎和香・柏野牧夫訳（2007）「スピーチ・コードを解読する―乳児はどのように言語を学習するか」『日本音響学会誌』63（2），pp.93-108.（P.K. Kuhl,（2007）“Cracking the speech code：How infants learn language,” *Acoustical Science and Technology*, vol.28.no.2，pp.71-83.）

・正高信男（1993）『0 歳児がことばを獲得するとき―行動学からのアプローチ』中央公論新社，pp.12-28.

・宮岡伯人（1987）『エスキモー―極北の文化誌』岩波書店，p.157.

・柴崎正行（1987）「幼児は平仮名をいかにして覚えるか」村井潤一・森上史朗編『保育の科学―知っておきたい基本と新しい理論の創造のために』ミネルヴァ書房，pp.187-199.

・内田伸子（1999）『発達心理学―ことばの獲得と教育』岩波書店，p.186.

参考文献

・秋田喜代美・宮田まり子・野澤祥子編著（2022）『ICT を使って保育を豊かに―ワクワクがつながる&広がる 28 の実践』中央法規出版

・今井和子（2013）『遊びこそ豊かな学び―乳幼児に育つ、感動する心と、考え・表現する力』ひとなる書房

・岡本夏木（1985）『ことばと発達』岩波書店

・ポルトマン, A.，高木正孝訳（1961）『人間はどこまで動物か―新しい人間像のために』岩波書店

・佐藤学・今井康雄編（2003）『子どもたちの想像力を育む―アート教育の思想と実践』東京大学出版会
・サリバン, A.，槇恭子訳（1973）『ヘレン・ケラーはどう教育されたか―サリバン先生の記録』明治図書出版
・渡辺武達・山口功二編（1999）『メディア用語を学ぶ人のために』世界思想社

＊Column 2　言語と多文化社会

私達は、社会のなかで様々な文化をもつ人々とともに生活しています。それは、子どもが生活する保育所や幼稚園などでも同じです。

外国にルーツをもつ子どもを保育所や幼稚園などで受け入れる場合、まず課題となるのが、保育者と保護者とのコミュニケーションです。連絡事項を保護者に理解してもらうだけでなく、文化の違いを相互に理解し、信頼関係を築くためにコミュニケーションは欠かせません。また、外国にルーツをもつ子どもがアジア系や少数派である場合、異なる文化をもっていることが見過ごされがちです。共に生活している子ども達や保育者が、互いの文化を認め、理解し合えるような環境づくりなどの配慮や活動も必要となるでしょう。加えて、子どもが保育所や幼稚園などでの集団生活に慣れ、日本語に熟達してくると、子どもと保護者とのコミュニケーションが取りにくくなる、例えば、保護者が自分の子どもが話していることがわからないといった状況も生じてきます。言葉を獲得することは、その言葉を使っている文化をも身につけることです。家族で話す言葉とそれ以外の場で話す言葉のずれが、子どものアイデンティティの確立に与える影響については、すでに指摘されています。保育所や幼稚園などの所在地、保護者の在留目的や期間等により必要性は異なりますが、保護者の日本語学習への支援、子どもの母語獲得のための配慮が求められることもあるでしょう。

厚生労働省の令和２年度子ども・子育て支援推進調査研究事業「外国籍等の子どもへの保育に関する調査研究」をみると、補助ツールとして有効なICT機器の支給や貸与、通訳者や翻訳者の確保、文化や習慣や宗教上の配慮について学ぶ研修の実施、保育士の追加配置などが、調査対象の自治体で取り組まれていることがわかります。子どものもつルーツにかかわらず、一人ひとりの子どもの最善の利益を守るためにも、さらなる取り組みの推進が求められます。

第5章 困難を抱える子ども達と言葉

幼児期の子どもにとって言葉につまずきがあることや、逆に言葉を獲得すること（何らかの方法でコミュニケーションが取れるようになること）は、生活の質を大きく変えることになります。この章では、"言葉の発達"や"言語環境に困難を抱える"子ども達と言葉について学んでいきます。

第1節 困難を抱える子ども達

1. 障害による困難を抱える子ども

子どもに周囲からの刺激や働きかけを受け止められないなどの発達上の障害があると、言葉の獲得に支障をきたします。言語発達には順序性があることは第3章で学びました。こうした発達の指標と比較して、言葉の理解や表出が期待されるレベルまで達しないために、子どもが日常生活や教育や保育の場面で支障をきたしている状態を、言語発達障害といいます。ただし、言語発達は個人差も大きく、2歳を過ぎて発語する子どももいるので、言語発達障害であるか否かは、子どもの発達全体から観察することも必要です。

保護者が訴える「言葉の心配」のタイプ	「言葉を全く話さない」「言葉の数が少ない」「会話ができない」「発語がはっきりしない」「流暢に話せない」「人前で話せない」「発声がおかしい」…等
言葉の遅れが引き起こされている背景	・聴覚機能の障害に伴うもの　・口腔機能の障害に伴うもの　・認知機能の障害に伴うもの　・社会性の障害に伴うもの　・言語中枢障害に伴うもの　・言語環境の影響に伴うもの

どのような背景によって言葉の遅れが引き起こされているのかを捉えることで、対応の指針を得ることができます。ここでは、子どもを理解するための知識として、言語発達障害を背景別に解説します。

1 聴覚機能の障害に伴うもの（聴覚障害）

ヒトは出生直後から母親とほかの人の声を聞き分け、3～4か月頃より、自分の出した声を自分で聞くことや、母親の声に敏感に反応してやり取りを楽しむことから発話になります（第３章）。したがって、聴覚に障害のある子どもは、全く音や声が聞こえなかったり、聞こえづらかったりすることで、言葉の発達に影響を受けることになります。具体的には、聞こえない音を正しく発音することは非常に難しいために発音が不明瞭になったり、目に見える具体的な単語に比べて抽象的な語彙が増えにくかったり、助詞の獲得が難しい等の課題が出てきます。さらに、耳の聞こえる人との会話でのつまずきから、コミュニケーションが消極的になる等の傾向もみられます。

2 口腔機能の障害に伴うもの（構音障害、吃音（きつおん）、脳性麻痺）

①構音障害

構音障害とは、話し手の年齢からみて正常とみなされている語音とは異なった語音を産生し、しかもそれが習慣化している場合をいいます。背景としては、口の中の形態に異常がある「器質性の障害（口唇裂（こうしんれつ）、口蓋裂（こうがいれつ））」、脳性麻痺等に伴って唇や舌を思うように動かせない「運動性の障害」、器質や運動の異常がない「機能性（働き）の障害」に分けられます。

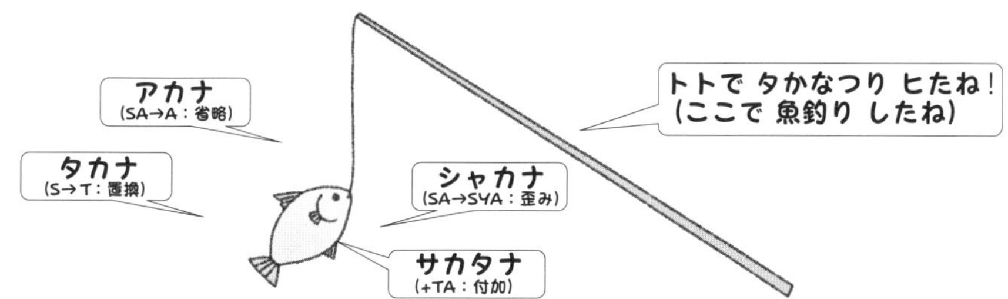

②吃音（きつおん）（小児期発症流暢症）

吃音とは、言葉が滑らかに話せない言語症状で、連発型（短音・単語の一部を繰り返す）、伸発型（単語の一部を長く伸ばす）、難発型（言葉を発するときに詰まる）の３つに分類され、これらは併発する場合もあります。その他の症状として、話す場面で顔をしかめたり、足を叩いたり、舌を出す等の行動がみられる場合もあります。幼児期に７～８割を超える子どもが自然治癒しますが、２～３年かかることも多いです。吃音の問題は、単に話し言葉の問題だけでなく、生活全般に深く影響します。

3 認知機能の障害に伴うもの（知的障害）

知的障害児の言葉の発達過程は、一般的には健常児と同様の順序で、しかしより緩やかな発達経過をたどります。言葉に注意を向け、正確に言葉や音の数を聞き取ること（音韻認知）、聞き取った言葉を頭のなかでイメージすること（表象形成)、言葉を記憶して覚えておくこと（記憶）などが難しいために、知的な遅れが大きいほど語彙習得の時期や速度に遅れが出ます。また、言葉を正確に言えたかを確認しながら話すこと（聴覚的フィードバック）も不得手であるため、聞いた音と唇、舌、あごの動かし方を関連づけたり、自分が正しく話せたかを自分の耳で聞いて修正したりすることができなかったりします。さらに、身近な大人の口の動きが速いと、口や舌が音ごとに形を変えることに気づきにくかったり、口や舌を自在に動かして話したりすることができず、音声言語の発達に影響することもあります。

4 社会性の障害に伴うもの（自閉スペクトラム症、発達障害）

社会的なコミュニケーションと対人関係の障害がある場合、相手のおかれた状況や気持ちを想像したり、言葉の背景にある意図や意味を適切に読み取ったりすることが難しく、それらがつまずきの背景になっていると考えられます。そのことで、一方的に自分が興味のあることを話したり、相手の感情を害することを言ったりする傾向がみられます。また、見たことや聞いたことをまとめる力（統合）が弱いために一部だけを見て表現したり、前後の文脈から考えられないために字句通りに受け止めたり、人の言葉を理解できず相手から質問されたことをそのまま繰り返したりすること（エコラリア）もあります。さらに、感覚が人より敏感だったり、逆に鈍感だったりすることが、コミュニケーションの妨げになることも考えられます。

自閉スペクトラム症の子どもは、話すことができない状態から会話が可能な状態まで、その状態像は様々です。しかし一方で、彼らなりのやり方でコミュニケーションしようとする意図があることも指摘されています。同じ質問を繰り返したり（質問嗜好現象)、遅延反響言語（エコラリア）を発したりすることにも、不安や不快の表現としての機能や、他者との関係のなかで、他者を巻き込む形で表現し伝達しようとする機能が存在すると考えられます。

5 その他の問題に伴うもの（言語中枢の障害や言語環境に伴う問題）

話し言葉と言語の発達には、中枢神経系の統合、適切な知的機能、諸感覚経路の正常な働き、順調な情緒の発達、環境からの豊かな言語刺激、そして身体の成熟等、子どもの発達と成長に関わる数多くの基盤が関係しています。したがって、これらの基盤の異常により話し言葉と言語の発達が一時的にあるいは恒常的に遅れることがあります。

①場面緘黙(かんもく)症（選択性緘黙(かんもく)）

場面緘黙は、ほかの状況では話しているのにもかかわらず、特定の場面において言葉が出なくなってしまう状態のことを指します。家庭ではおしゃべりできるのに、幼稚園や保育所などに来ると一言も言葉を発しなくなってしまうなどの症状がみられます。

②外国にルーツをもつ子ども（家庭では日本語以外の言語環境にある子ども）

日本で暮らす外国籍者数が著しく増えたことに伴って、小中学校においては、日本語指導が必要な児童・生徒数が増加しています。乳幼児期は、言葉が発達する段階にあるため、保護者が日本語を母語としない家庭の子どもも、園生活のなかで日本の子どもと同様に日本語を獲得していきます。したがって、保育者と保護者とのコミュニケーションにおける言葉の課題は顕在化しているものの、子ども自身については、適切な配慮のもと園生活を送ることで言語面において急速に発達し、課題として挙がることは少ない傾向にあるといわれています。園生活において十分に配慮することが重要です。

第２節　言葉の遅れと園生活での支援

特別な支援が必要な子どもの保育やインクルーシブ保育の潮流のなかで、言語発達障害をもつ子どもへの支援の基本スタンスも変化してきました。最近では、子どもから言葉を引き出すという言語治療的な支援よりも、日常生活のなかで話したくなる意欲をはぐくむことや、生活の文脈・必然性のある状況で言葉をはぐくむことのウェイトが高まっています。しかし同時に、背景に考慮し個の発達状況に応じた支援をすることも必要です。ここでは、背景に考慮するための基本的な知識を解説したうえで、園生活を通して発達全般を支える支援や環境のあり方について考えていきます。

1. 背景を考慮した支援

1　聴覚障害のある子どもへの言語発達支援

聴覚は、生後数年間の早い時期に活用しなければ十分にその機能が高まらないことがわかっています。この時期を逃すと、音声を聞いて理解するという活動に聴覚を利用できなくなってしまいます。したがって、早期の聴力検査により聴覚障害の有無と聴力の程度を把握し、補聴器や人工内耳を装着して聴覚活用をする選択肢を検討する意味は大きいです。

難聴の子どもは補聴器を使っても音が聞こえにくいことを理解し、子どもの正面に立って、口の形を見せ、静かな場所で、明瞭な声で伝えるように意識しましょう。全く聞こえないろう児の場合には、見て理解する力を有効活用できるように、手話を使って伝えるほかに、表情や口の形、舌が口の中のどこに当たっているかを見せて、言葉を判別する手がかりにできるように心がけます。また、語彙が増加すれば、子どもはより複雑な意思の伝達を試み、コミュニケーションがより活発になります。言葉の意味を絵や文字で示すことは、語彙をさらに増やすことに有効です。そして、言語発達の小さな変化を身近な大人が喜びや感動をもって受け止めることで、子どもの意欲が高まり、言葉を促進することにつながります。成長に応じて、「もう一度言ってください」「ゆっくり言ってください」「紙に書いてください」と自分から人に頼めるような力を育てることも必要です。

2 構音障害の子どもへの言語発達支援

構音障害の原因となる口蓋裂がある場合は、通常は音韻の習得が盛んになる１～２歳で口蓋の修復のための手術を行います。したがって、適切な時期に鼻咽腔閉鎖を考慮した手術が行われていれば、構音障害の発現をかなり抑制することができます。また、幼児期に舌を動かすのがゆっくりだったり、口腔器官も完成していなかったりするために上手に発音できない場合は、徐々に正確な発音になっていくことが多いです。その場合、生活のなかでは、話すのが苦手にならないようにすることが最も重要です。何度も聞き返したり、話し方を注意したり、言い直させたりするのではなく、正しい音を聞かせて、自分で音の違いに気づけるようにします。また、言語環境としての保育者は、子どもが音を聞き分けられるように明瞭な声で話すことが大切です。いじめやからかいの対象にならないよう配慮することはもちろんのこと、話すときに皆でじっと見つめて緊張を高めてしまわないようにするなどの対応も大切です。食事の際も、唇を閉じてよく噛んで食べるように促すと、唇や舌、あごの動きが活発になり、発音を改善することにつながります。また、ラッパを吹いたり風船を膨らませたりして遊ぶのも効果的です。小学校入学頃までに正常な構音を獲得する子どもが多いですが、徐々に正確な発音になっていかない場合には、個々の発達状況に応じ言語聴覚士に相談して構音改善の訓練が必要かを検討することも考えましょう。

3 吃音（きつおん）のある子どもへの言語発達支援

吃音が発生しやすい場面としては、「苦手な音や言葉を発しなくてはいけないとき」「周りの目が気になり不安なとき」「吃音が起こらないように意識しすぎたとき」などがあり、症状が出やすい時期と出ない時期の波があることや、話している状況・内容や相手などによっても変化することが知られています。このことからも、周りの人や家族が吃音について学び、理解して受け入れる環境をつくることが大切であるといえます。吃音が起こっても、心配をしすぎたり指摘したりせず、伝えたいことが何かわかるまでゆっくりと待つことや、周囲にいる人がゆったりとした話し方のモデルを示すこと、あまりにも言葉が出てこないときは様子をみて代弁することが効果的です。就学前や低学年の子どもの場合には、言葉以外のコミュニケーションや意思表示の方法を準備しておくことも大事になります。その子なりの意思表示の方法をもっていることが、本人の心理的負担の軽減になるとともに、“伝えたいことが伝わった”という体験を通して少しずつ自信をはぐくむことにもつながるからです。就学前 1 年程度までに改善がない子どもには専門機関につなげることも考えていきましょう。

4 脳性麻痺の子どもへの言語発達支援

脳性麻痺の子どもの多くは、運動発達の遅れ、感覚の異常、知的障害などの多様な障害により、発声や表情の変化が少なく、子どもによっては、全身の伸展パターンで反応したり、頭部や手先、舌など身体部位のわずかな動きで表現したりすることもあります。また、反応が弱く偏ったり、答えるまでに時間がかかったりすることでよく観察して変化から読み取らなければならない難しさもあります。その影響により、養育者の働きかけが少なくなったり、通院や介護等に時間が割かれることで、豊かな相互関係が不足したりしがちです。このことは、幼児期以降のコミュニケーション意欲や態度に影響するため、コミュニケーションの基盤がはぐくまれるような関わりを意識的に行っていく必要があります。また、子どもの表出を先取りせずに待つことも大切です。自分の思いが伝わった実感や喜びを感じられる機会をつくる等、コミュニケーションの経験を積むことができる環境づくりを第一に考えましょう。

伝わった実感が得られる環境づくりの例
・2 つのうち 1 つを選択できるような投げかけをする ・共有できる身振りや絵を指すことを教える ・“目を閉じたり動かす”“指をタップする”“息を吹きかける”“指を鳴らす”“ボタンを押す”などにより音声が出る器機を利用する

5 知的障害のある子どもへの言語発達支援

言語・コミュニケーション活動は、複数の力を総合的に使うことが必要です。そこには言語能力だけでなく、下支えとなる認知能力も必要ですし、コミュニケーションをとりたいと思える人の存在や、伝えたい内容や意欲も関連してきます。保育者がまず“伝えたい”相手となる関係性を築くことを心がけるとともに、“わかりたい”と思っている子どもが、言葉がわかる喜びを得られるような言葉かけを工夫しましょう。目を見ながら、ゆっくり、短く、簡単に、繰り返し話すことを意識することで、言葉の理解を支えます。また、日常でよく使う言葉を、子どもが興味をもっている話題から教えていくことも効果的です。保育者が少し言葉かけを工夫することで、子どもが言葉をわかる喜びを得られるようにすることが大切です。生活でよく使う言葉は、できる限り表現をあまり変えずに端的な表現（定形文）を使うことで、理解や使用を促すことにつながります。語彙が極端に乏しく、コミュニケーションがとりにくい子どもに対しては、成人語の代わりに擬態語や擬音語を取り入れることも効果的です。

知的障害児と大人の会話では、やり取りが成立しづらいことから、大人からの一方的な語りかけや、指示を与えるだけの関わりに陥りがちです。言語的やり取りにおいては、子どもの状況把握力や言語理解のレベルに十分配慮し、子どもが話す言葉にしっかり耳を傾け、自ら話したいという意欲が引き出されるように大人が意識的に調整しましょう。

6 発達障害のある子どもへの言語発達支援

発達障害のある子どもは、室内に掲示物が多いと、目から入る刺激が多く、言葉を理解したり考えたりすることができなくなることもあります。発達障害のある子どもとのコミュニケーションでは、彼らの認知の特異性（私達が見たり、聞いたり、感じたりしていることと別の感じ方をしていること）に配慮した環境が必要です。話せない自閉スペクトラム症の子どものなかには、文字を手がかりにしたり、口や舌の動かし方を見せたりすることが効果的な場合があります。感覚の違いを理解して、音声言語にこだわらずに言葉を広く捉えて発達を促すような視点の転換も必要です。

7 外国にルーツをもつ子どもへの支援

母国語が外国語の子どもに、一方的に日本語や日本文化習得の努力を強（し）いるのではなく、例えばクラス全体でその子どもの母国語や文化、もしくは人種や文化の多様性について学ぶ機会をつくる等、相互理解が深まる環境を意識した支援が望ましいです。保育においては、多様な言語や身近なあそび、食、スポーツなどの外国文化にふれる機会をもちながら、複数の国の文化や言語環境のなかで生活していることに誇りをもてるように育ちを支えましょう。

8 場面緘黙（かんもく）症の子どもへの支援

家庭ではおしゃべりできるのに、幼稚園や保育所などに来ると一言も言葉を発しなくなってしまう子どもと接すると、保育者は自分の関わり方や学級の雰囲気がよくないのではないか等と考え、傷ついたり悩んだりします。しかし、場面緘黙症の子どもは過度に緊張することが指摘されているため、保育者はその子どもに無理に声を出させようと躍起にならず、自然でさりげない言葉かけを続け、環境を整えて言葉が自然に出てくるのを待つことが大切です。また、何かの拍子にその子どもが声を発することがあっても、大げさに驚いたりせず、あたたかい雰囲気で受け止め、次の言葉がまた自然に出てくるのを待つようにしましょう。

2. 園での生活を通しての支援

障害による背景に基づくアプローチは、一見するとわかりやすく支援の効率がよいようにみえますが、一人ひとりの子どもを思い浮かべると、自閉スペクトラム症と知的障害を合併していたり、脳性麻痺と聴覚障害を合併していたりと、必ずしも一つの障害が背景となっているわけではなく、複数の要因が関与している場合も多いです。また、養育放棄や不適切な養育環境により言語経験が不足している場合、あるいは外国人幼児の第二言語としての日本語獲得のような場合等、生育環境が言葉の遅れの要因であることもあります。したがって、園での支援においては、日常生活での子ども達の姿から言葉の発達を読み取り、具体的な保育活動のなかで機会を捉えて支援や指導をすることが現実的かつ重要です。ここでは、園での生活を通して言葉をはぐくむ視点から考えていきます。

1 子ども理解に基づく担任による支援

園生活は、家庭を離れた初めての集団生活の場であり、幼児期の生活の中心として発達に及ぼす影響は大きいです。園生活のなかで言葉の発達に大きく影響するのが同年齢、異年齢の他児の存在です。親と子ども、保育者と子どもという1対1の関係のなかでは、主体的に自分を表現せず人への興味もみせなかった子どもが、他児の行為にひきつけられるように特定の活動に興味を示して意思表示をしたり、集団活動のなかで自然に生じる楽しそうな雰囲気やエネルギーの渦に身を投じて言葉を発したりするようになることがあります。このように、日常的に新しい出会いやコミュニケーションの機会が提供される園環境は、子どもが実際的で効果的な言葉の使用能力を身につけていく貴重な場となり得ます。以上のことからも、園生活では、集団生活のなかでわかる経験の積み重ねや、コミュニケーション意欲の高まる環境を意識してつくり、関わっていくことが言葉の発達においても重要であるといえます。

音声言語の出現の前には、母子あるいは親しい人との関係を築くことや、視線、表情、身振りなどを使って年齢に応じたコミュニケーションを積み重ねていくことが必要です。保育者が“伝えたい存在”となることや、“伝えたいと思うような楽しい出来事”を計画的に取り入れることが求められます。そして、伝えたい意欲が高まったタイミングで伝える方法を獲得できるようにすることや、伝わった実感やうれしさを感じられるような経験を積むことが重要です。子どもの特性に合わせてドキュメンテーション等の掲示物を活用したり、気持ちを伝えたくなるような楽しい活動が経験できる保育を展開したり、子どもが表出できる時間を十分に取るなどの工夫を考えていきましょう。また、リラックスした姿勢で声が出せるようにし、正確な構音にこだわらず、人と楽しくやり取りする体験を積み重ねられるようにしていきましょう。特に発達障害の子どもの場合は、認知の特異性や感覚のずれなどによって、思いが伝わり共有される実感やコミュニケーションの喜びを感じにくい場合もあります。この点を意識して改善することも重要です。大人が文脈から察し、その子どもなりの表現や伝えたい思いをくみ取って関わることが大切になってきます。

2 園内の連携

保育所の職員体制は一律ではありません。早朝や夕方など子どもの人数が少ない時間帯では、異年齢（縦割り）保育が行われたり、クラス保育にも担任以外の職員が応援に入るという体制が日常的にとられたりします。しかし、日常的に関わりの深い担任と比べ、ほかの職員は個別の発達や行動特性を十分に把握できていないこともあり、実際に接してみると、子どもの不明瞭な発音や不十分なコミュニケーションにとまどうこともあります。また、子どもにとっても、担任には理解してもらえるジェスチャーや発音が伝わらないというストレスが生じることがあります。

そこで、担任が「個別の支援計画」や「〇〇ちゃん通信」をつくる等、保育者間の連携づくりや情報共有をすることにより、子どもも保育者もとまどうことなく生活することができます。また、定期的に情報交換の機会を設けることで、担任以外の対応でうまくいった新しいコミュニケーション方法も共有できたり、逆に担任との関係性ではみえなくなっていた言葉の発達状態について見直す機会になったりする等、個の理解を保育者全体で深めることにつながります。時間に追われる保育のなかでも、保育者自身が園内の連携を意識して、情報共有を図り、どのように関わっていくかを日々見直していくことが大切です。

3. 家族への支援

保護者への支援を通して子どもを支援することも、保育者の重要な役割です。

保護者は子どもの言葉の発達が遅いことを心配していても、障害と診断されることへの不安や、いつか話せるようになるかもしれないという希望をよりどころに小学校入学まで様子をみようとすることがあります。言語発達障害には、子どもが成長して遅れが正常範囲に追いつくタイプと、独自の過程をたどり、遅れが改善しないタイプがあります。後者の場合、保護者が子どもの障害を受容し、子どもの発達の特徴に即した養育を行うことが必要なため、保育者はそれを支えていくことが求められます。

家族への支援の目的は、必要な知識を提供するだけでなく、保護者の困惑に寄り添ったり、辛さに共感したりしながら、共に子どもの言語環境を整えることです。保護者はわが子の言葉の遅れを自身の育て方のせいだと自分を責めたり、とにかくほかの子と同じようになってほしいと思ったりして、子どもと楽しく関われないことがあります。そのような保護者には、子どもの長所や魅力を伝えて、子どもとのやり取りを楽しめるように保護者の思考を転換させたり、子どもの見たものに気づいて話題にする等の心の通う言葉のやり取りが言葉をはぐくむことにつながることを伝えたりしましょう。そして、子どもに対して何ができるか、何をすべきか知りたがっている保護者には、適切な情報を提供することで、今後生じる問題に対処できる心構えを保護者のなかにつくるようにするとともに、その子どもの伝えたい気持ちを大事にして関わることや、その子どもなりのコミュニケーション方法で伝わるうれしさ、やり取りを積み重ねることが言葉の根を伸ばすことになることを伝えます。また、遅れに対する不安、言葉の遅れを診断されたときの衝撃、子育てや生活の疲れなどの精神的負荷が保護者に重くのしかかることも忘れてはいけません。前向きになれない状況のときには、問題に直面した際に生じる感情をありのまま受け入れること、そしてその感情を信頼できる人に吐露していくこと等も勧めるとよいでしょう。そのためにも、自助グループや発達支援センター、地域のクリニックなどの資源を紹介できるように把握しておきましょう。

4. 関係機関との連携

専門家による言葉の発達支援では、医師や臨床発達心理士、言語聴覚士などが、医学的検査、発達検査、子どもの行動観察などにより言語障害の診断や発達診断を行い、言葉の遅れについての説明や接し方の助言を行うことになります。具体的には、言葉のつまずきをどのように理解したらよいか、同じ状態のほかの子どもの例を交えながら、その時点で考えられる今後の見通しを教えてもらうことができます。幼稚園・保育所・認定こども園を利用している場合は、関係機関の専門職の園訪問による情報交換や、保育者が専門機関に出向いたり電話をかけたりしての相談等、様々な支援を受けることが考えられます。園として、専門機関と日常的に連携が図られていると、ちょっとした疑問を気軽に問い合わせたり、専門家と意見交換をすることによって異なる視点から子どもを知ることもできます。また、ときには親子が専門機関で個別指導を受ける際に保育者が同行することによって、園にいるときとは異なる子どもの姿を直接知ることもできます。園が積極的に医療・相談機関などの個別指導や、子どもの言葉の発達に関する評価などの情報を取り入れ、保育における発達支援に活かしていくことも必要です。多くの専門領域が細分化している現在、生きたコミュニケーション能力を獲得するためには、子どもを取り巻く人々が個別に支援を行うのではなく、相互連携のなかでよりよい支援に向けて協力体制を築いていくという視点が重要になります。

第３節　事例とワークシート

事例 5-1

Aちゃんには伝わらなかった実習生の言葉かけ

保育室で線路をつなげ、電車を走らせて遊んでいた４歳児クラスのＡちゃんに、実習生のＩさんは「もうすぐ朝の会だって」と言葉をかけました。そばで聞いていたＢくんは、「手伝ってあげる」と言って線路の端の方を片づけ始めました。するとＡちゃんは、Ｂくんのところに走って行き、Ｂくんを強く押したため、Ｂくんは転んでしまいました。

「朝の会」という言葉を聞くと、多くの４歳児は日々行われる「朝の会」を思い出し、それとともに「片づけをして、トイレにいって、いすを持ってピアノの前に集まる」という「これから起こることと自分がすべきこと」を頭に思い描くことができます。しかしＡちゃんは、「もうすぐ朝の会だって」という言葉かけでは、「これから何が起こるか」を想像できなかったり、想像できたとしても「そのために何をすることが求められているのか」をくみ取って行動に移すことができなかったりしたと推測できます。その状況で、自分が遊んでいた線路を急に壊されたと感じたことで、怒ってＢくんを押したのかもしれません。実習生の

Ｉさんは、Ａちゃんにどのような言葉かけを行う必要があったのでしょうか。また、Ａちゃんのような子どもに片づけを促すときには、どのように伝えるとよいでしょうか。

● **保育者の言葉（音声言語）での指示がわからない状況を疑似体験して、自分が指示を出すときの配慮や工夫を考えてみよう**

①２人１組になって、子ども役と保育者役を決めてください。

②保育者役の人は、はじめは「あ、あ」や「モゴモゴ」等の音声や身振りだけで伝えたいことを伝えてみましょう。（例えば、「靴を履き替えましょう」「鉛筆で丸を書きましょう」「手を洗いましょう」「トイレに行きましょう」等）

③役割を交代してみましょう。

④保育者役の人は、音声による言葉がなくても指示が伝わるよう工夫してみましょう。

⑤どのような工夫があると指示が理解できたか２人で話し合ってみましょう。

事例 5-2

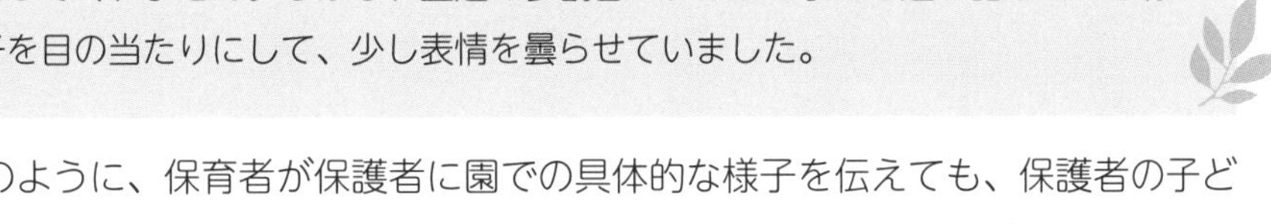

保護者の子ども理解に寄り添う

２歳児のＣくんは言葉を話さないので、保育者は心配しています。家でも同じようですが、お母さんは「大人の言っていることはわかっています。男の子は言葉が遅いって聞きますし、うちの夫もそうだったみたい」と言って取り合ってくれません。しかし、翌週の参観日に、ほかの子ども達が話している様子を目の当たりにして、少し表情を曇らせていました。

このように、保育者が保護者に園での具体的な様子を伝えても、保護者の子どもの頃を引き合いに出して「心配していません」という保護者もいます。しかし、参観などで実際に子どもの様子を見ることで何かを感じる保護者も多いです。基本的には保育者は、保護者に共感したり話を聞いたり、身近な相談相手になりながら、保護者の子育てを支える立場です。まずは、保護者から困っていることや心配していることを話してもらえる保育者を目指しましょう。園での様子から保育者が心配していることを保護者に伝えたくなりますが、「説得」にならないように気をつけ、保護者が障害を受容する過程について理解したうえで対応するようにします。心配ごとについて話し合いを提案する際は、保護者が急いでいるときや元気のないときは避け、できれば面談の約束をしてゆっくり話しましょう。また、１人で対応せずに園長や主任と一緒に話を聞くようにします。保護者の立場になって考えることが大切です。

● 子どもに障害があるのではないかと疑われるような行動傾向があっても、保護者がそれを受け入れがたい場合、その背景にはどのようなものがあるかを挙げてみよう

参考文献

- 中川信子（1986）『ことばをはぐくむ―発達に遅れのある子どもたちのために』ぶどう社
- 野中道代・進藤美津子ほか（1973）「幼難聴児のハビリテーションと保育の問題」『AUDIOLOGY JAPAN』16（5），pp.437-438.
- 大久保愛（1977）『幼児のことばとおとな＜新版＞』三省堂
- 岡崎恵子・大澤富美子ほか（1998）「口蓋裂児の構音発達―音韻プロセス分析による検討」『音声言語医学』39（2），pp.202-209.
- 臨床発達心理士認定運営機構監，秦野悦子・高橋登編著（2017）『講座・臨床発達心理学５　言語発達とその支援』ミネルヴァ書房

＊Column3　子どもと非言語的コミュニケーション

先日、学生と特別支援学校幼稚部の発表会の見学に行ってきました。

口の動きで読み取る読話・手話・身振り・手振りを交えてコミュニケーションを図っており、全身で表現して、引率した学生達と関わっている姿が印象的でした。

発表会の歌声に耳を傾けながら、筆者はある児童文学作品を思い出しました。それは、『5000匹のホタル』（松下竜一，理論社，1973）という、県立ろう学校の寄宿舎であるあかつき学園に勤務する新任保育士の玉子先生が、子ども達と試行錯誤しながら、心を通わせていく物語です。主人公の玉子先生が子どもとの関わりで悩んだときに、園長先生が「聴覚に障害のある子どもは、言葉があることすら知らずに育つこともあり、放っておけば言葉のないまま、思考力の乏しい人間になってしまう。言葉が聞こえないからこそ、豊かな言葉の森、言葉の海で包み込むことが大切だ」と語っていたのでした。その園長先生の言葉は、本質を突いた言葉として筆者の心に今でも響いています。

これは聴覚に障害のある子どもだけのことではありません。保育所に見学に行った学生の多くが「子どもの言葉や表現の面白さ」に気づき、子ども達が自分の伝えたいことを伝えようとしている姿に心を奪われたことを記録に残していました。学生は何に感動していたのでしょうか。子ども達が、自分の知っている言葉や音、しぐさで一生懸命相手に伝えようとしている姿に学生は心を惹かれたのではないでしょうか。

このように、私達は「音としてのことば」だけではなく、子どもに直接触れたり、表情や身振りなど様々な「動作のことば」を使ってコミュニケーション

を図っています。養成校で学んだ知識や技術をもとに実習に臨むことはもちろん大切ですが、それだけでは相手とコミュニケーションを十分にとることは難しいでしょう。

私達が目の前の子ども達とつながろうとしたとき、「相手を知ること」が何より大切なことだと思います。私達が当たり前のように使っている「声の言葉」中心のコミュニケーションだけではない多様なコミュニケーションの方法で、いろいろな人と「つながる喜び」をぜひ感じてほしいと思います。そのためには、感覚を研ぎ澄まし、相手の声にならない言葉を読み取ること、感じ取ることがとても大切です。

第6章 子ども同士の話し合い

「子ども同士の話し合い」についてイメージがわかない方も多いでしょう。小さい子ども同士は話し合うことができるのでしょうか？　小さい子ども同士はどんなときに話し合う必要があるのでしょうか？　皆さんも考えながら、本章を読んでみましょう。

まず、「話し合い」を「2人以上が話し言葉でお互いの考えを交わすこと」と定義してみました。保育現場では、2～3人で話し合う場合、グループで話し合う場合、そしてクラス全員で一緒に話し合う場合があります。本章では、乳幼児期から幼児期までの発達段階における子ども同士の話し合いの特徴を説明してから、保育者として援助を行うポイントを解説します。

第1節 乳幼児の発話と対話

1. 乳幼児の発話と大人との対話

乳幼児を育てる家庭において、赤ちゃんが大人に対して、意味はないかもしれませんが何らかの声を発するたび、大人も楽しく赤ちゃんの声の真似をしたり、その声に応じて様々な応答をしたりします。さらに赤ちゃんから反応を得られると、2者間のやり取りが活発になり、少し長く続けることが多くみられます。このようなやり取りは「前言語期のコミュニケーション」と呼ばれます。赤ちゃんと大人の1対1のやり取りは、愛着関係や三項関係の成立に大きな影響を与えます。そして赤ちゃんが1歳頃になり、意味のある言葉を発すると、大人はさらに積極的に赤ちゃんに応答する場面がみられます。

それと同様に、保育所の0～1歳児クラスにおいても、乳幼児は主に特定の保育者に対して声を出したり、発語したりします。乳幼児の発声の意欲を大切にする保育者達は、その発声の意味を推測し、受け止めてからていねいに応答を繰り返します。保育者のていねいな応答によって、乳幼児との間に情緒的な絆が築かれ、言葉によるコミュニケーションの基礎が整えられていきます。

そして、乳幼児は少しずつ意味のある言葉を使えるようになると、特定の保育者との対話を非常に楽しく感じます。このように大人との対話を繰り返し、言葉によって気持ちが通じ合うことを体験しながら、乳幼児は対話における話者交代のルールを学び、友達との対話の準備をしていきます。

2. 乳幼児同士の２者間の対話

多くの保育所の２歳児クラスでは、２名の乳幼児が対話している様子（乳幼児同士の２者間対話）がみられます。

しかし、２歳児はすでに大人との対話に慣れてきているとはいえ、いきなり友達と話せるわけではありません。友達に声をかけることは、勇気が必要ですし、友達と関わりたい・話したいという意欲に加え、関わるきっかけも大切です。また、勇気を出して友達に言葉かけをしても、友達が応答してくれるという保障はなく、対話が必ず成立するわけではありません。２者間の対話が成立するためには、キャッチボールをするように応答的に進めていく、いわゆる「話者交代のルール」を理解し、実践的に学ぶことが大切です。

発達段階的にみると、２歳児は自分の意志がより強くなり、自分の気持ちや欲求を言葉で表現することが多くなります。しかし、まだまだ自己中心的であるため、ほかの友達が話していることにも目が向くように保育者が援助することが不可欠です。

さらに、月齢によって個人差が大きい時期であるため、自分の気持ちや思いをうまく言葉で表現できない２歳児もいます。言葉の表現力に差がある２者が対話を行う場合、対話が一方的になったり、自分の思いを言葉にできず相手への同調しかできないこともあります。そのような状況が続くと、友達と話す意欲を次第に失ってしまう危険性があります。保育者は適切なタイミングで２者間の対話に介入し、うまく言葉で表現できない２歳児の気持ちや思いを確認し、代弁していくとともに、すでに言葉で表現できる２歳児のほうがより友達の気持ちや状況を理解できるように、２者に対して同時に足場かけを行うことも重要です。

このように、最初はうまくいかなくても、様々な２者間対話の経験を積み重ねることで、２歳児は徐々に保育者の援助を頼らず自分達の力で対話を成立できるようになります（山本, 2003)。

3. 乳幼児同士の３者間の対話への広がり

２歳児クラスの集団保育の場では、ほかの友達との２者間の対話から、徐々に２者間対話に第３者が参入し、その第３者へ宛先が切り替えられることで３者間対話へ広がっていく様子がわかります（**事例 6-1**）。

事例 6-1

２歳児 「すすむの、おっきい」10 月 29 日

すすむが自分の皿の上にあるししゃもを持ち上げて、皆に向かって「すすむの、おっきい」と言った。すると、ゆみなが自分のししゃもを持ち上げて、すすむに見せた。すすむはゆみなを見ると、さらに皆に向かって「ねぇ、おっきい」と言った。今度はなおが「なおのもおおきい？」と尋ね、すすむは真顔でうなずいた。そこへ、見ていたけいが目を真ん丸に見開き、大きな声で「けいのもおっきい？」と尋ねると、すすむは笑顔で「おっきい！」と答えた。互いに「ひひひー」と笑い合い、食事に戻った。

出典：淀川裕美（2011）「2-3 歳児の保育集団での食事場面における対話のあり方の変化―確認し合う事例における宛先・話題・話題への評価に着目して」『保育学研究』49（2），pp.177-188. 下線は筆者による

以上の保育所の２歳児クラスの給食場面の様子を描いた事例では、まず、すすむとゆみなの対話に、なおが第３者として参入します。そして、すすむはなおに対して応答し、宛先をなおに切り替えて対話をする様子が描かれています。さらにその後も同様に、けいは第３者としてすすむとなおの対話に参入し、すすむは宛先をけいに切り替えて応答しました。また、なおもけいも前の友達の対話をよく聞いていたことや、自分の発話で「も」という表現を使用したことは非常に興味深く感じました。

第２節　幼児期の話し合いの実態

1. 集団への参加

多くの幼児は４歳頃になると、日常会話ができるレベルの言語能力を獲得します。幼稚園・保育所の３歳児クラスをみてみると、幼児達は以前より多様な言葉で自分を表現し、複雑な構造を持つ文を難なく話せるようになったと実感できるでしょう。

さらに、幼稚園・保育所の集団生活に慣れていくと、幼児達はあそびや生活のなかで自然に２～３人の小集団を形成したり、幼児同士の話し合いが発生する

場合が多くみられます。しかし、幼児同士の話し合いは、一方的になったり、長く続かなかったりすることもあります。特に3歳児クラスにおいては、言語能力の発達によって自己主張がより強くなり、さらに自分の感情をコントロールするのがまだ難しいため、トラブルが多発します。そのため、保育者が適切なタイミングで介入することが求められます。

一方、集団保育の場では、保育者が意図的に幼児達を班に分けて活動を行うことが3歳児クラスの後半から多くみられます（例えば一緒に当番をする生活班等）。いつも遊んでいる小集団の親しい友達だけではなく、異なる集団において自分はどのように動くか、その集団の友達とどのように言葉を交わすか、「集団」のなかの「自分」を客観的に考えるきっかけになります。最初はうまく協力できないことも多いですが、幼児達はこのような様々な小集団での関係の築き方を体験的に学び、より大きい集団やクラスのなかの「自分」についても考えるようになります。また、多くの友達と関わることによって、人間関係が広がり、より多くの物事に興味・関心をもつようになります。

以上のような経験を通して、5歳児クラスになると、幼児達はクラスの友達の個性を理解し、小集団やより大きい集団においてもお互いの長所を活かしながら役割分担を行い、トラブルや問題が発生したときにはまず自分達の力で解決しようとする姿がみられます。

2. 幼児同士の3者間の対話

幼児達が幼稚園や保育所の環境に慣れるまでは、1人で好きなあそびを楽しんだり、ほかの友達のあそびを傍観したりすることが多くみられます。集団保育の生活に慣れ、気持ちが落ち着くと、幼児達は徐々にほかの友達と同じ場所で同じあそびをし、少しずつ友達と関わりながら、小集団で遊ぶ楽しさを感じるようになります。あそびの変化に伴い、一緒に遊ぶ友達の人数も増えていきます。複数の友達と関わるとき、2者間対話だけではなく、2者以上で対話をする必要が生じます。

しかし、小集団における対話（最初は3者間対話）を行うのは、実に簡単なことではありません。幼児達にとって、もともと対話している相手から、宛先をほかの幼児へと切り替えることは、非常に難しい作業です。最初の難題は、突然に入ってくるほかの幼児の発話が、自分に向けられたものであるかどうかを判断することでしょう。すなわち、「宛先の判断」です。1対1の対話より、3者で対話するときは、より広い視野を持ち、同時に2人の話を聞かないといけません。

一方、すでに成立している２人の友達の対話に第３者として参入するために、まずはその対話の内容を真剣に聞いて理解する必要があります。そして、自分が話したい内容を考え、よいタイミングを計って友達の対話がちょうど交代している「合間」に発話しないといけません。大人でも、「言葉を挟むタイミングを逃したな！」と感じることがあるでしょう。幼児達にとってはなおさら、ほかの幼児達の対話に参入することは簡単なことではありません。

以上で述べたように、宛先の判断や話者交代の合間というタイミングをつかむ難しさがあるため、２者間対話から３者間対話への道のりはかなり長いものになると考えられます。例えば、山本（2003）が行った集団でのあそび場面における幼児同士の対話形態に関する研究では、３歳以降は第３者の２者間対話への参加がみられましたが、４歳以降になると幼児同士の３者間の対話が芽生え、５歳以降でようやく３者間対話の成立が観察されました。幼児同士のみで３者間対話を行えるようになるまで、保育者が幼児達の言葉に耳を傾け、援助を行うことが大切です。

3. クラスの話し合いへの発展

保育者が意図的に特定のテーマ（話題）についてクラスで話し合う機会をつくり、そこで幼児が自分の思いや考えを言葉で表したり、友達の話を集中して聴いたりすることもあります。例えば、呂（2015）が保育所の５歳児クラスの話し合いを観察し報告したように、これまでの経験やある活動の振り返り、これからの計画や準備、行事等の役割分担、難しい単語やある知識に関する表現等、５歳児クラスの話し合いのテーマ（話題）は非常に多様です。

クラスの話し合いの体験を通して、幼児は自分と異なる考えに気づいたり、主体的に問題を解決したり、お互いの考えを深めたり、広げたりすることができるようになっていきます。例えば**事例 6-2** では、幼児達は「心に刻む」という言葉の意味をはっきりと理解していないにもかかわらず、劇のセリフに使いたいと話し合っていました。山田先生は幼児達の言葉に対する感覚や意欲を尊重し、幼児達が感じた言葉の意味を一緒に考えることによって、言葉の理解の深まりにつながりました。

事例 6-2

5歳児 「「心に刻んでいこう」というセリフ」12月20日

劇のリハーサルをしていたところ、「心に刻んでいこう」という難しそうなセリフが出てきた。そのとき、山田先生はクラス全員とこのセリフをどうするかを話し始めた。

山田先生：（全員に向けて）ここどうしたらいいかな？ね、みんな聞いて、みんな考えて。あのさ、「少年達の賢い星を守っていこう」か「心に刻んでいこう」か、どっちのほうがいい？
レン：（山田先生に向けて）「刻んだ」ほうがいい。
ユイ：（山田先生に向けて）刻んだ。
山田先生：（全員に向けて）あ～すごい！ここ刻んだほうがいい？
ナナコ：「刻んだ」ほうがいい。
山田先生：じゃあ、「心に刻む」わかる人？
シロウ：（山田先生に向けて）心に、
山田先生：（シロウに向けて）心に、
マオ：（山田先生に向けて）何かを入れる。
山田先生：（マオに向けて）何かを入れる。うんうん！
リュウジ：（山田先生に向けて）心に、なんか。
マオ：（山田先生に向けて）やさしい気持ち。
山田先生：（マオに向けて）やさしい気持ちをもつ？
レン：（山田先生に向けて）やさしい気持ちをもつ。
山田先生：（全員に向けて）あのね、心に刻むというのは、じゃあ、私が言ったことを、心に刻んどいてって言われたら、どういうなの？
レン：（山田先生に向けて）覚えとく。
山田先生：（全員に向けて）わぁ！
レン：（全員に向けて）覚えとく。
山田先生：（全員に向けて）今の決まりを、しっかりと覚えとこう。これが「刻む」、「刻み込む」。じゃあ、どっちにする？みんな。
ユイ：（山田先生に向けて）刻む。
山田先生：（全員に向けて）「刻む」で行く？「刻む」と「守っていこう」と。
レン：（山田先生に向けて）刻む！
山田先生：（全員に向けて）「刻む」がいい？じゃあ、もう一回行こう。
（劇のリハーサルに戻る）

出典：呂小耘（2018）「第2章　幼児期の言葉の発達過程②～⑥」秋田喜代美・野口隆子編著『保育内容　言葉』光生館，pp.49-50. を一部改変

さらに、幼児達はクラスの話し合いの経験を積み重ね、クラスのなかの自分の役割に気づくこともあります。例えば、呂（2016）が保育所の5歳児クラスの問題解決のための話し合いを観察した研究では、5歳児が話し合いのルールを強調したり、ほかの非当事者の幼児達に問題の状況を共有したりして、集団のなかの自分の役割を意識した言動がみられました。また、**事例6-3**のように、レンは山田先生やほかの幼児達に対して、トラブルの状況を共有していました（二重線の発話）。

事例 6-3

5歳児　「誤解」3月28日

山田先生が1人で図書室に入り、これから読む本を取りに行きました。幼児達は図書室の外の廊下で待っていました。そのとき、ハルが急にシロウをたたきました。しかし、シロウはハルではなく、ユイが自分をたたいたと誤解し、ユイの髪の毛を引っ張り、たたき返しました。そして話し合いが始まって、シロウはユイに謝りましたが、ユイは納得していない様子でした。

（前略）

山田先生：どうしよう？

レン：（シロウに対して）固いことじゃないよ、お前。

リュウジ：（シロウに謝りの例を示すように）ごめんね、私のせいで。

シロウ：（ユイに向かって）ごめんね！

山田先生：（シロウに対して）なんで？髪の毛わざと引っ張ってる？

シロウ：違う！ユイがたたいたと思って…。

ハル：ハルがたたいたの。

レン：ハルがたたいたら、間違ってユイがたたいたと思って、ユイをたたいちゃって。

シロウ：そう！

ユイ：（レンに向かって）たたいちゃったじゃないの。

レン：（ユイに向かって）知るわけないじゃん！

山田先生：じゃ、座って。

出典：呂小耘（2016）「問題解決のためのクラス話し合いにおける当事者と非当事者としての役割―2名の5歳児に着目して」『国際幼児教育研究』23，pp.11-27．を一部改変

また、5歳児クラスの幼児達が一緒にトラブルや問題を解決しようとするとき、非当事者の幼児達は、自分の権利を当事者に譲るように提案したり、当事者に自身の主張を諦めるように説得したりする言動もみられました（呂，2016）。

第3節 話し合いへの援助

1. 話す意欲と表現する心を育てる

乳幼児と保育者の１対１の対話が成立するまでの間、何もコミュニケーションを行わないというわけではありません。乳幼児が保育所に入り、安心して過ごせる環境を提供するためには、まずは特定の保育者と関わることが大切です。少しずつ心が安定してきたら、乳幼児はその特定の保育者に対して発声したり、表情で気持ちを表したり、行動で意欲を示したりすることが多くなります。保育者が乳幼児のこのような些細な表情や言動を読み取り、優しく受け止めて、その表情や言動を言葉で表現しながら応答することで、乳幼児は言葉の理解や自身の表情や言動、さらには気持ちを理解することができるようになります。そして、少しずつですが、乳幼児は保育者の応答に対して頷いたり、首を振ったりして、行動で反応を示すこともみられるようになります。そのため、保育者が乳幼児に対して言葉かけをした後、乳幼児の反応が返ってくるのを時間をかけて待ちましょう。応答的なやり取りとは、保育者が一方的に言葉をかけるのではなく、乳幼児も保育者の言葉かけに反応できる、バランスのとれたやり取りを意味します。このような応答的なやり取りを経験し、１対１のコミュニケーションの楽しさを味わうことは、乳幼児の発話の意欲を促します。

表現する心を育てるために、乳幼児が興味をもちそうな環境を設定したり、様々な感覚が働く体験を提供したり、身体表現を楽しむ機会を設けたりしましょう。言葉で自分を表現できるようになるまでには、その基礎となる感性の育ちが重要です。さらに、乳幼児の象徴機能の発達に伴い、実体験とは多少異なりますが、絵本や紙芝居等を通して様々な世界に入り、物語の主人公になったり、主人公と一緒に様々な体験を行ったりすることもできます。乳幼児期の豊かな体験は、その後、表現する力につながります。

2. 対話の成立を支える

大人との対話を楽しんでいると、乳幼児は同年齢の友達とも話したくなります。このような乳幼児同士の２者間対話が自然に生じる機会を増やし、対話の成立を支えるのも保育者の重要な役割です。例えば、ごっこあそびを一緒にするなかで、保育者と乳幼児の言葉のやり取りを、乳幼児同士でも楽しめるように促したり、乳幼児がもつあそびのイメージや思いを聞き出し、ほかの乳幼児に対してわかりやすい言葉に言い換えて共有したりするような援助も大切です。

また、幼児同士の２者あるいは３者間対話がうまくいかないことにより、トラブルに発展し、楽しいあそびが打ち切りになってしまうことも多いです。対話の成立は、幼児同士のあそびの展開を支えたり、あそびを長く楽しめたりするかどうかを左右します。幼児同士のトラブルの仲介役を求められた場合、保育者は中立的な立場で介入し、まずは当事者の幼児達に状況を確認し、幼児達から平等に話を聞ける雰囲気をつくりましょう。幼児が泣き止まなかったり、言葉ではなく手が出たり、なかなか自分の感情をコントロールできなかったりする場合もあります。そのときは、まず当事者を離して気持ちが落ち着くまで待ちましょう。当事者の幼児達が落ち着いたら、もう一度対話できる場を設け、お互いの気持ちや思いを聞いて、気持ちを代弁し、その後はどのようにしたいか、幼児達が主体的に進め、双方が納得できるように援助していきましょう。

幼児同士のトラブルに介入するとき、そのトラブルを早く解決しようと急ぐ保育者も多く、ついつい当事者の仲直りを促す援助をしてしまいます。しかし、一時的にトラブルを解決できたとはいえ、それでは子ども同士が対話というツールを通して、自分達で問題を解決できるようにはなりません。友達とのトラブルは、様々な感情を体験し、それを言葉で表現し、自分と相手のことをしっかりと考えるきっかけにもなります。長い目で幼児達の成長をみて、長期的な援助を考えましょう。

3. 主体的な話し合いへ導く

幼児期後期になると、自分の思ったことをそのまま言葉で表出する機能（外言）と、言葉を使って頭のなかで考える機能（内言）の分化が始まります。その時期には、友達との話し合いを通して、刺激を受けたり、自分の考えを変えたり、新しいアイデアが生まれたりすることが多くなります。幼児達が主体的に話し合うことは、考える力の育成にもつながります。

しかし、幼児同士のみの３者間対話の成立はまだまだ難しいため、主体的に話し合うために保育者の援助は不可欠です。話し合いをしている幼児達の主体性を尊重し、幼児同士のみで話が進まない場合には介入するなどの援助を行いましょう。また、当事者だけではなく、非当事者の幼児達も主体的に話し合いに参加できるように促したり、幼児達の意見をわかりやすく整理するために視覚的な援助（黒板や紙にメモする等）を行ったりして、保育者が一歩引いて、「ファシリテーター」のような立場で援助を考えるのもよいでしょう。

第４節　事例とワークシート

事例 6-4

５歳児「グループ名を決めよう」

夏休みが終わり、２学期が始まりました。５歳児クラスでは、生活グループを新しくしたため、それぞれのグループ（６名ずつ）で話し合って「グループ名」を決めることにしました。Ａくんは「スイカにしよう」と言い、仲よしのＢちゃんが「夏だしいいね」と賛同しました。Ｃくんが夏休みにスイカ割りをした話をすると、Ｄくんが遊園地に行った話をし、ＣくんとＤくんは２人でおしゃべりを始めました。Ｅちゃんが「もう夏じゃないから、スイカはおかしいんじゃない」と言うと、Ｆちゃんが「私はイチゴがいい」と言いました。

Ａくんは「イチゴはおんなっぽいからヤダ。メロンかブドウがいい」と言って、Ｂちゃんは「ブドウがいい」と言っていました。

話し合いの場面では、積極的に意見を言う子どももいれば、仲よしの友達に同調する子ども、あまり発言しない子ども、話し合いとは関係ないおしゃべりになってしまう子ども等、様々な姿がみられます。また、積極的に意見を言う子どもにも、自分の意見だけを主張する姿もあれば、友達が納得するように働きかける姿、友達の意見を聞き入れて柔軟に考えを変える姿等もみられるでしょう。保育者は、それぞれの発達の状況を読み取りながら、関わっていくことが大切です。

事例は、「６人」で「生活グループの名前」を決める活動でみられた姿ですが、ＣくんとＤくんが話し合いに参加しないまま進んでいく場面もありました。しかし、ＣくんとＤくんは、あそびの場面では２人でよく話し合って役割を決めたり、あそびの内容や場所を決めたりしていることから、保育者の関わりによって、この話し合いにも参加できると考えられます。保育のなかでは、話し合う「内容」「人数」「メンバー」によって難しさが変わってくることを考慮しながら、話し合いの力をはぐくむ活動を計画的に取り入れていくことも必要です。

● **話し合いの場面での保育者の役割を考えて話し合ってみよう**

事例を読んで、保育者がどのように関わればよいか考えてみましょう。

● **子ども同士の話し合いが生まれる活動や環境を考えてみよう**

必要な場面で、自然発生的に「話し合い」ができる子どもに育てていくためには、事例のような意図的な話し合い場面を保育のなかにちりばめ、経験を積み重ねていく必要があります。子ども同士の話し合いが生まれる活動や環境を考えて挙げてみましょう。

引用文献

- 呂小耘（2015）「5 歳児クラスの話し合いにおける変容―発話者と話し合いのテーマの検討」『国際幼児教育研究』22, pp.49-59.
- 呂小耘（2016）「問題解決のためのクラス話し合いにおける当事者と非当事者としての役割―2 名の 5 歳児に着目して」『国際幼児教育研究』23, pp.11-27.
- 呂小耘（2018）「第 2 章　幼児期の言葉の発達過程②～⑥」秋田喜代美・野口隆子編著『保育内容　言葉』光生館, pp.49-50.
- 山本弥栄子（2003）「同輩幼児間の言語的コミュニケーション（会話）に関する研究―2 歳から 6 歳までの各年齢群の比較分析から」『佛教大学教育学部学会紀要 』2, pp.201-220.
- 淀川裕美（2011）「2-3 歳児の保育集団での食事場面における対話のあり方の変化―確認し合う事例における宛先・話題・話題への評価に着目して」『保育学研究』49(2), pp.177-188.

＊Column 4 「ことばのはっぴょう」の時間

ある年度の 5 歳児クラスで、8 月後半以降、「ことばのはっぴょう」と称して、夕方の時間に一人ひとりが自分のことを話す時間を設けました。子ども達とつくったルールは次の通りです。①何を話してもいいし同じ話でもよい、②ほかの人の話をしっかり聞く、③何も話がないときや話したくないときは「ない」で終わってもよい等です。子ども達は、週末に家族で水族館に行った話、自分の歯が抜けた話、歯が抜けそうな話、スイミングで昇級した話など様々な話をしてくれました。そのなかから 2 つご紹介します。

事例①　「金魚」

K：お祭りでやった金魚すくいさ、ほんとはさ、金魚さ、前はさ、5 こ、3 こだったのにさ、2 こしんじゃった、でもさ、いっこだけでさ、でもさ、なまえがね、ぜんぶ赤だからあかちゃんっていうんだよ

A：ね、いっこって、ね、いっこってなに？

保育者：ぶくぶくいれてあげた？

K：あのね、ペットボトルの中にはいってる

保育者：早くぶくぶくいれてあげて
K：でもないんだよー、おかねが
A：ね、いっこじゃなくて、金魚は１匹
保育者：そうそうそうそう、最初は５匹いたんだけど死んじゃって
K：だから３匹！
保育者：だから３匹になっちゃって、２匹死んじゃって、で、１匹になっちゃったんだって。全部が赤だから赤ちゃんにしたんだよね。はやくぶくぶくいれてあげて

飼っていた５匹の金魚が死んでしまい、とうとう１匹になってしまったことを伝えようとするＫちゃん。それに対し、内容よりも金魚の数え方が「こ」ではなく「匹」であることが気になるＡくんと、飼育環境が気になる保育者。ときには、このように単なる発表ではなく、やり取りになる場合もあります。ほかの子どもが自分の知っている言葉で言い直したり、保育者が言葉を添えたり、意見を述べたりして、内容が共有されていきます。

さらに、仲間関係が深まるにつれて、より個人的な体験を皆の前で語るようになっていきます。

事例②「みじかいほうがすき」

T：このまえさ、保育園でおやつ食べるときにさ、あのさ、あの、Ｙせんせいがさ、かみきったほうがいいよっていわれてさ、おうちにかえってさ、あのさおふろはいるまえに……あのさパパがさ、あのさ、あのうちがさ、パパにさ、かみきったほうがいいよっていわれたんだけどさ、あのさ、ずっとながいほうがいいっていわれたからさ、いやだった
保育者：パパはずっと長い方がいいって言ったんだ
T：うん
保育者：そっか
T：Ｙせんせいは、かみきったほうがいいよっていわれたし……パパはさ、あのさ、あのさ、パパはだめだっていってた
保育者：Ｔちゃんはどっちがいいの？
T：え、みじかいほうがすき
M：わたしもみじかいほうがすき
T：でも、だってながくなったらさめんどくさい
保育者：何がめんどくさいの？
T：だってみんなにさ、保育園くるときさ、みんなにさ、あのさ、みんなにさ、かみのけじゃまになるからさ
保育者：なるほどね、Ｌちゃんは何で長いのはめんどくさいの？（ほかの

子にふってみる）

L：だってさ、あのさ、ずっとさ、やってるとさ、Lちゃんのさ、あのさ

保育者：さっき、何か言ってたよね、ドライヤー？乾かすのは長いの？時間がかかるって

L：うん

J：わたしもながいのやだ。みじかくなってほしい

T：うちもね……

J：じぶんでいつもずっとやんなきゃいけないから

保育者：みんな、あらえるの？じぶんで？

多くの子ども達：あらえるよ

保育者：ドライヤーどうしてるの？

E：ママとかEがじぶんでやってる

C：かあちゃんやってる

T：わたしはおとうさんにやってもらってる、パパだけど

M：毎日じぶんでおふろはいってるけどさ、ママがさドライヤーやってくれる

保育者：じゃあきいてみよ、自分の髪の毛が短い方がいいなと思ってるひとー、私は長い方が好きだっていうひとー。

（それぞれ何人かずつ手を挙げる）

保育者：いろいろあって面白いね

発表場面では、「あのさ」を何度もつなげて、考え、言葉を選んでいる様子がうかがえます。自分が「いやだな」と思っていることを順序立てて説明しようと、お風呂に入る前の話から始めようとしたり、保育園の先生や父親から言われたことを比較しようとしている様子も発話のなかからみてとれます。

「否定されない」、「待ってくれる」という安心感から、○○へ行ったという単なる事実だけでなく、自分が困った話や驚いた話なども語るようになっていきます。5歳児クラス後半の幼児は、様々な意見を聴き取りながら、思いを巡らし、自分はどうしたいのかを自覚して選択するようになるといえそうです。

第7章 保育者の言葉かけを考える

子どもにとって大好きな大人が保育者だからこそ保育者の言葉は子どもに響くものがあるのではないでしょうか。ときには生活していくうえで導く言葉になることも、ときには憧れの保育者の言葉を真似て楽しむこともあるでしょう。子どもの生活とあそびを支え、一歩先の成長につながる保育者の言葉かけについて、共に学んでみましょう。

第1節 乳幼児の発達と保育者の言葉かけ

1. 0歳児への保育者の言葉かけ

人間の赤ちゃんは生理的早産で生まれ、生後すぐから人により支えられながら成長していきます。その際、赤ちゃん自身は話せないのですが、五感を通して全身で雰囲気や相手を感じ取り、外界を受け止めます。繰り返される生活のなかで、自分と関わる相手の目線（視線）やしぐさを含む言葉かけを通して、「安心できる」「わかってもらえている」と信頼できる大人に心を寄せることになるのです。日々の大人の言葉かけは、一つひとつの関わりの意味を赤ちゃんに感じさせます。

赤ちゃんの発する言葉には、「ア〜」「ウ〜」などのクーイングと、喃語（なんご）があります。今井（2021）はマザリーズ（motherese＝母親語）の特徴として次のことを取り上げています。

・言葉のイントネーションが大きいこと
・しゃべるテンポがゆっくりであること
・声のトーンが高いこと
・言葉を何度も繰り返すこと
・優しい声と笑顔を伴うこと

すなわち、たくさん言葉をかけることも大事ですが、より伝わりやすい言葉かけを行う必要があるということです。

0歳児への言葉かけが大事な意味は次の4つが考えられます。1つ目は、母親だけではなく、繰り返して関わる安心できる大人との信頼関係が築かれ、さらにスキンシップを伴う言葉かけにより、アタッチメント（愛着）が形成されることです。2つ目は、赤ちゃんは大人の言葉を通して、自分が今見ていることや感じていることを合わせて物事を捉え、意味づけていくのです。3つ目は、大人による言葉かけは0歳児の聞く力を育て、成長とともに言葉を獲得していくための事前学習でもあるからです。4つ目は、これから行う行動の意味を大人の言葉かけにより感じ取り、見通しがもてるようになります。

さらに、大人の言葉かけについて、小西（2003）は「『語り返し』があることが大切」だと述べています。すなわち、赤ちゃんとの関わりにおいて最も重要なのは、保育者の一方的な言葉かけではなく、赤ちゃんとの応答的なやり取りです。指さしを通した三項関係が成立する前から、赤ちゃんは自分が発したことに大人が語り返してくれるという経験を通して、「伝わっている」「わかってもらえている」と感じ、進んで「おもい」を伝えようとするのです。それがその他あらゆることを結びつけていく始点になるでしょう。

2. 1・2歳児への保育者の言葉かけ

1歳児は表象が発達し、物事についてイメージしたり、身の回りで経験したこと・聞いたことを片言（かたこと）であっても言葉で再現できるようになっていきます。

2歳児は体験を通して思いや語彙（ごい）も増えていき、まだまだ十分な日本語ではなくても、表情や態度とあわせて様々な表現ができるようになります。両時期に共通することは、周りの人や物事など、すべてを吸収して自分のものにしていくことです。

子どものおかれた家庭状況や経験等をふまえて、子どもの今感じている・伝えたい「おもい」を受け止め、言葉に代えて言い聞かせていくことが重要な時期でもあります。例えば、散歩時に子どもが大型バスを指さしながら「バーバ」と言うと、「そうだね。このあいだバスでおばあちゃんに会ってきたね。いいな○○ちゃんは」と伝え、それから少しずつおばあちゃんの家であったことを話し合っていきます。子どもの発信を適時につかみ、言葉かけをしていくことが大事です。また、子どもの説明しきれない思いを大人が言い換えたり代弁したりすることで、子どもの言葉の引き出しやイメージが広がるのです。

一方、この時期は「同じだね」「いっしょだね」が楽しい時期であり、友達と関わりたいがゆえに、いざこざもたくさん出てきます。その際、保育者は、目の前の事実だけで判断せず、それぞれの思いを傾聴し状況を整理しながら子ども達に伝え、子ども同士の横のつながりを結びつけていきます。もちろん、危険なことを伝えていくことは必要ですが、大事なことは、子どもの行動の裏にある「おもい」をどのように捉え、説明できるかどうかです。

2歳後半になると、様々な言葉の意味がわかり、自分から進んで身の回りのことや経験したことを説明できるようになります。また、ストーリー性のある絵本や紙芝居などを自分に置き換えて再現する力も育ってきます。「あなたはおいしゃさんね、わたしはかんごしさんになるから」と言葉を共有し、互いが役割をもったごっこあそびが楽しめるようになるのです。その際、保育者は子ども同士の関わりを見守りつつも、あるときには「おおかみだぞ！」、またあるときには「いらっしゃい」と店員さんになり、子どものイメージが膨らむような言葉かけで関わります。

3. 幼児における保育者の言葉かけ

「あのね、あのね……」と話すことが大好きな3歳児は、自分の思ったことや感じたことを「聞いてくれ」と言わんばかりに話しかけてくれます。3歳未満と比べると、自分の思いを伝えられるうれしさや楽しさがあふれる時期でもあります。一人で自分のことや集団活動ができるようになったから放っておくのではなく、保育者は、たとえ多忙であったとしても子ども達一人ひとりの伝えたい気持ちを大切に受け止め、「うれしかったね」「お友達ができてよかったね」と共感することで、子ども達はさらに表現を広げることができます。

少しずつ自分の思いと現実とのギャップを感じ、心が揺れ動く4歳頃には、その気持ちを理解し、小さいことから一つずつやり遂げていくなかで、自分ってすごいと思えるよう、自分づくりの手だてを共に考えつつ励ましの言葉かけをしていきましょう。そうすることで子ども達は徐々に自信をつけていき、5歳児に向けて、自分らしくのびのびと育っていくのです。

5歳児には友達とともに楽しさやうれしさ、悲しさなどを共有できる機会を多くつくっていきましょう。子ども同士であーだこーだと意見を交わしながら、納得したり共感したりする経験を積み重ねることが肝心です。年長さんだからしっかりしたい気持ちとプレッシャーをもつ複雑さを理解し、さりげなく「○○を教えてくれないかな」と誘ったり、うまくいかないときには「もう少しだったね。よくがんばったよ」とフォローしたりしていくことが大切です。

幼児期の子ども達は自分で立ち直る内なる力を持っています。その力を信じ、子どもが自分で考えて、友達との関係性のなかで自分を出せるよう、「最小限の提案」と「最大限の応援の言葉かけと見守り」が重要となります。子ども達はあたたかい保育者のまなざしを浴びながら、ぐんと背伸びして育ちます。

第２節　海外と比較した日本の保育者の言葉かけ

1. 子どもの言語発達に関する保育者の実践比較

保育実践において、保育者の言葉かけは子どもの成長発達のために行うという共通点のほか、国や園の方針によって重点を置く内容が異なることもあります。

2018 年に実施した「OECD 国際幼児教育・保育従事者調査」では、主に幼児の保育実践者を対象とし、子ども言語発達と保育者の関わりについて明らかにしました。その結果が**図表 7-1** です。

図表 7-1 子どもの言語発達を支え促す保育者の実践比較　　（単位：%）

	調査項目	参加国平均	日本
1	子供たちが互いに話をするよう促す	71.9	58.5
2	話をしたり聞いたりするときは子供の目線に合わせる	62.2	81.3
3	子供の言葉の誤りを直接直すのではなく、正しい言葉を使ってみせる	61.0	47.7
4	子供が理解してもらっていることを感じられるように子供の話を繰り返したり自分の言葉に言い換えたりする	58.4	65.2
5	子供たちが会話を進めるよう促す	52.3	48.4
6	適切な問いかけをして、子供がより長く説明できるように手助けする	50.7	30.5

注）国内の幼稚園・保育所・認定こども園 計 220 園への質問紙調査である。3 ～ 5 歳児を受け入れている園に限る。参加国とは OECD 加盟 9 か国（チリ、デンマーク、ドイツ、アイスランド、イスラエル、日本、韓国、ノルウェー、トルコ）を指す。

出典：国立教育政策研究所「OECD 国際幼児教育・保育従事者調査 2018―質の高い幼児教育・保育に向けて―」保育所等における保育の質の確保・向上に関する検討会（第 8 回）資料 1－2，2020.

図表 7-1 によれば、日本の保育実践者は「話をしたり聞いたりするときは子供の目線に合わせる」は平均より 19.1 上回る 81.3%であり、「子供が理解してもらっていることを感じられるように子供の話を繰り返したり言い換えたりする」に関しても平均より 6.8 高い 65.2%を示しています。

一方、「子供同士の話を促す」や「子供の誤りを直すのではなく正しい言葉を使ってみせる」では、平均より 13.3 ～ 13.4 低く、前者は 58.5 %、後者は 47.7%でした。また、子ども同士の会話を促す質問では、平均が 52.3%に対して 48.4%でした。最も違いを示したのは「適切な問いかけをして、子供がより長く説明できるように手助けする」項目であり、加盟国平均から 20.2 の差があ

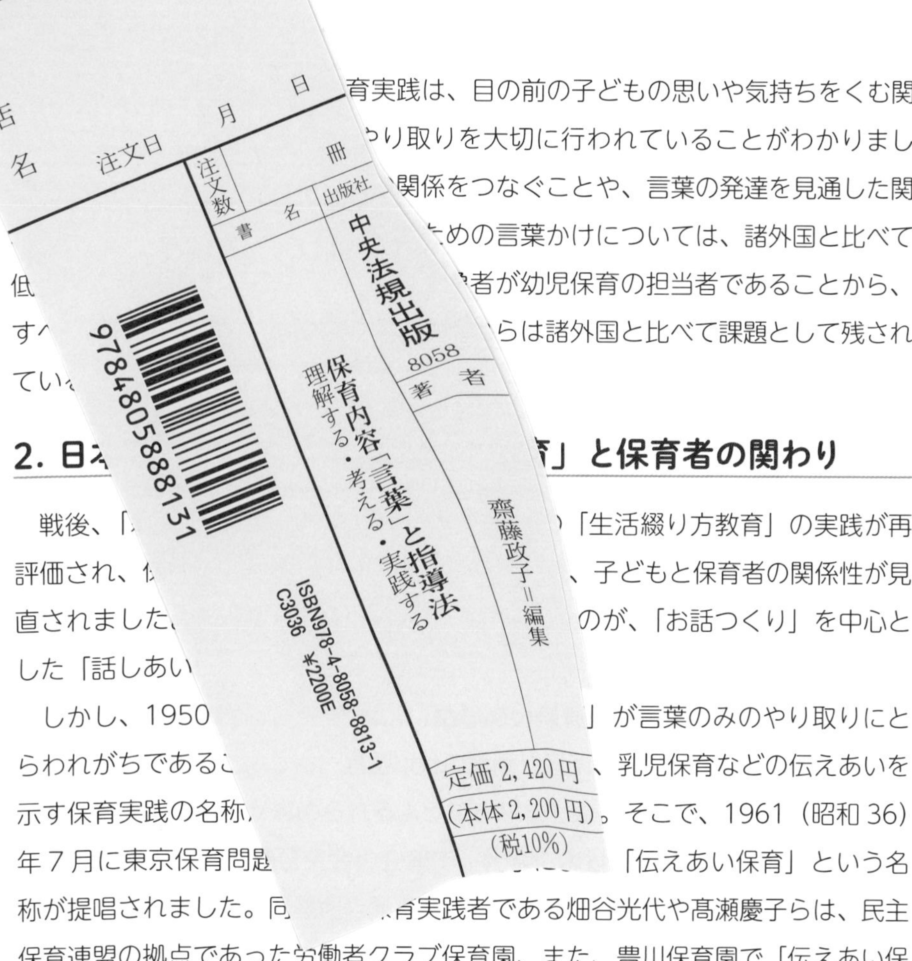
定価 2,420円 税10%

注文補充カード

貴店名

注文日 月 日

注文数 冊

出版社 中央法規出版 8058

書名 保育内容「言葉」と指導法 理解する・考える・実践する

著者 齋藤政子＝編集

9784805888131

ISBN978-4-8058-8813-1
C3036 ¥2200E

定価 2,420円 (本体 2,200円) (税10%)

[illegible]育実践は、目の前の子どもの思いや気持ちをくむ関[illegible]やり取りを大切に行われていることがわかりまし[illegible]関係をつなぐことや、言葉の発達を見通した関[illegible]ための言葉かけについては、諸外国と比べて低[illegible]者が幼児保育の担当者であることから、す[illegible]らは諸外国と比べて課題として残されてい[illegible]

2. 日本[illegible]育」と保育者の関わり

戦後、「[illegible]「生活綴り方教育」の実践が再評価され、[illegible]、子どもと保育者の関係性が見直されました[illegible]のが、「お話つくり」を中心とした「話しあい[illegible]

しかし、1950[illegible]」が言葉のみのやり取りにとらわれがちである[illegible]、乳児保育などの伝えあいを示す保育実践の名称[illegible]。そこで、1961（昭和 36）年７月に東京保育問題[illegible]「伝えあい保育」という名称が提唱されました。同[illegible]育実践者である畑谷光代や髙瀬慶子らは、民主保育連盟の拠点であった労働者クラブ保育園、また、豊川保育園で「伝えあい保育」の実践を展開していきました。

「伝えあい保育」とは、日頃の出来事や子ども同士のいざこざなどを、話し合いなどの子どもの集団思考から事実を把握し、子ども自らの解決を見いだすことです。子ども同士の相互理解を深め、仲間意識を高めることや、子ども達が決めた課題を一つの保育活動として広げていくこともあります。

また、園生活のなかで起こり得ることや子どもの姿を、子ども同士の話し合いや取り組みから捉え、体験を通して生活の主体者として育つよう促します。そのなかで、個の「考える」力や認識力の育ちが、友達とともにという集団の絡み合いにつながり、個も集団も成長していきます。そこに、子ども同士をつなげたり、疑問を投げかけたりと、保育者の意図的な関わりや言葉かけが存在するのです。

ここでは、一例として、髙瀬の実践記録を１つ紹介します。

事例 7-1

主張要求のぶつかりあいをどう育てるか（五歳児）

靴箱の前で三歳児Aを中心に、五歳児B、Cが言いあいをしています。

B「ダッテ 小サインデスモノ、カワイソウヨ」

C「デモ、自分デ 入レサセナキャ イケナイノヨ」わけをたずねると、

B「Cチャンハネ、Aチャンノ 靴ダシッパナシダカラ 入レナサイッテ、オコッテルノヨ。小サイカラ カワイソウヨネ、先生」

C「ダッテサ、靴入レナイト ナクナッチャウジャナイノ」

B「ソレジャ 入レテアゲレバ イイノニ オコンナイデサ」

（中略）

保母「そうね、Bちゃんも優しいし、Cちゃんもよく気がついてはくれたし、でもこの次からAちゃんが、自分で忘れないで靴をしまうようになった方がいい？それともいつも大きい子が傍についてて入れてあげる？どっちがいいかしら」

子ども「イツモ 入レテ アゲルノハ ダメダヨ。ボクタチ、遊バナイデ 見テナクチャ」

子ども「ソレデ Aチャン、イツマデモ 赤ン坊ミタイニ ナッチャウナ」

保母「それでは、どうしたらいいかしら？」

子ども「Bチャンミタイニ ヤサシクイッテ、Cチャンミタイニ 教エレバ」と結論がでました。

出典：髙瀬慶子（1974）「1968年4月実践」『保育の探求ー自由保育を超えて』新読書社，pp. 40-41.（現在、『新版　保育の探求ー子どもの要求を土台にして』（2012）と改題）

3歳児のAちゃんが靴を入れ忘れたことについて、5歳児のBちゃんとCちゃんが異なる認識をもって話します。両者ともに共通することは、Aちゃんのために今回の出来事をどのように解決に導くかを考えて発言していることでした。保育者はあえて2人の話に積極的に介入せず、第三者として聞き入れたうえで、双方の気づきのよさを認める言葉かけをします。結論を急いだり、子ども達の考えを遮（さえぎ）ったりせず、双方の意見から「どうしたらいいかしら？」と子ども達へ投げかけます。そして、5歳児達は靴の片づけについてAちゃんに「優しく教える」という結論に至るのです。保育者は、子どもの悩みや意見の違いを受け止めながら、互いが納得できる話し合いの場を保障しています。どこにでもありそうな話ですが、BちゃんもCちゃんも、Aちゃんが3歳児であることを理解したうえで、今回の出来事だけではなく今後につながるような対策を考えています。その際、保育者は両者の意見を聞き入れてはいますが、BちゃんとC

ちゃんの仲裁役ではなく、必要なときのみ働きかけていました。

1960年代の**事例7-1**のような「伝えあい保育」では、子どもの思いや気持ちを大事にし、子ども一人の思いから集団全体の認識へ、また、集団の関わりから個々の思考力を高める保育がなされていました。園の方針や実践方法は異なりますが、当初の「伝えあい保育」で大事にされたことは、60年以上経った今でも保育の原点として受け継がれています。また、同様に子どもの成長発達を願う保育者の意図的な言葉かけが大切にされています。さらに、**図表7-1**で示した諸外国が目指す子どもの言語発達を支え促す保育者のあり方にも通じています。

宍戸（1989）は、前述の畑谷・髙瀬の実践について、①話し合い保育、②リアリズムの保育、③集団づくりの保育、④プロジェクト活動の保育、の4つの性格をもつと述べています。④については国や地域、保育環境は異なりますが、1990年代後半のレッジョ・エミリア・アプローチ1) などで再認識された保育実践に共通するものが多くありました。

第3節　あそび・生活場面における保育者の言葉かけ

1. 生活における保育者の言葉かけ

1　0歳児・1歳児・2歳児

0歳児保育では、おむつ替え、飲む・食べる、寝るなど、生活活動の一つひとつに関わる保育者の言動やあり方が重要となります。例えば、おむつ替えでは、赤ちゃんと目を合わせながらこれから行うことを話し、おむつ替え台に赤ちゃんを移動させます。途中で何度も目を合わせ、おむつ替え後には「元気なウンチだったね。すっきりしたでしょう」と赤ちゃんに代わって気持ちよさを伝えます。赤ちゃんは、保育者の言葉かけと関わる行為を通して動きや関わりの意味を覚え、生活活動の一つひとつを身をもって感じとります。そして、保育者の目線や表情・しぐさを伴う言葉かけから「愛されている」「大事にされている」ことを実感して成長していきます。

1）北イタリアのレッジョ・エミリア地方で、教育者マラグッチ, L.（Malaguzzi, L.）が仲間とともに実践した教育方法である。子ども達のイメージが、子ども達自身の話し合いや様々な表現活動によって支えられ、プロジェクト活動として展開していく。子ども達と保育者との長期的で継続した対話を基盤としている。

他方、１歳児・２歳児は、生活のなかで少しずつ一人でできることが増えていきます。試行錯誤しながらも「じぶんで」が「できた」へつながるために、次のことを心がけましょう。

１つ目は、複数のことを一度に伝えるのではなく、伝えたいことを一つひとつ区切って言葉かけを行うことです。一つの動きが子ども一人ひとりに十分に伝わり、行動に移ったところで、次の活動を提示します。子どもの言葉の発達と認識を考慮し、子どもに伝わるような言葉かけが大事です。

２つ目は、できるようになったことを言葉にのせて大いに喜び、共感することです。行きつ戻りつしながら「できた」経験の積み重ねから自信をつけていき、生活そのものがより楽しくなります。

３つ目は、言葉かけを促す生活環境づくりです。子どもの「やりたい」を「できた」につなげるためにも、保育者の伝えたことを子どもが行動に移しやすい環境が必要です。例えば、給食前に手を洗った子ども達に対する、保育者の「自分のマークがついたタオルで拭こうね」といった言葉かけは、洗面台の近くにタオルかけがあることやマークのついたタオルがあることが前提で、子どもの手を「拭きたい」が「拭けた」という行動につながります。「やりたい」を「できた」に移すための環境は、子どもの生活力を高めることにもなります。保育室のすみずみにあるものがパッと見てわかりやすい生活環境は、子どもにとって保育者の言葉かけが伝わりやすいだけではなく、言葉同様の意味をもつこともあります。

2 幼児

幼児期になると、自分の言葉で表現することや、身の回りのことをほとんど自分で行うことができるようになります。もちろん、なかにはゆっくりと自分のペースで進める子どももいます。友達と言葉を交わしながら、生活の仕組みを理解し、それを自分で生活のなかに位置づけていきます。

そして、以前まで食べる側にいた自分から、トマトやキュウリなどを友達と一緒に育て、収穫した野菜を使って料理をつくるなど、生活の主体者として動けるようになります。その際、保育者は、それぞれの年齢によってできる活動を提示し、その手順を子ども自身が考えられるような言葉かけを行うことが大切です。子ども達一人ひとりがもっている生活体験に思いをめぐらせ、感想や意見を出し合いながら共に学び、育つことができるような生活環境づくりを保育者は意識して行いましょう。

2. あそびにおける保育者の言葉かけ

1 0歳児・1歳児・2歳児

この時期のあそびは、子どもの身体発達や認識・人間関係と連動して進めることが大切です。物をつまんで引っ張りだす力が備わったときには、つながった布ボックスを用意して遊べるようにします。子どもは、安心できる保育者がいてはじめて、物やほかの人とのあそびを楽しむことができます。そして、子どもは自分の気持ちを代弁してくれる保育者の言葉を通して、「楽しい」「うれしい」と認識していくのです。

1歳頃から、日常生活で経験したことがあそびとして再現される見立てあそび、つもりあそびが広がっていきます。その見本になるのが、最も身近な存在である親、家族、保育者です。わかりやすい、かつ明瞭な言葉でのやり取りと応答的な関わりが大事です。毎日のふれあいのなかで、子どもは自分と関わった人の「言葉」を吸収し、それを軸に自分の言葉を形成していきます。

2 幼児

幼児期は友達とのごっこあそびや再現あそびが広がっていき、保育者があそびのきっかけをつくるとともに、あそびのイメージを膨らませられるような遊具やあそびの環境を整えることが求められます。また、保育者の言葉かけにより子ども同士が共につくり上げ、集団あそびの楽しさを共有するなかで、信頼できる関係へと発展していきます。その仲間には、保育者自身も含まれるのです。子どもの興味・関心に沿った教材選びや豊かな体験を通して、表現し、想像する楽しさを子ども達が味わうことができるようにしましょう。

第4節 事例とワークシート

事例 7-2

子どもが言葉かけの意図に気づくために

実習生のKさんは、5歳児クラスで実習をしていますが、今日は1歳児の散歩に同行することになりました。Kさんが1歳児の保育室に行くと、保育者Yが絵本「おさんぽ」の読み聞かせをしていました。保育者Wは、トイレと保育室の間に設置された「着替えゾーン」で、おむつの交換をしており、終わった子どもから順に保育者Ｙのもとに集まれるようにしているようでした。保育者Ｙは絵本を読み終え、全員が集まっていることを確認すると、おもむろに自分の帽子を被（かぶ）り、「公園にお散歩に行くよ」と話してから子ども達に帽子を配り、保育者Ｗと連携しながら被せていきました。そしてリュックを背負い、子ども達の靴下が入ったカゴを持った状態で「靴を履くよ」と言いながら、ベランダに移動しました。すると、子ども達は保育者のあとについてベランダに移動し、靴箱から自分の靴を持ってきたり、靴下と靴を履かせてもらおうと座って待ったりしていました。保育者ＹとＷは、靴下を履けるように手伝ったり、靴を持ってくるように言葉をかけたりと、個々に合わせた対応をしていました。そして、全員の身支度が整うと、何人かを散歩車に乗せ、そのほかの子どもとは手をつないで正門に移動し、公園に出発しました。Ｋさんは、保育者Ｗと一緒に散歩車について歩くことになりました。保育者Ｗは、散歩車に乗っている子どもが指さすものの名前を言ったり、自然物や周囲の環境に興味がもてるような言葉をかけたりしながら、安全に気をつけ、子ども達から目を離さないように散歩車を押していました。また、ときにはうたを歌い、楽しい雰囲気をつくっていました。

Ｋさんは、５歳児クラスと一緒に散歩に行ったときとの違いを感じました。

一つひとつの行為（ACT）がつながって、行動（ACTION）になっていきます。５歳児クラスであれば、保育者が「そろそろ散歩に行くよ」と言葉をかけると、子ども達はその言葉かけに「やるべきこと」が含まれているという保育者の意図を察知し、次の活動の流れを想像して行動することができるようになっていきます。つまり、「そろそろ散歩に行くよ」と言葉をかけられるだけで「行動」（ACTION）に移すことができるのです。しかし１歳児では、「お散歩に行くよ」という言葉を聞いて理解したら、すぐにベランダのほうに行くことでしょう。「お散歩に行くからトイレに行って」と言われてトイレに行ける子どもでも、トイレから出てきておもちゃを見つけたら、またすぐに遊びだしてしまうかもしれません。１歳以上３歳未満児は、「生活に必要な簡単な言葉に気付き、聞き分ける」（保育所保育指針「言葉」内容より）時期です。保育所保育指針解説においても、子どもは保育所での集団生活のなかで、生活に必要な様々な言葉に出会い、それらが生活に見通しをもたせ、安定感をもって過ごすことにつながるとされています。そして、「子どもが生活の中で日常使う言葉を十分に理解できるように、その意味するところを場面をとらえて丁寧に伝えるとともに、それらの言葉に親しみ、言葉によって人との関わりが豊かになる経験ができるよう援助していくことが大切」と示されています。１歳以上３歳未満児に関わる保育者が、

「行為の意味を感じられるような言葉かけ」をしていくことで、子ども達は毎日繰り返されることの流れや手順についてある程度の予想ができるようになり、次第に自分からやろうとするようになっていくのです。この事例では、子ども達が生活に必要とされる身近な言葉を理解していけるように、保育者が「具体物の提示や指さし・自身の動き」や「言葉」を追加で提示する等の「伝え方」の配慮や工夫をしていることが読み取れます。

そういった環境のなかで言葉を覚えていくと、子どもは「散歩に行くよ」の言葉を聞くだけで、自ら（散歩に行くために）帽子を取りに行ったり、靴下を持ってきたりするようになるかもしれません。このように、子どもが自らしようとする姿がみられたときには、「待ってね」と一斉に行うことを重視するのではなく、見守ったり、できたことが喜びになるような言葉を一人ひとりにかけたりすることも重要です。自分でしようとすることでかえって時間がかかることもありますが、保育者はゆとりをもってその様子を見守り、言葉をかけながらできないところを援助するようにしましょう。そういったていねいな対応を積み重ねていくことが、子どもの「言葉を聞いて理解したい」という気持ちを育てることにつながり、さらに５歳頃までには、相手の状況をみながら想像していく力が育っていくことになります。そのような力を育てるためにも、各年齢の発達段階に応じた段階的な「伝え方」や「言葉かけ」について考え、配慮や工夫をしていくことが大切です。

●事例を読んだうえで台本をつくり、子どもと保育者になりきって演じてみよう

①各年齢における発達の姿をイメージして、「散歩に行く」活動の前の保育者と子どものやり取りを想像してみましょう。

②事例とともに、１歳児クラスでの散歩について想像した流れを台本にしてみましょう。

③台本をもとに保育者と子どもになりきって演じてみましょう。

④台本づくりと実演を通して、気をつけたポイント（保育者の動作や言葉かけの意図）や気づいたことを話し合ってみましょう。

引用文献

・今井和子（2021）『ことばから見る子どもの育ち―エピソードから読み解く』ひかりのくに，p.128.
・小西行郎（2003）『赤ちゃんと脳科学』集英社，pp. 146-147.
・宍戸健夫（1989）『日本の幼児保育―昭和保育思想史（下）』青木書店，p.188.
・髙瀬慶子（1974）『保育の探求―自由保育を超えて』新読書社，pp.40-41.

第8章 児童文化財の意義

子ども達が興味をもって聞いたり、想像しながら楽しむことができる児童文化財。どんな種類があり、どのように分類されているのでしょうか？　また、領域「言葉」との関連では、児童文化財にはどのような教育的意義があるのでしょうか？

第1節 文化と児童文化財

1. 文化と児童文化

「文化」という言葉は、「耕す」を意味するラテン語の「colere」に由来する「culture」を日本語訳したものです。「種」は、そこに存在しているだけでは単なるモノでしかありませんが、人間が畑に蒔き、土を耕し、水をやると、種は芽を出して花を咲かせます。人間が自然に働きかけ、能動的に創り出していくという意味が「文化」には込められています。『新明解国語辞典（第７版）』では、「その人間の構成員に共通の価値観を反映した、物心両面にわたる活動の様式（の総体）。また、それによって創り出されたもの」とあります。また、社会学者の馬場（1977）は、狭義の意味では「価値とか、理想・理念、あるいは芸術等、最も抽象度の高いかつ普遍性を追求するもの」と説明しており、児童文化研究に大きな役割を果たした古田足日も、この定義を評価しています。つまり、ただそこに存在する「事実」というより、何らかの「価値」をもつものだといえます。例えば、「子捨て・子殺し」は歴史のなかに存在し、「事実」として確認されていますが、それは目指すべき「文化」だと人々は思いません。より価値の高いものを目指して、あるいはよりよい社会を目指して「人間が歴史的・社会的に作り上げてきたすべてのもの」（古田, 1977）が「文化」であるといえるのではないでしょうか。

それでは、「児童文化」は何を指すのでしょう。「児童文化」の「児童」は「学童」と同様の意味ではなく、現在は、乳幼児から高校生までの子ども達を指していると考えられます。そこでここでは、「児童文化」が「子ども文化」とほぼ同様の意味をもつと捉えて、その意味について考えていきましょう。

「児童文化」、つまり「子ども文化」には、子ども自身の手によってつくられた詩・文章・絵や造形などの作品・文化活動などを指すという意味と、子どものために大人がつくり出した文化という2つの意味があると思われます。子どものために大人がつくり出した文化には、絵本や紙芝居、人形劇だけでなく、子ども向けのラジオ番組やテレビ番組、映画、文学、音楽、絵画などが含まれます。これらは、子どもの成長・発達に寄与し、豊かな育ちを支えるものです。

もちろん、その時代に生きている子ども達の生活と児童文化とを切り離して考えることはできません。したがって、その時代のその社会らしい生活の土台の上に積み上げられた、子ども達のためにつくり出された様々なものを、私達大人がいかに活用して子ども達と関わっていくかが問われているのです。

2. 児童文化財とは何か

乳幼児期の子ども達にとっての児童文化財は、絵本、紙芝居、ペープサート・人形劇、エプロンを使ったシアター、パネルシアター、演劇、映画、音楽、絵画・造形、文学、ストーリーテリング、舞踊(ぶよう)、玩具（遊具）、テレビ、ラジオ、漫画、雑誌、新聞、情報機器による作品などがあります。

児童文化財には、上記のような目に見える有形文化財と、技術やあそび、表現活動などの無形文化財があります。無形文化財には、わらべうたや手あそび、言葉あそび、伝承あそび、地域の行事や祭り、舞踊・ダンス、読書活動や親子の文化活動なども含まれます。子どもの生活様式全般と広義に捉えるならば、生活環境や食事も含まれると考えられます。

なお、タブレットなどの情報機器を使って写真を撮り自然を観察したり、お絵かきソフトで絵を描いたり、動画をつくったりという取り組みも保育のなかで始まっています。これらが文化活動として意図的・教育的に取り組まれるようになってくると、子ども自身の、あるいは子どものための文化財といえるようになると思われます。

3. 児童文化活動と児童文化施設

子どものための文化活動（児童文化活動）には、読書活動、おやこ劇場、ボランティア、子ども会・少年団、ボーイスカウト、おもちゃ病院などの取り組みがあります。

経済協力開発機構（OECD）が2018年に実施した「生徒の学習到達度調査（PISA2018）」によると、「読書は、大好きな趣味の一つ」と答えた生徒は、

OECD 平均では 33.7%であるのに対し、日本では 45.2%となっており、「どうしても読まなければならない時しか、読まない」と答えた生徒は、OECD 平均では 49.1%ですが、日本では 39.3%となっています。また、「読書を肯定的にとらえる生徒や本を読む頻度が高い生徒の方が、読解力の得点が高い」(「OECD 生徒の学習到達度調査 2018 年調査（PISA2018）のポイント」より）としています。そこで、文部科学省は、「読書活動は、子どもが、言葉を学び、感性を磨き、表現力を高め、創造力を豊かなものにし、人生をより深く生きる力を身に付けていく上で欠くことのできないもの」として、近年、小学校等で積極的に推進しています。

おやこ劇場や親子映画は、子育て活動という側面をもちながら、よりよい演劇や映画を親子で楽しもうとする取り組みであり、地域に根づいた活動として注目されています。設立から 50 年を超える団体もあり、親子が文化にふれる場としてだけではなく、仲間と過ごす居場所にもなっています。

高度経済成長期以降、子ども達は、塾やお稽古事、スポーツ少年団への参加などで忙しくなり、放課後の学校や公園からは、群れて遊ぶ子ども達の姿があまりみられなくなりました。家のお手伝いをするわけでもなく、家の中で 1 人でテレビを見たり、ゲームをしたりする子どもも増え始めました。身体のぎこちなさや手先の不器用さ、朝礼で倒れるなどの健康問題や、コミュニケーション能力の欠如などが指摘され始めたのもこの頃からです。子どもはあそびを通して心身ともに育つのであり、あそびには 3 つの間（時間・空間・仲間）が必要だと考えている保護者や地域住民のなかには、子ども会や少年団など子どもの遊ぶ場所をつくっていこうとする人達も現れました。NPO 法人東京少年少女センターでは、子ども会を、「そこに行けば、なにかが発見できる、楽しさがある、夢が実現できる、子どもたちにとって宝箱のような、なくてはならないもの」と位置づけ、子ども会・少年団を支援しています。また「活動的なエネルギーをその年代にふさわしく大きなものにしていくためには、子ども自身のたいへんな努力が必要ですし、お互いの努力を励まし合う仲間や、その努力を認め、見守ってくれる指導員や青年の存在がどうしても必要」だと述べています（NPO 法人東京少年少女センターホームページ「子ども会・少年団活動のたいせつさ」より)。乳幼児期から児童期にかけての子ども達が主体的・創造的に取り組む文化活動を応援していきたいものです。

第２節　言葉の感覚を豊かにする児童文化財—言葉あそびを中心に

1. 音韻意識とメタ言語能力

言葉は、それが指し示すモノやコトについて意識させるという特性を持っており、言葉自体には注意が向きにくいものです。そのため、言葉を他者に向けて表出するようになった子どもには、例えばトラックを指さし「タックー」と言ったり（Ｌ児１歳７か月）、飴(あめ)を「マメ、マメ」と指さす（Ｙ児１歳 10 か月）など、しばしば音韻の脱落や間違い、語順の逆転などがみられます。

このように、子ども達が自分の伝えようとする内容と意図とを言葉で正確に表現するためには、音韻意識やメタ言語能力が必要です。音韻意識とは、「話し言葉の音に注意を向け、操作する能力」（横山, 2021）であり、例えば、連続する「ウサギ」という言葉を「ウ」と「サ」と「ギ」という３つの音に分けることを「音節（音韻）分解」と呼び、最初の「ウ」という音だけ取り出すことを「音韻抽出」と呼びます。幼児期に入ると、自分の名前の中に「カ」という音を見つけたりするなど、言葉の音の違いに気づき始めます。メタ言語能力は、言語に関する知識を体系化し、その知識を使いながら、自分の発する話し言葉と相手の話し言葉の形式面（音や語順など）に注意を払いつつ、言葉をモニタリングしコントロールする能力（鈴木, 2001；Moore, M., 2021）です。メタ言語能力には、聞き手が内容を理解したかを判断し修正したり、発話を相手の能力や年齢に合わせたり、ジョークやなぞなぞをつくり出したりする能力も含まれます。また、Edwards, H. T. & Kirkpatrick, A. G.（1999）は、７歳から８歳の間にメタ言語能力の育ちに大きな変化がみられると報告しています。

2. 言葉あそびのいろいろ

音韻意識が生まれ、メタ言語能力が育ち始める幼児期には、言葉あそびを楽しみましょう。子ども達は、頭のなかで音を意識し、試行錯誤しながら工夫して様々な言葉を理解したり、友達とヒントを出し合ったりして言葉の面白さに気づいていきます。

1　言葉集め、言葉さがし、しりとり、あたまとり

「「ア」がつくものは何かな？」と問いかけ、皆で探して楽しみましょう。園内を歩きながら子ども達と探してみるのも面白いと思います。

しりとりは、「ごりら」の次は「らっぱ」というように、単語の最後の音韻で始まる言葉を探しますが、あたまとりは、しりとりの逆で、「ごりら」の次は最後を「ご」で終わる言葉、例えば「りんご」と答えていくあそびです。ほかにも、濁点(だくてん)や半濁点をつけると意味が変わる「変身言葉」を探すあそびや、少し難しいですが、上から読んでも下から読んでも同じ意味になる言葉や文を探すあそびもあります。

2 早口言葉

知っている早口言葉を出し合いましょう。例えば、**図表 8-1** のようなものがあります。

図表 8-1 早口言葉（抜粋）

1	生麦生米生卵
2	隣の客はよく柿食う客だ
3	庭には二羽にわとりがいる、裏庭には二羽にわとりがいる
4	坊主が屏風に上手に坊主の絵を描いた
5	東京特許許可局
6	くきくり　くきくり　みきくくり　あわせて　くきくり　みきくくり
7	かっぱ　かっぱ、らった。かっぱ、らっぱ　かっぱらった　とってちってくった
8	赤巻紙、青巻紙、黄巻紙
9	新人シャンソン歌手の新春シャンソンショー
10	この竹垣に竹たてかけたのは、竹立てかけたかったから竹たてかけた
11	かえるぴょこぴょこみぴょこぴょこ、あわせてぴょこぴょこむぴょこぴょこ
12	手術中の魔術師
13	ふにゃふにゃな鮒
14	こかば　母かば　パパかば
15	この釘ひきぬきにくい
16	お彩や、お母様におあやまりなさい
17	瓜売りが瓜売りに来て瓜売り残し売り売り帰る瓜売りの声
18	狂犬病予防注射
19	のらにょらいのらにょらい三のらにょらい六のらにょらい
20	社長のシャツは繻子の刺繍シャツ
21	ながもちの上に生米七粒
22	右目右耳右耳右目
23	大かべに大なべ、中かべに中なべ、小かべに小なべ

24	向こうの小山の小寺の小僧が小棚のこみそをこなめて小頭こつんとこづかれた
25	かもしかはたしかにしかだが、しかしあしかはたしかしかではない
26	マサチューセッツ州工科大学馬術部
27	ぶぐばぐぶぐばぐみぶぐばぐ、あわせてぶぐばぐむぶぐばぐ
28	ピーちゃん、ぴぴぴぴみぴぴぴぴ、あわせてぴぴぴぴ、むぴぴぴぴ
29	アブリカルビ　アブリカルビ　アブリカルビ
30	打者　走者　勝者　走者一掃
31	すもももももも　もものうち、もももすももも　もものうち

3 なぞなぞ

高橋（2006）によると、なぞなぞには大きく３つの種類があるとされます。１つ目は「答えの意味的な特徴をヒントとしてあげるもの」であり、「意味なぞ」と高橋は名づけています。「ポンポン跳（は）ねたり転がるものは？」というように答えにあたるものの意味や定義をヒントにします。２つ目は「比喩（ひゆ）的な表現でヒントを与えるもの」で、「比喩なぞ」というものです。「洋服が回りながら泳ぐプールは？」のように、「洗濯機は○○のようにみえる」という○○のほうをヒントにするなぞなぞです。３つ目は「同音異義語やことばの一部を取り出すような、頭のなかで音の操作を必要とするなぞなぞ」で、「ことばなぞ」というものです。「冷蔵庫の中には何がいる？　とても大きな動物だよ」というように、音韻意識を最も必要とします。**図表 8-2** をやってみましょう。

図表 8-2 なぞなぞ　（答えは 104 ページ）

		答え	なぞなぞの種類
1	元気な子は乗せてくれない白い車は？		
2	食べると安心するケーキは？		
3	パンはパンでも食べられないパンは？		
4	「亀」「ラクダ」「サイ」が買い物をしました。何を買ったでしょう？		
5	どんどん痩せていく白いものはなーんだ？		
6	長くトイレに入っていた人が出てきていきなり倒れました。この人の職業は？		
7	食パン、カレーパン、メロンパンが一緒にかくれんぼをしました。 「もーいーかい？」と聞いたら、「いいよ」と答えたのはどのパンでしょう？		

8	「め」や「はな」や「は」があるけど「くち」や「みみ」はないものは？		
9	世界の中心にいるのは何の虫？		
10	京王線の電車が新宿駅を出発しました。1時間後にはどこにいるでしょう？		
11	座っているのに空にあるものってなーんだ？		
12	奈良の大仏と鎌倉の大仏はどちらが先にたったでしょう。		
13	犬とバッタとカエルがいました。おーいと呼んでも振り向かないのは？		
14	「まみむねも」ってなあに？		
15	真っ黒い顔で口をあけると白と黒の歯がいっぱい並んでいるのは？		

4 絵描きうた

「コックさん」「数字のうた」のような伝承されてきた絵描きうたと、「パーマン」「ドラえもん」「ポケモン」のようなキャラクターの絵描きうたがあります。

コックさんのうた

棒が１本あったとさ　はっぱかな　はっぱじゃないよ　かえるだよ　かえるじゃないよ　あひるだよ　6月６日に雨ざあざあふってきて　三角じょうぎにひびいって　あんぱん２つ　豆３つ　コッペぱん２つくださいな　あっというまにかわいいコックさん

5 わらべうた・手合わせうた

わらべうたは、「『ことば』と『うた・リズム』と『身振り』が一体となって子どもに働きかける日本の子どものための貴重な文化遺産」です（齋藤, 2017）。手合わせうたには、「八十八夜」や「みかんの花」、「アルプス一万尺」などがあります。そのほか、「三月三日のもちつき」や「ずいずいずっころばし」なども友達と歌いながら楽しめるあそびです。

6 言葉あそびゲームなど

保育現場では、「フルーツバスケット」がよく行われています。例えば、りんご、ぶどう、ばななの絵をメダルとして首から下げたり、腕に巻いたりして自分で確認できるようにすると、3歳児クラスからも遊べます。4歳児クラスでは、同じ絵でも、赤・青・黄色で描き分けて計9種類にしておくと、鬼が「動く人」をコールするときに、「青い色」など、モノだけでなく色でもコールすることができ、その組み合わせにより面白さが増します。5歳児クラスでは、フルーツだけでなく様々な設定で言葉を選ぶこともでき始め、いっそう言葉の操作が必要になっていきます。

カルタをつくって遊ぶという経験も、言葉の感覚を育てます。カルタは、文字への関心が出てきた子ども達にとって魅力的なあそびです。わかる言葉が多くなり、その言葉を使い分けて文章をつくり出す力が問われますし、また、わかって取り札を取れたときの達成感もあります。ただ、文字の読み書きには、個人差や発達差がありますので、読み手になった子どもが読めない字を見つけて困っていたらどうするか、取り札をなかなか取れない子どもがいたらどうするかなど、現場でのあそびを想像しながら体験してみるとよいでしょう。

第3節　わらべうたや言葉あそびの保育実践

1. 関係性づくりとわらべうた

人と人が親密な関係性をつくっていくときに、大きな役割を果たすのが「言葉」です。しかし、0歳児をはじめとした乳児や、まだ思いを的確に表現することができない幼児は、言葉でのコミュニケーションや関わりだけでは関係性をつくり上げていくのは難しいといえます。そのため、この時期には、表情やしぐさなどでのやり取りを通して、人と人との関係性をつくり深めていくことが大切です。相手から受ける刺激や信頼関係が、成長した後の「言葉」を通したやり取りにつながっていきます。自分が経験したことや考えたこと、うれしい、悲しいなどの気持ち、自分の要求などを「言葉」を通して伝え合い、共有できることを目指しながら行われる、わらべうたや言葉あそびの実践について考えていきましょう。

2. わらべうたの実践

1 乳児期のわらべうた

新人保育者や保育学生、そして子育てを始めたばかりのお母さんやお父さんも、これまでの人生で乳児に接する機会が少なかったという人が増えています。入園してくる０歳児の保護者のなかには、これまであまり関わることのなかった赤ちゃんとの関わりに戸惑(とまど)っている様子もよくみられます。「育児書には、赤ちゃんにたくさん話しかけてあげましょうと書かれているが、言葉の通じない赤ちゃんにどのように話しかけたらいいのかわからない」と言いながら黙って赤ちゃんを抱き立っているお母さん。新人の保育者も「赤ちゃんを相手にどのように話しかけたらいいのか、悩んでいます」と打ち明けてくれることがあります。しかし、そう話しながらトントンと赤ちゃんの背中やおしりを軽くたたいていたり、無意識にゆらゆらと揺れていたりすることも多いです。これも言葉だけに頼らない赤ちゃんとの関係性づくりの１つといえます。「今日は風が気持ちいいね。鳥さんがチュンチュン鳴いているね」など話しかけ、感情を共有していけばいいのです。たとえ、言葉の意味はわからなくても、いつも一緒にいて抱っこしてくれる大人が、優しい口調で語りかけたり、うたを歌ったりしてくれれば、赤ちゃんはどんなにか安心した気持ちになるでしょう。

①「このこどこのこかっちんこ」

赤ちゃんを抱き、ゆっくりと歌いながら揺らしたり、背中をトントンと拍を取りながら軽くたたいてあげると、赤ちゃんは心地よさそうに保育者の顔を見つめてきます。口の動きや発する声に興味をもち、「アウアウ」と喃語(なんご)で語りかけてくるかもしれません。赤ちゃんが相手に興味をもち働きかけたいと思うことから、関係づくりは始まっていきます。

②「うまはとしとし」

子どもが座位の姿勢を取れるようになってきたら、保育者が足を投げ出して床に座り、膝の上に子どもを乗せ、上下に弾ませながら歌います。飛び跳ねるような感覚に緊張感とスリルを感じる、子ども達が大好きなうたです。「○○ちゃんも」と名前を呼ばれることにも期待が高まります。足の上に子ども達が３人、４人と次々に乗ってきて、保育者の足が持ち上がらなくなるときもあります。言葉が出始めた子ども達は、１回歌い終わると「モッカイ（もう１回）」と人さし指を立てて要求してきます。自分の要求を伝え、それが受け入れられるというやり取りが、楽しいわらべうたでのあそびを通して成立していきます。

うまはとしとし
(わらべうた)
うまはとし,とし,ないてもつよ
い,うまはつよいから(のりてさん)もつよい

2 幼児期のわらべうた

わらべうたは、音域が狭く使われる音の数が少ないため、乳幼児にもわかりやすく歌いやすいものだといわれています。大人対子どもで歌われることが多い乳児期に対して、幼児期の子ども達にとっては、わらべうたはどんな意味をもつのでしょうか。

「かごめかごめ」「はないちもんめ」など、昔から続いているわらべうたを用いたあそびや、うたに合わせて手足を動かし、全身のバランスを必要とする「くまさんくまさん」などのあそびもあります。また、じゃんけんや声あてクイズで勝ち負けを決めるものや、おにごっこへとつながっていくものもよく遊ばれています。

①「あぶくたった」

輪の真ん中でしゃがみながら手で目を隠している鬼の周りを、子ども達が手をつないで歌いながら歩いて回ります。掛け合いの後、「おばけの音」と言う鬼の合図で子ども達はいっせいに逃げ、誰かを捕まえたら交替するというあそびです。追いかけあそびというよりも、「トントントン、何の音？」「風の音」「あーよかった」という言葉のやり取りや、いつ追いかけっこが始まるのかというスリルを楽しむあそびです。鬼は、「ご飯を食べている音」「お父さんが帰ってきた音」「おばあさんが歩いている音」など様々な「音」を考え、相手が気を抜いた瞬間をねらって「おばけの音」と宣言します。うまく捕まえられるように、自分の経験や知識を総動員して作戦を練りながら遊んでいる姿がよくみられます。

②「くまさんくまさん」

「くまさんくまさん」のうたに合わせて、「まわれみぎ」「りょうてを（地面に）ついて」「かたあしあげて」などのしぐさをすることで、全身の動きをコントロールする力を身につけていきます。大縄を跳びながらこのしぐさをするのは難しいですが、成功したときの達成感は格別なようです。何度も繰り返し挑戦したり、何人まで成功できるかを競い合ったりするのも楽しいあそびです。

③「あんたがたどこさ」

誰もが口ずさめるであろうわらべうたの１つが「あんたがたどこさ」です。子どもの頃、まりつきをして遊んだ人も多いのではないでしょうか。このうたは、子ども達の言葉の力を育ててくれます。歌詞の中に11回の「さ」という音節が出てきます。この音節に注目し、「さ」の音で手をたたく、跳ぶ、前進するなどのしぐさを入れて遊びます。最後は「さ」ではなく「ちょっとかぶせ」と「せ」で終わるのですが、そこでも勢いで手をたたいてしまったり、跳んでしまったりして笑い合います。この「さ」という音節に気づき、単語の構成を理解できるようになると、最後の音節と最初の音節を一致させる「しりとり」もできるようになっていきます。

第４節　児童文化財と領域「言葉」との関連

1. 領域言葉における児童文化財の位置

「保育所保育指針」（以下、指針）と「幼稚園教育要領」（以下、要領）および「幼保連携型認定こども園教育・保育要領」における３歳以上児の領域「言葉」のねらいは、本書の第２章でみたようにほぼ同様ですが、「指針」の「第２章「3　3歳以上児の保育に関するねらい及び内容」の「⑵ねらい及び内容」「エ　言葉」「㈦内容の取扱い」」には、「④…言葉遊びなどをしたりすることを通して、言葉が豊かになるようにすること」とあり、絵本や物語だけでなく「言葉遊び」についても明記されています。これは、３歳未満児の育ちにおける言葉を使ったあそびそのものの重要性を鑑（かんが）みてのことでしょう。また、「㈠ねらい」の３つ目には、共通して、絵本や物語などに親しみ、言葉に対する感覚を豊かにし、先生や友達と心を通わせる旨が記されています。「絵本」という言葉は、「指針」の中には10か所、「要領」の中には３か所登場し、子ども達が言葉に対する感覚を育てるためにふさわしい教材として位置づけられていることがわかります。

このように、絵本・紙芝居や、物語を題材にしてつくられた劇やペープサートなどの児童文化財、言葉の面白さを味わうあそびについて理解しておくことは、領域「言葉」の育ちを支えるという観点からも重要です。

2. 領域言葉と児童文化財の意義

それでは、児童文化財は、どのような教育的意義をもつのでしょうか。「指針（第２章３⑵の「エ　言葉」の「(ウ)内容の取扱い」―④)」や「要領（第２章「言葉」の「３　内容の取扱い」⑶)」をふまえてまとめると、以下のようになります。

①お話の内容を自分の経験と結びつけたり、想像をめぐらせたりするなど、楽しみを十分に味わうことによって、豊かなイメージや言葉に対する感覚を育てることができること

②言葉の響きやリズム、新しい言葉や表現などにふれ、これらを使う楽しさを味わえるようにすることで、感性や言語能力が育つこと

③お話の世界をイメージしながら聞き、保育者やほかの子どもと感動を共有しながら楽しむことで、言葉による伝え合いを促し、思考力やコミュニケーション能力を育てること

児童文化財は、急激に何らかの変化を子どもにもたらすというよりは、子どものなかにじわじわとしみ込んだり、心の底にあるものを揺さぶったりしながら、子ども自らが、言葉を使って、考え、思いめぐらし、他者と関わり、また何かを表現しようとする意欲を育てるものだといえるでしょう。

図表 8-3 図表 8-2 のなぞなぞの答えと種類

	答え	なぞなぞの種類
1	救急車	意味なぞ
2	ホットケーキ	ことばなぞ
3	フライパン	ことばなぞ
4	カメラ	ことばなぞ
5	石鹸	比喩なぞ
6	弁護士	ことばなぞ
7	食パン	ことばなぞ
8	植物	ことばなぞ
9	蚊	ことばなぞ
10	線路の上	ことばなぞ
11	星座	ことばなぞ
12	どちらも立ってない	ことばなぞ
13	バッタ	ことばなぞ
14	めがね	ことばなぞ
15	ピアノ	比喩なぞ

引用文献

・馬場修一（1977）「文化」島田豊編『講座史的唯物論と現代 1　人間と文化』青木書店，p.147.

・Edwards, H. T. & Kirkpatrick, A. G.（1999）. Metalinguistic awareness in children：a developmental progression. *Journal of psycholinguistic research*, 28（4）, pp. 313-329.

・古田足日（1997）『子どもと文化　日本児童文化史叢書 16』久山社，p.16.

・Moore, M.（2021）. Grammatical concepts and metalinguistic awareness in first-year college writers：A study of reading journals. *Journal of College Reading and Learning*, 51（3）, pp. 178-202.

・齋藤政子（2017）「付録」齋藤政子編著『安心感と憧れが育つ ひと・もの・こと─環境との対話から未来の希望へ』明星大学出版部，p.251.

・鈴木情一（2001）「10 章　音が意味をもつ─言語能力の発達」川島一夫『図でよむ心理学 発達 改訂版』福村出版，p.128.

・高橋登（2006）「子どもとことば遊び」清水民子・高橋登・西川由紀子・木下孝司編『保育実践と発達研究が出会うとき─まるごととらえる子どもと生活』かもがわ出版，pp. 130-141.

・横山真貴子（2021）「音韻意識」中坪史典・山下文一・松井剛太・伊藤嘉余子・立花直樹編『保育・幼児教育・子ども家庭福祉辞典』ミネルヴァ書房，p.146.

・文部科学省・国立教育政策研究所「OECD 生徒の学習到達度調査 2018 年調査（PISA2018）のポイント」https://www.nier.go.jp/kokusai/pisa/pdf/2018/01_point.pdf

・静岡おやこ劇場「静岡おやこ劇場とは」http://www.shizuokaoyako.org/

・NPO 法人東京少年少女センター「子ども会・少年団活動のたいせつさ」 https://www.children.ne.jp/

第9章 言葉を育て楽しさを広げる児童文化財1　絵本

本章では、絵本とは何か、乳幼児と読みたい絵本にはどんなものがあるのか、一緒に絵本を楽しむにはどのような配慮が必要なのかについて学びます。絵本は、保育において大きな役割を果たしています。乳幼児にとって、絵本にふれることはどんな意味があるのか、考えていきましょう。

第1節　絵本の成り立ちと保育における役割

1. 絵本とは何か

絵本は、絵と文の組み合わせでつくられた読み物です。また、「書籍の形態をもって、絵または絵と文の融合から生まれる芸術」（全国学校図書館協議会絵本選定基準, 1972）ともいえます。絵本には、絵だけで語られるものもありますが、絵と文の組み合わせで物語の世界がつくられているのが一般的です。

乳幼児に対して行われる読み聞かせでは、読む大人の「声」と、絵本の「絵」によって物語が進行します。大人が絵本のなかの文を読み、乳幼児はそれを耳で「声」として聴きながら「絵」を見ています。物語は、ページを「めくる」ことで展開します。絵本の「絵」は動きませんが、読み上げるスピードや読み方の調整によって雰囲気が変わります。読み聞かせが進むにつれ、読み手と聞き手は、「あ・うん」の呼吸で物語の世界をつくり上げていきます。このように、保育のなかで「子どもたちは『絵』と『文』と『ページをめくること』とが組み合わさった『読み聞かせ』のおもしろさに気づいて、文章を聞きもらすまいと耳をすます」（田代, 2001）ようになるのです。

紙芝居は、「抜き」という行為で進行しますが、絵本の場合は、「めくり」という行為で物語が進行します。紙芝居では、主人公が突然消える場面ではサッと抜き、嵐の場面ではガタガタと揺らします。絵本では、オオカミが襲いかかる場面では急いでめくりながら早口で読み上げ、眠りにつく場面では静かにゆっくりとめくりながら読むというように、めくり方と読み方を工夫します。そのため、紙芝居が「抜き」の文化と呼ばれるのに対し、絵本は「めくり」の文化と呼ばれます。

毎年、数多く発行される絵本については、公益社団法人全国学校図書館協議会が選定基準を明文化し「よい絵本」の選定を行っていましたが、第28回（2016）をもって終了しました。2019（令和元）年からは、1年間に日本で出版された絵本のなかから優れた絵本を顕彰する「日本絵本賞」の成果をふまえ、絵本リスト「えほん50」[1]を選定しています。また、絵本情報サイト「絵本ナビ」では、インターネット上で人気投票を行っていますが、2022（令和4）年7月にユーザーが選んだ人気絵本10冊は**図表9-1**のようになっています。これをみると、人気絵本は3歳未満児クラスでも読まれている本が多いことがわかります。

絵本は児童文化財の一つですが、近年は、大人も楽しめる絵本が数多く出版されています[2]。例えば、ヨシタケシンスケ作品は「MOE絵本屋さん大賞」[3]の第

図表9-1 絵本ナビユーザーが選んだ人気作品30冊の中からベストテンのみ抽出（2022年7月認定）

	書名	作者	出版社	発行日
1	きんぎょがにげた	作：五味 太郎	福音館書店	1982年8月
2	もこ もこもこ	作：谷川 俊太郎 絵：元永 定正	文研出版	1977年4月
3	だるまさんが	作：かがくい ひろし	ブロンズ新社	2008年1月
4	ねないこ だれだ	作・絵：せな けいこ	福音館書店	1969年11月
5	おつきさまこんばんは	作：林 明子	福音館書店	1986年6月
6	がたん ごとん がたん ごとん	作：安西 水丸	福音館書店	1987年6月
7	ぐりとぐら	作：中川 李枝子 絵：大村 百合子	福音館書店	1967年1月
8	わたしのワンピース	作：西巻 茅子	こぐま社	1969年12月
9	しろくまちゃんのほっとけーき	作：わかやま けん	こぐま社	1972年10月
10	こんとあき	作：林 明子	福音館書店	1989年6月

出典：「絵本ナビ」（https://www.ehonnavi.net/）

1）子どもの読書推進会議の協力のもと、公益社団法人全国学校図書館協議会絵本委員会が選定する事業。2022年度「えほん50」のうち、〈幼児〉および〈幼児・小学校低学年〉のみを抽出すると13冊でした。

2）例えば『しろいうさぎとくろいうさぎ』（ガース・ウィリアムズ文・絵・松岡享子訳，福音館書店，1965）は、「愛するということ」について、『100万回生きたねこ』（佐野洋子，講談社，1977）は、「生と死」について教えてくれる物語であり、大人の購入者が多いとされています。

3）絵本月刊誌『月刊 MOE（モエ）』が2008年度から行っている、全国の絵本屋さん3000人に聞いた絵本ランキング。国内外の話題性のある絵本30冊を選出しています。

6回（2013）を皮切りに、第14回（2021）までに7度の大賞第1位を受賞しています。ヨシタケシンスケ作品は、主人公の姿が自分やわが子と重なり、ニヤッと笑ってしまうようなその共感力に特徴があるのですが、文章量は比較的多いため、乳幼児というよりは小学生から大人に人気です。これは、多くの大人が絵本を本屋で買い求めている結果であり、絵本が日本の児童文化の一翼を担う文化財として市民に浸透してきたというだけでなく、芸術作品として認められてきた結果ともいえるでしょう。

絵本の種類として、赤沼（2017）は、生駒（2013）を参考に、①昔話・民話の絵本、②物語の絵本、③知識・科学の絵本、④赤ちゃん絵本、⑤文字なし絵本、⑥写真絵本、⑦しかけ絵本、⑧ことば・詩の絵本、⑨バリアフリーの絵本の9種類に分類しています。また、絵本は対象を年齢で区切るのではなく、例えば1歳児クラスではフレーズの心地よさを感じ取っている絵本を、3歳児クラスでは色や動きの不思議さを共有して楽しむというように、同じ絵本を異年齢で楽しむことはよくあります。子ども達と実際に読んでみて、何をどう楽しむのかを研究してみましょう。

2. 絵本の歴史

絵本は、8世紀から15世紀頃までに作成された絵巻物からの影響が大きく（三宅, 2019）、特に平安時代から鎌倉時代に制作されたとされる作者不詳の『鳥獣戯画（ちょうじゅうぎが）』は、最初の「文字なし絵本」として有名です。カエルが相撲をとったり蹴鞠（けまり）をしたり、群れて遊ぶ様子がユーモラスに描かれています。

16世紀に入ると、それまで貴族など特権階級のための楽しみであった絵巻物ではなく、のちに「奈良絵本」と呼ばれる冊子形式のものが登場し、町人の手にも渡るようになっていきます（三宅, 2019）。「奈良絵本」は、やがて町人の嗜好に応える絵師の手で、より美しい色彩と斬新な構図をもつようになりました。17世紀に入ると、「赤本と呼ばれる子ども絵本」（岡本, 1988）が登場し、複製されて、一部の裕福な商人の子どもの手に届くようになります。絵を入れた余白にくずし字が入っており、「絵と文の共生関係」（三宅, 2019）に特徴がありました。

江戸時代に入ると木版印刷技術が発達し、18世紀には多くの子ども向け出版物が誕生していきました。当初は冊子の形が多かった子ども向けの出版物は、次第に一枚絵の形でも出されるようになり、「虫尽くし」「道具尽くし」などの「尽くし絵」と同様に、おもちゃ絵として発展していきました。

このように、絵本は古くから子ども達の憧れでしたが、第二次世界大戦後、紙芝居や絵本という児童文化財はいっそう子ども達に親しまれるようになります。特に、1960 年代から 1970 年代には「絵本ブーム」という現象が起こり、絵本を手がける出版社が多く現れ、出版数が爆発的に増加しました（遠藤, 2021）。この頃に設立された出版社のなかには、現在も多くの絵本を刊行しているところもあります。絵本情報サイト「ピクトブック」には、絵本を出版している会社が 2023（令和 5）年 1 月時点で 127 社掲載されています。

1960 年代頃は、絵本の絵は文章の挿絵としての位置づけで捉えられることが一般的でしたが、『しろくまちゃんのほっとけーき』（こぐま社, 1932）の作者である若山憲（1930-2015）は、「絵によって語ることのできる絵本」を「純絵本」と名づけ、子ども達が最初に出会う絵本における絵の重要性を強調しました（遠藤, 2021）。絵本に関する議論や研究が進むなかで、読んで考えることのできる絵本だけでなく、見て感じることのできる絵本が増えていき、さらに乳児から大人まで楽しめる良質の絵本が増えていくことになったのです。

3. 保育における役割

保育において絵本が果たす役割は、次の 4 つにあると考えられます。

第一に、絵本の世界を大人と子どもが共有することによって、子ども達が安心感や共感性を得ることができることです。読み聞かせという行為では、大人の膝の上で、読み聞かせの声の温かさに包まれながらその絵本の世界を共有します。クラス全体で一つの絵本を読み合うときにも、大人の近くに集まり、友達とも一体となって喜怒哀楽を共感し合うのです。そうした人との関係性のなかで、子ども達が安心感や感情・情動の共感、生きている実感を得ることができると考えられます。

第二に、豊かな言葉の宝庫である絵本の読み聞かせによって、言語感覚をはぐくみ、言葉の力や想像力を育てることです。松居（1973）は、「ことばの存在感が極めて稀薄」になっている言葉の洪水のなかにいる子ども達にとっては、「耳から聞くどっしりとした存在感のあることばの世界を体験すること」が重要だと述べています。絵本のなかの言葉は、主人公の体験とともに、リアルな存在感のある言葉として子ども達の感性を育てます。絵本に使用されているオノマトペ（擬音語・擬態語）は、モノや動きのイメージを豊かにし、主人公の一挙手一投足は、まるで自分が身体を動かしているかのように感じられるでしょう。そこからわき上がる感情とそれを表現する言葉によって、子ども達は心の底から生き生きとした喜びを感じることができるのではないでしょうか。絵本を楽しむために子ども達には豊かな想像力が必要となり、また逆に、絵本を読むことによってさらにその想像力は高まるのです。

第三に、絵本の世界で様々な体験をすることにより、知的好奇心が掻き立てられ、知識を増やし、探究心や思考力を育てるということです。家や園内での身近な生活体験だけでなく、社会のなかでの出来事や人、場所などについて知識を得ることができ、広い視野から考える力も身につくでしょう。

第四に、自分を投影し、自分を再発見したり、他者の気持ちを理解したりすることができることです。絵本のなかの登場人物に自分を重ね合わせ、追体験するなかで、自分の気持ちを表現する方法を学んだり、自分の気持ちはこうだったのかと発見することもあるでしょう。また、登場人物同士のやり取りから他者の気持ちに気づき、理解しようとしたり、新しい考え方を学んでやってみようとする力も育つと考えられます。

このように、絵本を読むことや、絵本の読み聞かせを通して保育者が子どもと関わることには、重要な役割と意義があると考えられます。

第2節　乳児と絵本

1. 乳児・3歳未満児は絵本をどう楽しむのか

1　乳児・3歳未満児にとっての絵本

写真9-1 絵本の表紙を見る（生後5か月）

乳児はどのくらいから絵本を読むのでしょう。乳児期前半の赤ちゃんは、ゆらゆら揺れるモノや動く人の姿を目で追い、音を聞いて楽しみます。五感を使って外界の世界と関わっており、乳児であっても、大人が自分に優しくていねいに語りかけてくれていることはわかります。乳児を含む3歳未満児にとって絵本の読み聞かせの時間は、大人が直接的に自分に語りかけてくれる、とても心地よくうれしい時間なのです。

保育のなかでは、この心地よく楽しい時間をどのようにつくっていったらいいのでしょうか。まずは、一人ひとり、膝の上でゆったり1冊読み聞かせる機会をつくってみましょう。途中で見なくなったらそこで終わりにしても構いません。ゆったり、ゆっくり、3歳未満児と一緒に絵本の世界を楽しみましょう。絵本は、言葉を覚えるための道具ではありません。赤ちゃんは大人が語りかけてくれる声を聴きながら、めくられたページに描かれた絵を同時に見て、言葉の響きや、うたの面白さ、絵と言葉のつながりを楽しんでいるのです。

写真9-2 ページがめくられるのを目で追う（生後7か月）

2 乳児と読みたい最初の絵本

最初の絵本としては、『いないいないばあ』（松谷みよ子文・瀬川康男絵, 童心社, 1967）がよく選ばれています。理由としては、大きく3つあると考えられます。第一に、「いないいない」と動物が顔を隠した後、「ばあ」と顔を出すタイミングで場面が変わり、二拍子のリズムで進行することです。胎児のときに聞いていた血流音も二拍子であり、人間にとって原初的なリズムであるため、「いないいない、ばあ」というリズムが心地よく響きます。第二に、タッチが柔らかく背景が無地であるため、余分な刺激が取り除かれ、色合いに温かみがあることです。第三に、動物が真正面を向いて全身で「ばあ」を表現しており、赤ちゃんにわかりやすく親しみをもって語りかけていることです。

写真9-3 絵本を自分で出してきて見る（1歳6か月）

ほかにも、シンプルでわかりやすく輪郭がはっきりしている絵本、オノマトペでイメージしやすい絵本、繰り返しが楽しい絵本が0～1歳児には好まれます。1～2歳児では、食べることや着替えることなど、日常生活のなかの行動をわかりやすく描いているものや、主人公の動物が実際に行っていたり、乗り物に乗ったり散歩に出かけたりと、経験し始めたことが描かれているものを楽しみます。2～3歳児になると、ある程度のストーリー性があり楽しんで絵本の世界に入れるものや、イメージを膨らませて友達と世界を共有できる絵本を楽しむようになっていきます。

2. 乳児・3 歳未満児と読みたい絵本のいろいろ

0 歳児クラスから 2 歳児クラスまでの子ども達に楽しんでもらいたい絵本はたくさんありますが、その一部を以下にご紹介します。

図表 9-2 0〜2 歳児クラスで楽しんでもらいたい絵本

〈0 歳代で読みたいはじめての絵本〉	
①『いないいないばあ』文：松谷みよ子　絵：瀬川康男　童心社	多くの「いないいないばあ絵本」のなかでも最も支持されている絵本。
②『かおかお どんなかお』作：柳原良平　こぐま社	表紙の 2 つの目が印象的な絵本。何回か読むと、絵本に出てくる顔を真似して遊ぶようになります。
〈擬音語・擬態語の繰り返しが楽しい絵本〉	
③『じゃあじゃあびりびり』作：まついのりこ　偕成社	画面いっぱいに描かれた車やイヌなどの絵と、「ブッブー」「ワンワン」などの擬音語が 1 対 1 で結びつき、自分でめくれる楽しさがある絵本。
④『がたん ごとん がたん ごとん』作：安西水丸　福音館書店	「がたん ごとん」というリズミカルな擬音語とともに汽車が左手から登場すると、「のせてくださーい」と右手でお友達が待っている、繰り返しが楽しい絵本。
⑤『もこ もこもこ』作：谷川俊太郎　絵：元永定正　文研出版	何やら奇妙な物体が動き出す、初めて読む大人もドキドキする、ユニークな絵本。余分な説明がないからこそ、想像力を掻き立てられます。
〈美味しさが共感でき思わず手が出る食べ物絵本〉	
⑥『くだもの』作：平山和子　福音館書店	果物が皮をむかれ、「はいどうぞ」と差し出されると、思わず手が伸びてしまう絵本。
⑦『おにぎり』文：平山英三　絵：平山和子　福音館書店	ご飯の湯気や海苔の質感がリアルで、おにぎりを食べたことがある子どもにはたまらない 1 冊。
⑧『しろくまちゃんのほっとけーき』作：わかやまけん　こぐま社	最も評価が高いのは、フライパンのうえでホットケーキがどんどん様子を変えていくところ。料理は科学だと感じられる絵本。思わずつくってみたくなります。
〈不思議がいっぱいで発見・感動がある絵本〉	
⑨『きんぎょが にげた』作：五味太郎　福音館書店	「きんぎょはどこ？」と大人が読むと、あちこちに見つけて「ココ！」と指さす、子どもとの掛け合いが楽しい絵本。
⑩『きいろいのはちょうちょ』作：五味太郎　福音館書店	黄色いちょうちょの反対側が別のものに代わっている、不思議がいっぱいの絵本。
⑪『はらぺこあおむし』作：エリック・カール　訳：もりひさし　偕成社	あおむしの食いしん坊ぶりに大人も子どもも圧倒される、食べることが大好きな子どもにはたまらない絵本。
⑫『パパ、お月さまとって！』作：エリック・カール　訳：もりひさし　偕成社	パパが娘のために長いはしごで高いところに登ってお月さまを取ってきてくれる夢のある絵本。

〈まねっこあそびが楽しめる絵本〉	
⑬『だるまさんが』『だるまさんの』『だるまさんと』作：かがくいひろし　ブロンズ新社	ユーモアいっぱいのだるまさんがおかしな表情とポーズで子ども達を笑わせる、思わず真似したくなる絵本。
⑭『ぴょーん』作・絵：まつおかたつひで　ポプラ社	いろいろな動物や虫がぴょーんと跳んで、意外な表情に変わります。
〈大好きな人とほっこりできる絵本〉	
⑮『くっついた』作：三浦太郎　こぐま社	いろいろなものがくっついて、最後はお母さんとくっついた！
⑯『おつきさまこんばんは』作：林明子　福音館書店	誰でも一度はお月さまを見上げたり一緒に歩いたりしたことを思い出させてくれる、ほのぼのとする絵本。
⑰『ちびゴリラのちびちび』作：ルース・ボーンスタイン　訳：岩田みみ　ほるぷ出版	大きくなるって素敵なことだよ、皆にとってもうれしいことだよと３歳未満児にも伝わるほっこりする絵本。
〈わらべうたが心地よい絵本〉	
⑱『ぼうしをとってちょうだいな』文：松谷みよ子　絵：上野紀子　偕成社	「ぼうしをとってちょうだいな」と歌うと、「いやー」と首を横に振る主人公をじっと見て真似し始めます。
〈ドキドキ・ワクワクする絵本〉	
⑲『どんどこ ももんちゃん』作・絵：とよたかずひこ　童心社	どんどん前に前に突き進んでいくももんちゃん、最後はママの胸にドーン。
⑳『ぞうくんのさんぽ』作・絵：なかのひろたか　レタリング：なかのまさたか　福音館書店	お友達と出会ってゆったり散歩のぞうくん、短いストーリーに起承転結があります。
㉑『ぼくのくれよん』作・絵：長新太　講談社	歌いたくなるフレーズと印象的な色遣いで何度も読みたくなる絵本。
㉒『ぐりとぐら』作：なかがわりえこ　絵：おおむらゆりこ　福音館書店	大きな卵を運んでカステラをつくるところは、誰もがワクワクします。
〈生活のなかで経験したことのある場面満載の絵本〉	
㉓『おててがでたよ』作：林明子　福音館書店	お手てや頭が「パッ」と出るところなど、真似したくなる場面が満載！
㉔『ノンタンおしっこしーしー』作・絵：キヨノサチコ　偕成社	自分にも経験があることが描かれていて、赤ちゃんも興味津々で見る絵本です。
〈イメージを掻き立てごっこあそびにつなげると楽しい絵本〉	
㉕『バスなのね』『おうちなのね』『ふねなのね』文：中川ひろたか　絵：100％ORANGE　ブロンズ新社	すぐに子ども達が見立て・つもりあそびを展開したくなる絵本。
㉖『おにの子・あかたろうのほん全３巻』作：きたやまようこ　偕成社	子どもの冒険心をくすぐるワクワクドキドキする絵本。
㉗『三びきのやぎのがらがらどん』絵：マーシャ・ブラウン　訳：せたていじ　福音館書店	繰り返しのセリフも多く、フレーズを覚えてごっこあそびを展開するのにうってつけ。
㉘『おおきなかぶ』再話：A・トルストイ　訳：内田莉莎子　画：佐藤忠良　福音館書店	ごっこあそびの定番。おじいさんからねずみまで、すべての役がそろわないと遊べません。

園の絵本コーナーや図書館、書店には多くの絵本が並んでいます。特に3歳未満児クラス向けの絵本は、子どもと一緒に読んで初めてその面白さがわかります。手に取ってみるだけでなく、保育現場で子どもと一緒にその世界を楽しんでみてください。

第3節 幼児と絵本

1. 幼児にとっての絵本

絵本は、幼児期の子ども達にとって、自分が知らない世界への入り口です。自分が知っている世界では起こり得ないことを絵本を通じて経験したり、物語の旅に出かけたりします。絵本は子ども達の想像を掻き立てます。また、保育者にとっても絵本は活動のきっかけになったり、一緒に考えるヒントを与えてくれたりします。保育者が直接何かを伝えるよりも、絵本を通じて伝えたほうが子ども達の心に強く響く場合もあります。

2. 幼児のあそびと生活と絵本との関わり

幼児期に入ると、様々な生活体験を積み重ねて、家庭や地域・社会との関わりのなかで物事を見始めたり、因果関係を理解したり、自分と他者を多角的にみたりする力も身についていきます。絵本は、ごっこあそびや劇あそびとの関わりだけでなく、幼児の自己形成を促すうえで重要性を増してくると考えられます。ここでは、いくつかの視点から幼児と絵本との関わりをみていきましょう。

1 季節の折に触れて

『よもぎだんご』(さとうわきこ作, 福音館書店, 1989)のような絵本を読んだ後に散歩に出かけると、子ども達はよもぎやほかの草花を注意深く見るようになります。「ばばばあちゃん」がつくるおだんごはとてもおいしそうで、子ども達に「よもぎ探しに行ってみようか」と話をすると、「やったあ!」とうれしそうです。実際によもぎを摘んで、おだんごづくりを楽しむこともあります。『もりのひなまつり』(こいでやすこ作, 福音館書店, 2000)では、お雛様やお内裏様やねずみ達が、ひなまつりのお祝いをしたりします。雨が降ってきて汚れてしまった服や顔をねずみのおばあさんがどうやって綺麗にするのかなど、人形達に魂があったらどんなに面白いか想像が膨らんでいく絵本です。保育所や幼稚園などの施設では、3月3日の桃の節句の時期に合わせて8段飾りの雛人形を飾ることがあります。実際の雛人形を目にしながら、「この人形達が動き出したらどうなるのだろう」「見ていないところでは、もしかしたら皆でお祝いをしているのかもしれない」などと子ども達の想像が膨らんでいく作品です。

『もうすぐおしょうがつ』(西村繁男作, 福音館書店, 2010)では、動物達が人間のように生活する世界で、イヌの家族がおじいちゃんの家に里帰りし、正月を迎える準備を家族総出で行う姿や、師走の活気で溢れる市場の様子が描かれています。古くなった障子をバリベリビリリと破り、新しい障子に張り替えるお掃除の様子や、近所の人が集まって石臼で正月用のお餅をつく様子、鏡餅を床の間に飾る様子など、正月を迎える準備がていねいに描かれています。年末に読む本としては、『ぐりとぐらの1ねんかん』(なかがわりえこ作・やまわきゆりこ絵, 福音館書店, 1997)のように、12か月を順番に振り返ることで新しい年を迎えることを喜ぶような作品もあります。

絵だけをじっくり見るのもこれらの絵本の楽しみ方の一つです。8段飾りの雛人形を飾って桃の節句をお祝いする家庭や、家族がそろって正月の準備をする様子など、現代ではあまりみることがなくなった風景を感じることができます。行事や季節の折々に、子ども達と一緒にこれらの絵本を読むことで、季節の行事をより楽しむことができるでしょう。

2 ごっこあそびの世界へいざなう

『てぶくろ』(エウゲーニー・M・ラチョフ絵・うちだりさこ訳, 福音館書店, 1965)や、『三びきのやぎのがらがらどん』(マーシャ・ブラウン絵・せたていじ訳, 福音館書店, 1965)では、やりとりにその面白さがあります。どちらの作品も子ども達に大人気の作品です。絵本を見るだけではなく、保育者が人形劇やペープサート、演劇として子ども達に見せることもあります。子ども達は、明快なストーリーや登場人物の面白さから、日常の自由あそび等でも自分達で劇ごっこをする姿があります。特に『てぶくろ』では、子どもによって演じたい動物が異なり、なぜこの動物を選んだのか聞きながら劇ごっこを楽しむなかで、子ども達の世界がさらに広がっていきます。

3 イメージの世界を楽しむ

「もし○○だったらいいのにな」という想像の世界を題材にした作品も、絵本の面白さの一つです。『プールほいくえん(こどものとも年中向き 2019年9月号)』(岩井真木文・三宅信太郎絵, 福音館書店, 2019)では、もし保育園の水道を全部開けて、保育園全体がプールになったらどんなことになるのかを想像して楽しむ絵本です。『ゆかしたの ワニ』（ねじめ正一文・コマツシンヤ絵, 福音館書店, 2022）も、もし自分の家の床下に大きなワニがいたら、どんなふうに、どんな道具で世話をするのだろうかといった想像の世界がどんどんと広がっていく絵本です。現実では起こりにくい出来事でも、絵本の世界では可能なことが多くあります。イメージの世界が広がるとともに、「もし○○だったら」「○○だったらいいのにな」という子ども達自身の夢や想像の世界も広がっていきます。

4 等身大の私達

絵本には、幼児の子ども達が主人公の作品も多くあります。『おしいれのぼうけん』（ふるたたるひ・たばたせいいち作, 童心社, 1974）では、さとしとあきらという２人の男の子がけんかをし、先生に叱られて押し入れに閉じ込められるところから物語が始まります。やがて「ねずみばあさん」という恐ろしい存在を目の前に、２人で励まし合いながら困難に立ち向かっていく姿に、子ども達は真剣な表情で絵本に見入ることでしょう。

『はじめてのおつかい』（筒井頼子作・林明子絵, 福音館書店, 1977）では、みいちゃんがママにおつかいを頼まれて１人で牛乳を買いに行く姿が描かれています。「ねずみばあさん」のような恐ろしい存在は出てきませんが、初めて１人でおつかいに出かける子どもにとっては壮大な冒険がていねいに描かれています。『いもうとのにゅういん』（筒井頼子作・林明子絵, 福音館書店, 1987）では、あさえの妹が入院するところから物語が始まります。いつもはいたずらをしてばかりの妹が「びょうき」になり、あさえは妹とお母さんのいない間、父と２人の家で、寂しさを感じながらも、自分にできることは何なのか、妹が喜ぶことは何なのか、子どもなりに考えます。翌朝のお見舞いの際に、自分がとても大切にしている人形を妹にプレゼントするという大きな決断をします。

全く異なる様相の作品のようですが、どちらも主人公は子どもであり、年齢の設定もおそらく幼児クラスの子ども達です。さとしやあきらのように、仲間と協力し困難を乗り越えていく姿や、みいちゃんやあさえのように、日常のなかでも起こり得る難しい状況をひたむきに乗り越えていく姿に心が動かされ、彼らがどうなっていくのだろうとハラハラしながら聞いている子ども達の姿がみられます。そして、様々な体験を通じて成長していく登場人物の姿を自分と重ね合わせ、誇らしい気持ちを感じる子どももいるかもしれません。自分達と近い年齢ということが、さらにハラハラドキドキする気持ちを強いものにするのでしょう。主人公と自分を重ね合わせ、子ども達が絵本の登場人物の心情に寄り添う姿があるのも幼児の絵本の魅力の一つです。

5 生と死を考える

絵本のなかでは、大切な存在が死んでしまうこともあります。『スーホの白い馬』（大塚勇三再話・赤羽末吉画, 福音館書店, 1967）と『かたあしだちょうのエルフ』（おのきがく文・絵, ポプラ社, 1970）は、誰かに会いたいため、誰かを守るために死んでしまう白い馬やエルフの姿があり、大切なもののために命をかける姿が印象的です。死んだ後も、白い馬は馬頭琴という楽器となり聴く人の心を癒やし、エルフは大きな木となり、暑い日差しから動物達を守る存在となります。死んでしまった悲しみで絵本が終わってしまうのではなく、存在として生き続けるところまで描かれていることで、子ども達もホッとする姿があります。現実の世界では死んでしまっても、記憶や存在としてずっと心に生き続けるという難しいテーマを描いています。

6 絵本に出てくる道具への憧れ

『ちいさなオキクルミ』（松谷みよ子文・西山三郎絵, ほるぷ出版, 1985）では、神の子であるオキクルミと、笑いながら遊ぶようにサケたちや鹿を殺そうとする悪魔との戦いが描かれています。ちいさなオキクルミは銀の矢じりで風を起こし、鹿たちを毒から守り、力比べで悪魔に打ち勝ちます。『エルマーのぼうけん』（ルース・スタイルズ・ガネット作・ルース・クリスマン・ガネット絵・わたなべしげお訳, 福音館書店, 1963）では、どうぶつ島に囚（とら）われたりゅうの子どもを助けるために、エルマーが冒険に出かけます。どうぶつ島では、リュックサックに詰めた様々な道具が役立ち、最後には、よく切れるジャックナイフでりゅうの首を縛っていた太い縄を切り、エルマーを乗せたりゅうは大空へと羽ばたき自由の身になります。

オキクルミやエルマーの勇敢さ、優しさに憧れる一方で、出てくる道具への憧れも大きいものがあります。オキクルミが使う弓矢や、マキリと呼ばれる小刀の絵は美しく、エルマーのリュックサックから出てくる様々な道具はどんな使い方をするのかとワクワクさせてくれます。子ども達との散歩先の雑木林では、枝を弓矢に見立てたオキクルミごっこがしばしばみられます。作品に出てくる道具を自分達も持つことで、主人公の勇気や優しさが自分のなかにもわいてくる感覚があるのかもしれません。

7 平和と戦争

世界情勢が不安定ななかで、保育者はどのように平和の尊さや、戦争の残酷さや悲しみを伝えていくことができるのでしょうか。『へいわとせんそう』（たにかわしゅんたろう文・Noritake 絵, ブロンズ新社, 2019）では、子ども達に平和や戦争について考える機会を与えています。『せかいでいちばんつよい国』（デビッド・マッキー作・なかがわちひろ訳, 光村教育図書, 2005）もその一つです。

『ひろしまのピカ』（丸木俊, 小峰書店, 1980）は、読む人に戦争の悲惨さを絵と言葉で直接的に訴えかけています。『おこりじぞう』（山口勇子作・四国五郎絵, 金の星社, 1979）も同様に、戦争や核兵器の悲惨さが伝わってくる絵本です。どちらも、少女の命や日常が戦争によって奪われてしまう物語であり、これらの本を読んだ子ども達は、実際に起きた出来事が題材になっていることに驚きます。

『いってらっしゃーい いってきまーす』（神沢利子作・林明子絵, 福音館書店, 1985）は、なおちゃんの１日を描いた作品です。朝、お父さんの自転車に乗って保育園に登園し、園舎で友達と遊び、給食の材料を皆で買いに行き、皆で給食を食べます。お昼寝の後、園庭で遊んでいるとお母さんが迎えに来て、商店街で買い物をして家に帰ります。途中、お父さんとも会い、家族みんなで今日の夕飯は何か話しながら家路につきます。なおちゃんの日常をていねいに描いている作品です。『ひろしまのピカ』や『おこりじぞう』と対比して読んでみると、家族みんなで笑い合える時間がどんなに平和なことなのかを改めて考える機会となります。１冊だけでなく複数の絵本を読む機会がある場合は、組み合わせによってさらに絵本の世界が広がっていき、話者が伝えたいことがより強くなり得る場合があります。

第４節　実践してみよう

1. 絵本をつくってみよう

「子ども達の言葉を豊かにする」というねらいをもって、自作の絵本を作成してみましょう。ここでは市販の“白無地の絵本”を利用し、絵本の構想から始めます。

①絵本の構想を考えよう

保育者は、絵本の読み聞かせをする際、子ども達に何を伝えたいかという意図をもって絵本を選びます。今回は、この絵本を通して子ども達に何を感じ取ってほしいか、また、この絵本にふれることで子ども達の言葉がどのように豊かになるのか、という観点で構想します。その際、何歳児が対象なのか、子ども達が興味をもつかということも大事ですが、作者自身が面白いと思える内容になっているかということも大事です。

②プロットを考えよう

全体の構想が決まったら、ストーリーを考えて文章で表現します。そして、文章に合わせてそれぞれの場面がイメージできるような絵を考えましょう。

③ページ割をしよう

②で考えた文章と絵を各ページにどのように描くか考えます。

④下書きしてみよう

本番の絵本と同じ大きさの画用紙に、「全体のバランス」や「文字の配置」を考えながらラフスケッチを描きます。

⑤白紙の絵本に描こう

下書きをした文章と絵を絵本に描き写します。このとき、文字の大きさや太さ、色を決めて描き、絵の彩色などもていねいにしていきます。

⑥表紙・扉・奥付をつくろう

表紙と扉は一般的な絵本と同じですが、奥付の代わりに絵本作成の意図（この絵本にふれる子ども達の「言葉に対する感覚」が豊かになるよう、どんな工夫をしたか、この絵本を読んでどんなことを感じてほしいか等）や、何歳児を対象に作成したかなどを書き込むとよいでしょう。

2. 自作の絵本の例

学生が作成した絵本（全 28 ページ）の一部を紹介します。

[対象年齢]

２～３歳児

[絵本作成の意図]

「初めてのお弁当の日」に、お弁当を楽しみにする子どもをイメージして作成した。

擬音語を効果的に使い、言葉のリズム感やページをめくったときに自分が想像した「おかず」が現れるワクワク感などを大切にし、目と耳で楽しめるようにした。そして最後に、次々に現れたおかずを自分の手でお弁当箱に詰めることで「お弁当」が完成するような構成（おかずをフェルトでつくり、面ファスナーを使って取り外しできるようにした）にし、繰り返し読みたいという気持ちをもてるようにした。

①

左が背表紙、右が表紙

②

「はじめてのおべんとうのひ」の朝。

③

きょうの朝は、いつもと違う…
「なんの音かな」

④
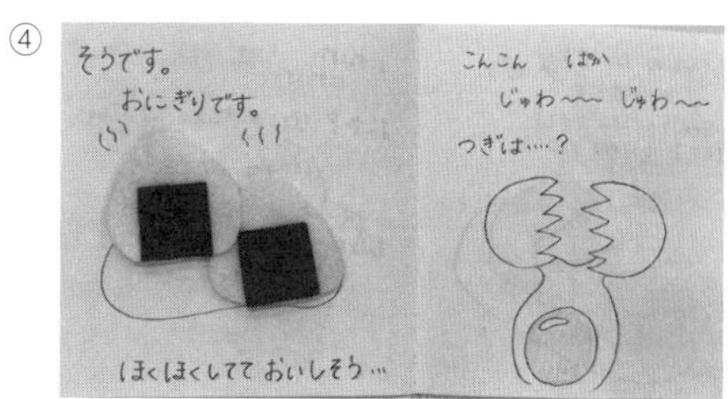

「おいしそうなおにぎり」
フェルトでできていてはがせます！

⑤
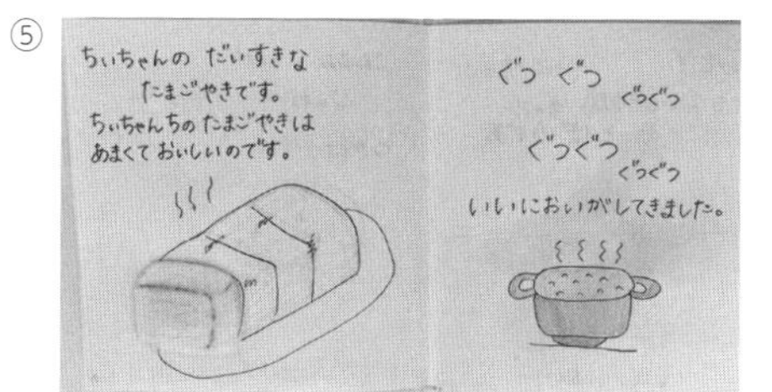

ページをめくるたびに「おいしそうなおかず」が…擬音と視覚で楽しめます。

⑥

「おはよう」身支度して「いってきます！」

⑦
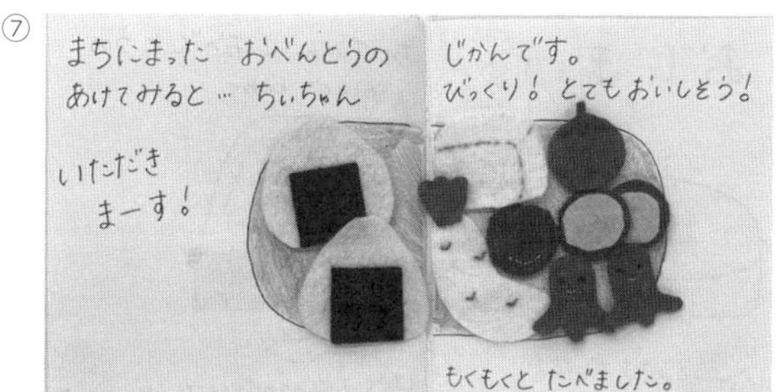

「おかあさんが作ってくれたお弁当」全部のおかずがフェルトでできていて何度でも貼り直して楽しめます。

引用文献

・赤沼陽子（2017）「子どもと文化」齋藤政子編著『安心感と憧れが育つひと・もの・こと―環境との対話から未来の希望へ』明星大学出版部

・絵本ナビ「絵本ナビユーザーが選んだ人気作品 30 冊！（2022 年 7 月認定）【プラチナブック】」https://www.ehonnavi.net/specialcontents/contents.asp?id=1234

・遠藤望（2021）「絵本作家・若山憲の世界」展覧会企画・構成：世田谷美術館・北九州市立美術館・ひろしま美術館・中日新聞社『こぐまちゃんとしろくまちゃん―絵本作家・わかやまけんの世界』中日新聞社発行

・生駒幸子（2013）「絵本と童話」川勝泰介・浅岡靖央・生駒幸子編著『ことばと表現力を育む児童文化』萌文書林，pp.119-142.

・公益社団法人全国学校図書館協議会「図書の選定事業 第 28 回「よい絵本」」https://www.j-sla.or.jp/recommend/yoiehon-top.html

・松居直（1973）『絵本とは何か』日本エディタースクール出版部，p.211.

・三宅興子（2019）『日本の絵本の歴史―三宅興子〈子どもの本〉の研究』翰林書房，p.81.

・月刊 MOE「第 14 回 MOE 絵本屋さん大賞 2021 受賞作品」https://www.moe-web.jp/prize/

・岡本勝（1988）『子ども絵本の誕生』弘文堂，p.9.

・田代康子（2001）『もっかい読んで！―絵本をおもしろがる子どもの心理（新保育論〈6〉）』ひとなる書房，p.19.

・公益社団法人全国出版協会・出版科学研究所（2020）『2020 年版 出版指標年報』全国出版協会出版科学研究所

第10章 言葉を育て楽しさを広げる児童文化財2　紙芝居

保育現場では紙芝居をよく使いますが、その特徴やよさについて、絵本と比べて理解してみましょう。また、子どもと読み手との相互のやり取りが生まれやすい紙芝居ですが、年齢や発達に応じた紙芝居の選び方、演じ方についても学びます。最後は自分でオリジナルの紙芝居をつくってみましょう。

第1節　紙芝居の成り立ちと保育における役割

1. 紙芝居とは何か

1 紙芝居の特性

紙芝居は、日本で生まれた日本独特の児童文化財です。「紙芝居」とは、複数の絵が描かれた紙を使った寸劇（芝居）であるといわれます。児童文化財のなかで、紙芝居は絵本と比較して語られます。絵本はページをめくることによって展開する「めくり」の文化で、紙芝居は１枚の紙面を抜くことによって物語が展開する「抜き」の文化であるといわれています。どちらも絵があって文があります。

紙芝居は、大きく「観客参加型」と「物語完結型」に分けられます。『紙芝居百科』（紙芝居文化の会, 2018）によると、「観客参加型」は、「作品の構成が、観客の参加を必要とする型」で「コミュニケーションは、演じ手と観客の言葉のやりとりや動作によってひきおこされる」とあります。「物語完結型」は、「作品の構成が、作品そのものの中で完結している型」で「コミュニケーションは、演じ手の表情や間によってひきおこされる」とあります。この型は、演じ手がいかに魅力的に演じられるかがポイントになります。

2 絵本と紙芝居の違い

絵本と紙芝居の違いについてですが、絵本は、手に取って、１対１ないしは１対少人数において、読んでくれる人のそばに座り読んでもらうものです。幼稚園、保育所、認定こども園、児童館などで、子ども達が保育者（大人）に読んで（見せて）もらっている光景はよくみられます。絵本のよさは、読んでもらった後にその本を手にして、じっくりと細かなところまで絵を見て楽しめることです。また一方で、20~30人くらいの集団の子ども達に絵本を読む場合も多々あります。その場合、どの子どもにも見えるような環境設定が必要になってきます。絵本の大きさや本来の性質上から考えると、全員が楽しめるようにするには難しさもあり、保育者の立ち位置や絵本の持ち方を工夫したり、特別な大型絵本を活用することもあります。

では、紙芝居はというと、集団で見ることを想定しています。芝居ということでは、演じる舞台と観客に分かれるので、人数が多くても、少し離れていても、後ろのほうでも見えます。絵本と比べ、芝居として演じる工夫がよりいっそう必要になりますが、紙芝居のもつ特徴を活かし、演じるところに面白さがあるといえます。例えば、登場人物のセリフを通し、その人物になりきり、芝居をします。そこに絵と語りを入れ、一つの紙面を抜くことによって展開され、演じられていきます。絵本は個人的な理解によって読むのに比べて、紙芝居は見ている子ども達が皆、同じように感じ合える集団の理解によって進んでいくものであるといえます。

紙芝居のよさ、持ち味というと、集団で見たときにその集団のなかの子ども達一人ひとりの心にしみたそのお話やセリフによって心が揺さぶられることです。

筆者が実際に子ども達に紙芝居を演じたとき、1枚目、2枚目と読むにつれて、子ども達との相互のコミュニケーションが引き起こされ、楽しみを共有しながら最後の1枚を読み終わったとき、余韻に浸ったことが思い出されます。ここがまさに紙芝居のもつ本質ではないかと思います。阿部（1991）が、紙芝居は「子どもたちの心の展開のテンポとぴったりあう」児童文化財であると述べているように、紙芝居は、時間を共有できることや、子ども達の感性を揺さぶる児童文化財であることがわかります。

2. 紙芝居の誕生から現在まで

1 平安時代から江戸時代まで

『紙芝居文化史』（石山, 2008）によると、紙芝居の源流は12世紀前半から始まっているという説があります。平安時代の「源氏物語絵巻」の「東屋」の段の一場面では、中君（なかのきみ）が右近に冊子（詞書（ことばがき））を読ませ、絵が描かれた冊子に浮舟が眺め入る情景が描かれています（**写真10-1**）。冊子状のものではありますが、「絵」と「文」とが別々にまとめられ、そして「語り」があります。それを見聞きする「観客」もいることから、紙芝居の要素を備えていると考えられています。「絵」は美術分野、「文（脚本）」は文学分野、そして「語り」は演劇分野へ

写真 10-1『源氏物語絵巻　東屋（一）絵』徳川美術館所蔵　© 徳川美術館イメージアーカイブ／ DNP artcom

通じているといわれています。つまり、紙芝居は３分野が統合された芸術の形といえるのです。

江戸時代になると「のぞきからくり」や「写し絵」が出てきます。これらは、紙芝居のルーツから派生したものとみられています。「のぞきからくり」は、江戸時代にオランダから渡来した見世物であり、1.8 メートルほどの箱の表に数個の穴を開けて、レンズをはめ込み、そこから中の絵を覗かせる仕組みであったといわれています。内容は、必ずしも子ども向けのものではなかったようですが、子どもにも人気があったといわれています（石山, 2008）。

2 明治時代から現代

「写し絵」は、今から 200 年ほど前に作り出されたもので、寄席などで人気を集めていたようです。木製の小箱に光源となる油ランプを入れ、フィルムに相当する種板に光を当てて和紙のスクリーンに写し出すもので、明治中期まで盛んに行われたといわれています。そして、竹串をつけた紙人形を舞台で動かして演じさせる「立ち絵」、台の上で人形を置いて操ると、それが鏡に映されて立って動くように見えるしかけの「かがみ」と呼ばれるものが出てきたといわれています。想像すると、ペープサートと影絵の合体のようにも思いますが、これは、このような紙人形を使う芝居ということで「紙芝居」という名前がついたとする説もあるようです（石山, 2008）。

さらにその後、「立ち絵」から「平絵」になっていきます。今のように絵を引き抜いて演じる形は、1930（昭和 5）年頃に始まったといわれています。鈴木常勝の『紙芝居がやってきた！』（2007）によると、飴売り商人が客寄せのために紙芝居を見せ、そのために紙芝居屋のことを「飴売り紙芝居」と呼んでいたということです。紙芝居の始まりは、このような飴売り商人の大道芸であったといわれています。

絵を次々に見せて語るという紙芝居屋の芸は単純ではありますが、日本独自の文化であり、1931（昭和 6）年には『黄金バット』（鈴木一郎脚本・永松武雄絵）によって紙芝居ブームが起こりました。映画がはやり始めた時代でもあり、今の紙芝居のような平絵による街頭紙芝居（屋）は、映画のように新感覚かつテンポのよい演じ方だったことで、子ども達に人気が出たといわれています。

その後、今井よね（1897–1967）が紙芝居のもつ魅力に注目し、福音紙芝居（イエス・キリスト伝）というカラーの印刷紙芝居をつくり、キリスト教の布教活動のための宗教紙芝居として使用しました。しかし、日中戦争が始まると、紙芝居は国威発揚の手段として使われてしまいます。

戦後の日本の最初の保育の手引き書『保育要領―幼児教育の手びき』（文部省, 1948）のなかには「紙芝居」の記載が 2 か所もあり、紙芝居を保育教材として活用することが推奨されたそうです。その書を保育に活用することを中心となって推奨し、幼児教育のなかに位置づけた人物が、倉橋惣三（1882–1955）です。

戦後は街頭紙芝居が子ども達の娯楽として広く親しまれましたが、1957（昭和 32）年頃から普及し始めたテレビの登場により、衰退しました。とはいえ、紙芝居は教育の場でも普及するようになりました。もともとの紙芝居の始まりは街頭紙芝居の娯楽から発展してきたものであり、紙芝居の魅力は子ども達が面白がる世界を追求してきたことにあるといえます。

3. 保育実践のなかの紙芝居の役割

幼稚園、保育所、認定こども園等で盛んに紙芝居は利用されています。しかし、意外に内容や作品を吟味もせずに、子ども達に人気のある作品ばかりを選んでしまうことがあります。紙芝居の本質をふまえ、子ども達の心を育てる教材であることを考えて保育に取り入れたいものです。紙芝居は、「芝居」とあるように、演劇の一つといわれますので、人間が生き生きと描かれることが大切であり、演じる保育者と観客である子ども達が登場人物に同化することで、感情が揺さぶられます。

そして、集団で見ることにより楽しさや共感の幅も広がり、言葉を育てることにつながります。紙芝居は、感情を込めたセリフが子ども達の感情と合うことで、言葉を吸収するとても大切な機会となるのです。このような紙芝居は、保育者（大人）の扱い一つで、子どもの言葉を豊かにする教材として生きてきます。子どもの言葉の発達を支え、感性を豊かにはぐくむためにも、保育内容の「言葉」の領域として保育計画のなかに位置づけ、紙芝居を活用したいものです。

第2節　乳児と紙芝居

1. 乳児対象の紙芝居

ここでは、乳児を0～2歳児として、その頃の年齢を対象とした紙芝居の紹介をします。

乳児を対象とする紙芝居は、『紙芝居百科』（紙芝居文化の会, 2018）に紹介されているように、「幸福感に包まれる内容。成長への願いをこめて、最初からおしまいへとひとつの世界をつくり、内容が高めてある。（中略）ゆるやかな起承転結がある。生きることのすばらしさを凝縮した絵と言葉。リズミカルで美しい簡潔な言葉。コミュニケーションができる文章」、これらの要素が入った作品がふさわしいといえます。わかりやすい内容で、美しい日本語が使われている紙芝居を選びましょう。

言葉のリズムを楽しめるものや、繰り返しの動き、「ゴロゴロ」「ざぶざぶ」など擬態語や擬音語が多いもののほうが、言葉が子ども達のなかに入っていきます。絵に関しては、縁取りのある絵だとわかりやすいようです。淡い色合いの温かみのある絵でも、立体感や手触りを想像するようで、乳児が紙芝居を触りにくることもあります。また、生活に密着した題材だと親しみやすく、食べ物や、イヌやネコなどの動物が出てくる紙芝居には、乳児も内容に入っていきやすいようです。

2. 乳児の年齢に応じた紙芝居の選び方

この時期の子ども達にとって、長い物語の流れを理解するのは難しいので、乳児に適した作品としては、簡単に完結するものや、8場面ほどで構成された短い紙芝居が適しているといわれます。また、色や絵がはっきりとしていて、見やすく、効果音や擬音の繰り返しのあるものなどを選ぶとよいでしょう。

① 0歳児

話しかけやうたに反応し、大人の顔や口元をじっと見ます。

・コミュニケーションがとりやすい作品
・人や動物などが正面を向いている作品

② 1歳児

言葉の獲得が進み、言葉と物との関係がわかるようになってきます。

・言葉にリズム感のある作品

・身近なものが描かれている作品

③ 2 歳児

自我の確立が進み、言葉から豊かにイメージすることができるようになります。

・言葉でイメージが膨らむような作品

・実体験に近い作品

3. 紙芝居の種類と紹介

1 観客参加型

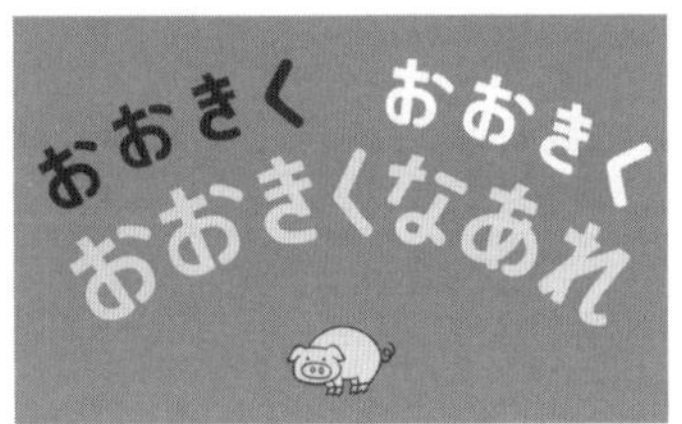

『おおきくおおきくおおきくなあれ』
まついのりこ脚本・画，童心社，1983.

ストーリー性はないのですが、いろいろな動物などが出てきて、小さいものが次の場面では大きくなるという動きが繰り返されます。繰り返しの動きは予想できますが、予想外の思いがけない大きさになるので、ワクワクして引き込まれます。

2 物語完結型

『ひよこちゃん』チュコフスキー原作・小林純一脚本・二俣英五郎画，童心社，1971.

短い物語になっていますが、参加型でもあります。かわいいひよこの様子に、子ども達も興味津々です。優しい絵に惹かれて、子どもが画面を触りにくることもあります。ニワトリの鳴き声を真似たりして楽しみます。

3 乳児向けの紙芝居の紹介

乳児向けの紙芝居の一部を紹介します。

『じょうず じょうず』なとりちづ脚本・おおともやすお絵，童心社，2006.
『おんぶ おんぶ』武鹿悦子脚本・相野谷由起絵，童心社，2009.
『まんまる まんまる まんまるな』長野ヒデ子脚本・絵，童心社，2009.
『こんにちは』内田麟太郎脚本・山本祐司絵，童心社，2009.
『ワン ワン ワン』とよたかずひこ脚本・絵，童心社，2006.
『ぴよぴよぴよちゃん』すとうあさえ脚本・前田マリ絵，童心社，2009.

第3節 幼児と紙芝居

1. 幼児対象の紙芝居

3歳頃になると会話のキャッチボールができるようになってきます。想像力も育ってきて、4～5歳頃になると、イメージの共有を楽しみ、その世界を遊び込む姿が多くなります。そのような幼児期の子ども達は、紙芝居が大好きです。

筆者が保育士として担当の子ども達に『なかまはずれのペータ』(多田ヒロシ作・画, 童心社, 1966) の紙芝居を読んだときのことを思い出します。「みんなに、もじゃもじゃペータといわれていました。——どうです。このすごいつめ！」と読むと、子ども達は、自分の髪の毛や爪を見ていました。「それからは、もうだれも、もじゃもじゃペータといわなくなりましたって」と読み終わると、子ども達まですがすがしくすっきりとした喜びの顔になっていた記憶があります。紙芝居のなかで、子ども達はペータに自分を重ねていたのでしょう。想像の世界を楽しむことができるところが、紙芝居の魅力であるといえます。

2. 幼児の年齢に応じた紙芝居の選び方

言葉の発達の特徴に応じた作品を選びましょう。乳児の名残もあるので、繰り返しの動きのあるものや、言葉の響きを楽しめるものを選ぶとよいでしょう。わかりやすい絵のものもよいでしょう。想像力が豊かになるので、おばけや恐竜などの作品も楽しめるようになります。

『おおきなかぶ』など、世界のお話で紙芝居になっているものもあるので、言葉の発達段階に応じた作品を選ぶとよいでしょう。年齢に応じて、むかしばなしなども楽しんでもらいたいです。4～5歳頃になると、少し長いお話も楽しめるようになります。起承転結があるなど、展開が楽しめるものもよいでしょう。科学もの (植物や昆虫などがテーマ) も人気があります。『ちいさいももちゃん』シリーズ (童心社) もおすすめです。絵が優しい淡いタッチなので、イベントなどで読むのには向きませんが、お昼寝前などの落ち着いて過ごす時間に読むと、集中して世界に入れるようです。

3. 紙芝居の種類と紹介

1 日本のむかしばなし

『かさじぞう』松谷みよ子脚本・まつやまふみお画，童心社，1973.

貧乏なじいさまとばあさまがおり、新しい年が来るというのに何も支度ができない。そこで、雪の積もる大晦日、ろくじぞうさまに出会い…というお話です。その絵と「じょいやさ」の掛け声に、情景の想像が深まります。年中・年長児クラスでよく取り上げられているお話です。

『あんもちみっつ』水谷章三脚本・宮本忠夫絵・松谷みよ子監修，童心社，1984.

おじいさんとおばあさんと泥棒が登場する日本の民話です。絵も楽しめる、セリフも楽しめる笑い話です。場面場面の面白さとテンポのよさ、人間の欲の滑稽さに惹かれるのではないでしょうか。絵がやわらかく、ユーモラスな作品です。

『うみにしずんだおに』松谷みよ子脚本・二俣英五郎絵，童心社，1973.
『ばけくらべ』松谷みよ子脚本・亀井三恵子画，童心社，1969.
『へっこきよめさま』水谷章三脚本・藤田勝治絵，童心社，2005.
『たべられたやまんば』松谷みよ子脚本・二俣英五郎画，童心社，1970.
『かっぱのすもう』渋谷勲脚本・梅田俊作画・松谷みよ子監修，童心社，1984.
『ももたろう』松谷みよ子脚本・二俣英五郎画，童心社，1998.
『ざしきわらし ほーいほい！』さえぐさひろこ脚本・梅田俊作絵，童心社，2016.

2 世界のむかしばなし

『おおかみと七ひきの子やぎ』グリム原作・奈街三郎脚本・スズキコージ画，童心社，1992.

親しみのあるグリム童話です。おおかみと子やぎのやり取りに、子ども達がハラハラドキドキして、観客（子ども達）も読み手も楽しめる紙芝居です。

『三びきのこぶた』イギリス民話・川崎大治脚本・福田岩緒絵，童心社，1986.

こちらも子ども達に親しみのある童話です。こぶたの気持ちになり、「おおかみに食べられちゃうよ」と応援したり、「危ない、早く、早く」と感情移入し、つい声を出したくなる、観客参加型でもある紙芝居です。

『ライオンとねずみ』イソップ原作・上地ちづ子脚本・若山憲画，童心社，1988.
『きんのがちょう』グリム原作・川崎大治脚本・田中武紫画，童心社，1971.
『はなのすきなおじいさん』中国のお話より・小林純一脚本・小谷野半二画，童心社，1964.
『あかずきんちゃん』グリム原作・小林純一脚本・篠崎三朗画，童心社，1986.

3 目的に応じて選ぶ紙芝居

①生活習慣、しつけにつながる紙芝居

・『おうさまさぶちゃん』馬場のぼる作・画，童心社，1966.

②おばけが出てくるファンタジックな紙芝居

・『いたずらおばけ』久地良作・尾崎真吾画，教育画劇，1982.

・『おじいさんとおばけ』堀尾青史脚本・瀬名恵子画，童心社，1972.

③食べ物のお話が楽しめる紙芝居

・『チョコレートカステラだいじけん』かこさとし脚本・北田卓史画，童心社，1975.

・『おとうふさんとそらまめさん』松谷みよ子脚本・長野ヒデ子絵，童心社，2005.

④物語を楽しめる紙芝居

・『ロボット・カミイ げきあそびのまき』古田足日脚本・田畑精一絵，童心

社，1971.

・『モモちゃんがあかちゃんだったとき』松谷みよ子脚本・鈴木未央子画，童心社，1968.

⑤科学的なテーマを楽しめる紙芝居

・『ザリガニのあか』高家博成脚本・仲川道子絵，童心社，2006.

・『ダンゴムシのともだち』得田之久脚本・絵，童心社，2005.

3. 保育と紙芝居

紙芝居の作品のもつ独自性や価値を含めて、保育のなかにおける紙芝居の意義について改めて考えていくと、手軽に集団で楽しめることが挙げられます。その点では、絵本と違い、多くの人数が同時にお話を楽しめる教材であり、また、紙芝居の「舞台」(木製の額縁のようなもの。132 ページ**写真 10-3** 参照) を使うことにより、子ども達はワクワク感が増し、興味関心が高まります。さらに、子ども達が皆で同じものを見て聞いて、共感し合い、共通理解を図ることができるのです。また、行事や文化、生活での決まりごとや習慣、ルールなども紙芝居を通して学ぶことができます。

子ども達の想像力を膨らませ、豊かなお話の世界に引き込むことができる紙芝居は、言葉のみならず子どもの情操、意欲、生活態度、自主性、行動力、探求心などの生きる力をもはぐくんでいける文化財であるといえます。紙芝居の特徴や魅力を保育者が十分に感じ、乳児・幼児共通して保育に活用していきたいものです。

第 4 節　実践してみよう

1. 手づくりの紙芝居をつくってみよう

世界で一つだけの紙芝居をつくってみましょう。市販のものや印刷されたものよりも、貴重な宝物になるはずです。

1　手づくり紙芝居の作成の手順

①材料探し

身近なことや、体験したこと、伝えたいことなどを題材に、ストーリーを考えてみましょう。空想の世界の作り話 (フィクション、ファンタジー)、不思議もの、冒険ものなどを題材にしてもよいでしょう。

②脚本（ストーリー）

目的を先に立てますが、目的にとらわれると、ストーリーが浮かんでこなかったりします。具体的な出来事から目的にもっていく方法もあります。あくまでも伝えたいことの筋を通すことが大切です。

③話の組み立てを考える

あらすじの基本は以下のとおりです。

①いつ：むかしむかし。ある日。春夏秋冬……
②どこで：山。海。公園。家で……
③だれ：主人公。花ちゃんが。ウサギのみみちゃんが……
④そのほか：友達。対立する人。鬼と……
⑤どのようなこと：対立していることなど……
⑥どうなる：大変なけんかになるなど……
⑦こうなった：無事に解決したなど……

＊登場人物の顔、声の特徴、性格なども考えておくとよいでしょう。併せて、場所なども想像して決めておくと準備が整います。

④絵を描くときの工夫

自由な発想で、折り紙や色画用紙を利用して貼り絵のようにするなどの工夫をすると、作成の過程を楽しむこともできると思います。絵を描いて色を塗っていくときは、1枚ずつ色を塗るのではなく、同じものをまとめて塗るなどの方法がよいでしょう。例えば、主人公の顔や服はなるべく同一の色でまとめて塗りましょう。

⑤絵を「動かす」ための工夫

紙芝居は、抜き方で動きを見せることができます。抜きの方向は観客から向かって左に抜きます。引き抜かれた場合の人物や動物等の動きも、抜きに合わせて向きを考える必要があります。

⑥文章・セリフを書き入れる

裏面にセリフを書き入れていきます。書き入れるところは、例えば8画面あるとすると、1画面のセリフは8画面の裏になります。2画面を見せているときは、1画面が一番手前になるので、1画面の裏にセリフを書き入れます。この要領で、すべての紙の裏に書き入れます。状況説明となるようなセリフ等は、だらだらと書かず、登場人物の性格が出るようなセリフを考え、聞いていて心地よい言葉を選びましょう。難しく考えず、自由に表現して、絵とセリフのバランスを考えて、楽しんでつくってみましょう。

2. 作成した紙芝居を演じてみよう

写真 10-2 学生が作成した紙芝居

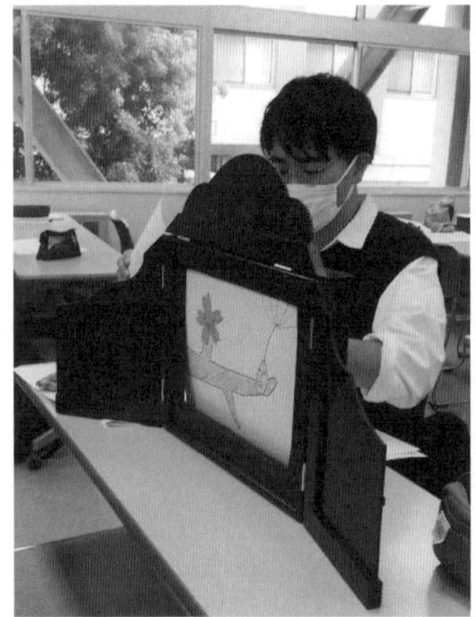

写真 10-3 実演の様子

紙芝居の演じ方のポイントは以下のとおりです。参考にして、効果的に演じてみましょう。

①下読みをしましょう。内容と、登場人物の性格の理解をしましょう。自作の紙芝居であれば、ここは十分理解できていると思います。

②観客（子ども）の反応を見ながら一人ひとりに語りかけるように読みましょう。目的意識があれば、紙芝居を見ている観客を満足させることができます。

③読み方で気をつけたいこととして、喜び、悲しみ、怒りなど様々な表情を演じる声の出し方のポイントは、次のようになります。登場人物の気持ちや、状況がわかるように伝えましょう。

＜声の出し方＞
嬉しいとき……やや高めの声で明るく早口
楽しいとき……明るく弾むように
怒っているとき……短く早口
悲しいとき……弱くゆっくり
参考：右手和子（2011）「心に届く、紙芝居の演じ方」子どもの文化研究所編『紙芝居―子ども・文化・保育：心を育てる理論と実演・実作の指導』一声社，pp.22-25.

④間はドラマを生かします。登場人物の会話の間や、紙を抜くときの間を工夫しましょう。子どもの理解や期待感など、気持ちの変化や注目している点をよく見ながら演じます。紙芝居を抜き取るときにも、次の絵が少し見えるように一部だけ見せて途中で止める、ゆっくり抜く、急激な展開に合わせてサッと素早

く抜くなど、緩急をつけると、よりお話が面白くなり、子ども達が引き込まれます。場面に合わせて、上下、左右などに動かすこともできます。

引用文献

・赤沼陽子「2章　こども文化」齋藤政子編著（2017）『安心感と憧れが育つひと・もの・こと―環境との対話から未来の希望へ』明星大学出版部，pp.28-32.

・阿部明子「紙芝居の本質と保育」阿部明子・上地ちづ子・堀尾青史共編（1991）『心をつなぐ紙芝居』童心社，p.33.

・紙芝居文化の会（2017）『紙芝居百科』童心社，p.62，p.75，p.79.

参考文献

・石山幸弘（2008）『紙芝居文化史―資料で読み解く紙芝居の歴史』萌文書林

・紙芝居を作る会・子どもの文化研究所（1978）『手作り紙芝居』童心社

・子どもの文化研究所編（2011）『紙芝居―子ども・文化・保育：心を育てる理論と実演・実作の指導』一声社

・鈴木常勝（2007）『紙芝居がやってきた！』河出書房新社

第11章 言葉を育て楽しさを広げる児童文化財3　エプロンを使ったシアター

保育者の身につけるエプロンから繰り広げられるお話の世界は、子ども達の好奇心を掻き立てます。子どもに出会わせたい美しい言葉を学習（研究）し、子どもの言葉を育て楽しさを広げるエプロンを使ったシアターの魅力について学んでいきましょう。

第１節　エプロンを使ったシアターの成り立ちと保育における役割

1. エプロンを使ったシアターの成り立ち

「エプロンシアター®」*の名称でおなじみの、エプロンを使ったシアターは、舞台に見立てた胸当て式のエプロンに、面ファスナーがつけられた人形をポケットの中から出したり、エプロンにつけたりしながらお話を演じていく児童文化財（保育教材）です。1979（昭和54）年に、中谷真弓が考案し、『幼児と保育』（小学館）で発表されました。エプロンのポケットに入った指人形を即興のお話で見せたことがきっかけとなり、様々な園での実演を重ねながら、背景となるエプロンに人形をつけながらお話を演じていくエプロンシアター®が誕生したのです。以降、保育者の心のこもった手づくりのエプロンから繰り広げられるお話の世界に、多くの子ども達が魅了されてきました。

2. エプロンを使ったシアターの魅力

エプロンを使ったシアターの最大の魅力は、演じ手である保育者が身につけているエプロンが舞台なので、子ども達は保育者の表情を見ながら安心してお話の世界を楽しむことができるところです。演じ手である保育者も子ども達の表情を見ながら演じることができるので、手ごたえを直に感じることができます。エプロンを使ったシアターの楽しさを一度でも味わった子どもは、保育者がエプロンを身につけるだけで、これから始まるお話に期待をもち、ワクワクドキドキを感

＊「エプロンシアター®」は乳幼児教育研究所の中谷真弓氏の登録商標です。中谷氏の作品以外は「エプロンシアター」の名称を使うことはできません。そのため、本書では「エプロンを使ったシアター」という表現を使用します。

じながら保育者の周りに自然と集まってくるでしょう。そして、エプロンの上で繰り広げられるお話の世界を共に喜んだり、驚いたりする友達の存在もとても重要です。隣にいる友達と目を見合わせて共感しながら聞くお話は、子ども達の心を揺さぶり、かけがえのない素敵な時間を共有することになるでしょう。

エプロンを使ったシアターの素材である布やフェルトは、素材のもつ柔らかさやあたたかさから、作り手の愛情をより豊かに感じることができます。ひと針ひと針、ていねいにつくられた作品は、何度も繰り返し演じているうちに、仮に壊れてしまったとしてもすぐに手直しすることができ、長い年月、子ども達と楽しむことができます。また、フェルト素材でつくられた人形は、子ども達が興味や愛着をもちやすく、実際に触れて楽しむことができるので、お話の世界をより豊かに想像することができるところも、エプロンを使ったシアターの魅力の一つといえます。

3. 保育における役割

幼児期には、園生活を通して保育者や友達と一緒に様々な児童文化財にふれながら、お話の世界を想像する楽しさを味わったり、言葉に対する感覚を豊かにしたりする経験が大切です。特に保育の場では、保育者とクラスにいる友達と一緒に様々な内容のお話にふれることができたり、皆で一緒に同じお話の世界を共有したり、家庭では味わうことができない経験ができるよさがあります。こうした心を通わせる経験ができるのは、保育の場における最大の利点といえます。

言葉の領域との関連では、２点の教育的意義があります。

第一に、保育者が演じるシアターのお話を楽しみながら、様々な言葉に親しめるようになります。保育者は子どもに出会わせたい言葉や言い回しを身につけ、美しい言葉を研究する必要があるでしょう。

第二に、子ども達が興味をもって聞き、想像しながら楽しむことで、その後の保育者との会話や子ども同士の会話が弾みます。言葉だけでなくエプロンという舞台で繰り広げられる劇などを見て、言葉でモノや人やストーリーをイメージすることができ、子どもの想像力や言語操作能力を育てることにもつながるでしょう。

第２節　実践事例

1. どんな場所で誰を対象にするのか

エプロンを使ったシアターでは、演じ手がどのような内容（お話、うた、クイズなど）を、どのような場所で、誰を対象に演じたいのかということをまずは考えます。さらに、子どもの年齢や人数、保育室の広さ、どんな場面で演じるのかなども考える必要があります。同じ内容のエプロンを使ったシアターであっても、対象の年齢によって演じ方を工夫すれば、子ども達は十分に楽しむことができます。

2. 年齢や発達状況に合わせる

エプロンを使ったシアターには様々な種類があります。例えば、物語を楽しむもの、演じ手である保育者とのやり取りを楽しむもの、クイズ形式のもの、子どもと一緒に参加して楽しめるもの、伝統的な行事や誕生日などの特別な日に楽しめるものなどがあげられます。演じ手は、対象となる子どもの年齢や発達状況に合わせて演じ方を工夫していきます。

１歳から３歳未満の時期は、言葉のやり取りを通じて身近な人と心を通わせることを楽しむ時期です。身近なもので親しみがもてる素朴なお話やうたに合わせて、ゆったりと楽しめる内容がよいでしょう。演じ手の優しい声を聞きながら、ポケットから飛び出す人形に驚いたり喜んだりして、皆で一緒に楽しい雰囲気を味わい、感じたことや思ったことを言葉にして伝えようとする姿がみられます。

幼児期の子どもは、主人公の気持ちに寄り添って考えたり、自分と主人公を重ねたりしながらお話の世界を楽しむことができるようになります。次はどうなるのかなと予想することを楽しみ、予想通りの展開にほっとして、自慢げに「ほらね。そうなると思ったよね」などと友達とほほえみ合いながら、楽しむ姿もみられます。

3. 指導案の例

ここでは、実践例として「ふしぎなポケット」を紹介します。幼稚園の教育実習で、３歳児クラスでの部分実習を想定した指導案です。

図表 11-1 活動名　エプロンを使ったシアター「ふしぎなポケット」を見る

10月15日 木曜日		3歳児　あおぞら組（在籍　男9名、女8名）	
幼児の姿	・仲のよい友達と一緒のあそびを楽しんだり、覚えたうたを歌ったりすることを楽しむ姿がみられる。 ・絵本やエプロンを使ったシアターなどの児童文化財に興味をもち、少し長いお話も楽しめるようになっている。		
ねらい	・手あそびやエプロンを使ったシアターに興味をもち、友達と一緒に歌う楽しさを味わう。また、友達や保育者と一緒にシアターを楽しみながら、言葉とシアターを手がかりに想像を膨らませたり、歌詞の面白さに気づいたりする。		
内　容	・手あそび「たまごをポン！」を友達と一緒に楽しみながら、卵を使った料理に興味をもつ。エプロンを使ったシアター「ふしぎなポケット」に合わせてうたを歌う。		
時　間	環境・教材	幼児の活動	指導上の援助及び留意点
11：20	ピアノ 実 『ふしぎなポケット』 作詞：まど・みちお 作曲：渡辺茂	・実習生の前に集まって座る。 ・手あそび「たまごをポン！」をする。 ・実習生の問いかけに想像したお菓子の名前を次々に言う。 ・実習生の身につけているエプロンに興味をもって見る。	・実習生の前に集まって座るように言葉かけをする。 ・手あそび「たまごをポン！」をゆっくりと行う。 ・「卵を使った甘くて美味しいお菓子は何でしょう？」と質問をする。 ・子どもの言葉を受け止め、ビスケットが出てきたら、「そうね。ビスケット。みんなは、ビスケット好きかしら？」と興味がもてるような言葉かけをする。 ・「今日のおうたは、『ふしぎなポケット』です」と言い、エプロンを使ったシアターの舞台に、ふしぎなポケットを貼りつける。
11：30		・ポケットの中から、ビスケットが出てくる様子に驚いたり、ふしぎに思ったりする。 ・『ふしぎなポケット』のうたをみんなで一緒に歌う。	・「あら、こんなところにポケットがあるわ。はてなマークがありますね。何でしょう、ちょっとたたいてみましょう」と言って、ポケットを軽くたたいてみせる。 ・ポケットの中から、ビスケットを1枚、取り出して見せる。 ・『ふしぎなポケット』のうたを歌いながら、エプロンを使ったシアターを演じていく。
11：45		・様々な形のビスケットを見て、自分の好きなビスケットを思い思いに話す。	・子ども達の感想を受け止め、共感する。 ・「おなかもすいてきたので、お昼ごはんの準備をしましょう」と言って、昼食の準備をするよう促す。

第３節　つくり方と活用方法

1. オリジナルのエプロンを使ったシアター「野菜の収穫」を作成しよう

1 つくり方

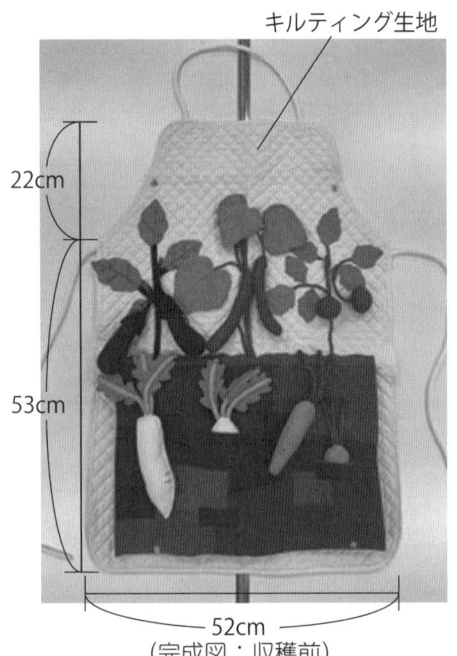

（完成図：収穫前）

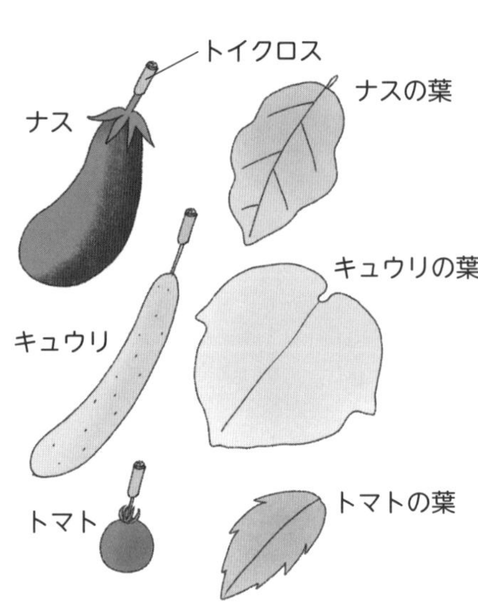

・フェルトでエプロンをつくる
・実は収穫できるようにトイクロスを縫いつけておく
・葉はエプロンに縫いつける

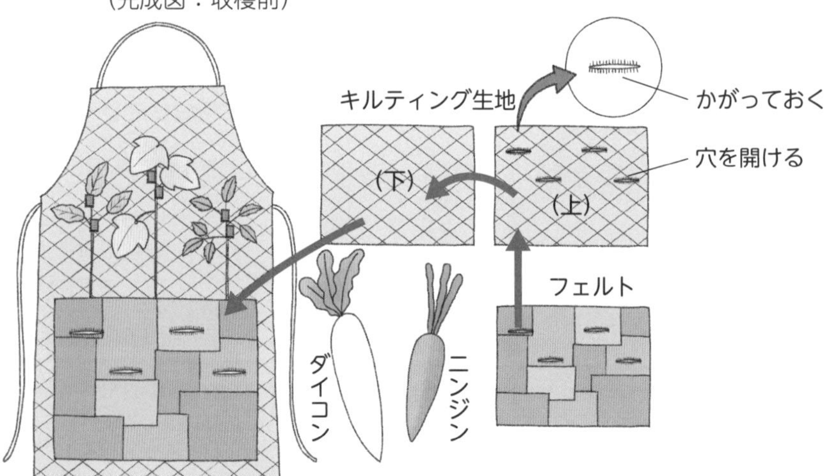

・野菜をつけたいところに面ファスナー（オス）を縫いつけておく

・こげ茶色などのフェルトを（上）のキルティング生地に貼りつける

2 年齢ごとの楽しみ方と活用方法

例えば、低年齢のクラスでは言葉のリズムが楽しい絵本『おやおや、おやさい』（石津ちひろ文・山村浩二絵, 福音館書店, 2010）を読み、エプロンを使ったシアター「野菜の収穫」で、疑似体験を楽しみます。子ども達の野菜の栽培活動への興味や関心がわいてきたところで、野菜の苗を植える栽培活動へとつなげていきます。

年中・年長のクラスでは、身近な野菜をリズミカルで楽しい詩で表現している『やさいたちのうた』（藤富保男詩・谷口康彦絵, 福音館書店, 1987）や、野菜の断面のふしぎな形を楽しむ絵本『やさいのおなか』（きうちかつ作・絵, 福音館書店, 1997）など、野菜に関する魅力的な絵本を導入として活用しましょう。子ども達が興味や関心をもったところで、エプロンを使ったシアター「野菜の収穫」を登場させます。演じ手である保育者が子ども達との会話を楽しみ、トマト、ナス、キュウリ、ダイコン、ニンジンに関する豆知識などを話しながら進めていくやり方もよいでしょう。あるいは、野菜の栽培活動をしている年長児が年下のクラスの子ども達に、今行っている栽培活動についてエプロンを使ったシアターを用いて説明し、収穫の時期が来るまで、野菜の成長を一緒に楽しめるように活用することもできるでしょう。「野菜の収穫」のエプロンを使ったシアターは、目の前にいる子ども達の姿から様々な使用方法が考えられる保育教材です。

また、エプロンを使ったシアターは、子育て支援の場でも有効に活用されています。そのお話の世界を保護者と子どもが共感しながら楽しむことで、親子は自然と笑顔になります。何より、子どもがどんなお話に興味をもって夢中になっているのか、どんなことを楽しいと感じるのか、生き生きとした子どもの表情を見られることは、保護者にとっても幸せな時間となります。

事例 11-1

子育て支援学習会での活用

子育て支援学習会で、栄養学の専門講師が保護者と個別相談を行う場面でのことです。保護者とお話をしている間、一緒にいる子どもが楽しめるようにと、講師は「野菜の収穫」のエプロンを使ったシアターを身につけながら、個別相談をしていました。

「以前は好きだったニンジンを最近食べなくなった」という困りごとをかかえ、相談に来た母親がいました。母親と一緒に来た子どもは、母親と講師が話をしている間、講師が身につけているエプロンを使ったシアターに興味をもち、野菜を抜いたり、入れたり、取ったり、貼ったりしながら、楽しんでいる様子です。

土の中からニンジンを抜いたときに、講師が「これはなに？」と子どもに問いかけると、「ニンジン！」との答えが返ってきました。そこで、「ニンジン好き？」と尋ねてみると、「うん！」とニコニコした顔で頷き、ニンジンを触っていました。

その様子を見ていた母親は、口には出しませんでしたが、「え!?　やっぱりニンジン好きなの？」という表情で目配せして、苦笑いをしていました。

また、別の場面では、キュウリの栽培活動をしたことがない子どもが、エプロンを使ったシアターのキュウリを手に取り、ダイコンが入っていた土の中に埋めました。すると、保育所でキュウリの収穫体験を経験したことのある子どもはその様子を見て、「キュウリはこっちだよ！」と土から引き抜き、葉の近くに貼りつけて教えていました。

2.「おはなしポケット」を作成しよう

「おはなしポケット」は、以下の７つのマスコットを使用した筆者のオリジナルのお話です。例えば、「あおむしさん」が自分のおうちを探しに旅に出たり、小鳥さんとお話したりと、オリジナルのお話をつくることもできます。

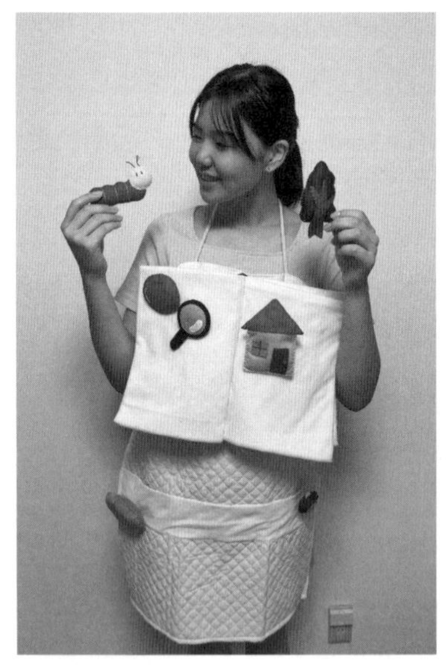

第4節　実践してみよう

1. エプロンを使ったシアター「野菜の収穫」を演じてみよう

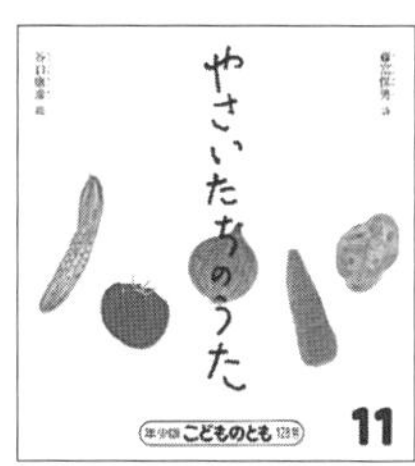

『やさいたちのうた』藤富保男詩・谷口康彦絵, 福音館書店, 1987. 版元品切中

以下の２つをねらいとして、子ども達の前で演じてみましょう。

・エプロンを使ったシアターを通して、身近な野菜に興味や関心をもつ。
・「野菜の収穫」の疑似体験を通して、身近な野菜がどのように育っているか知る。

①導入として『やさいたちのうた』（藤富保男詩・谷口康彦絵, 福音館書店, 1987）を読む。「いろいろな野菜がありましたね。みんながいつも食べているお料理のなかにもたくさんの野菜が入っていますね。どんな野菜があるかしら？」と子ども達に問いかける。思い思いに感じたことを話す子どもの言葉を受け止める。

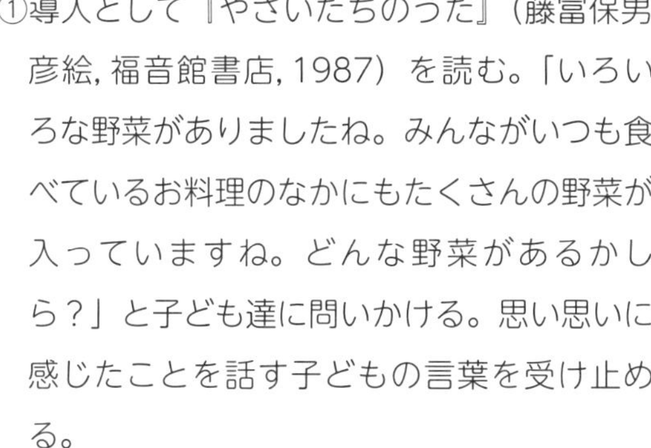

②エプロンを使ったシアター「野菜の収穫」を身につける。
「今日は、みんなと一緒にここにある野菜の収穫をしてみましょう。何の野菜があるかわかるかしら？」

③子ども達の反応に合わせながら、「そうね。トマト、ナス、キュウリ、ダイコン、ニンジンがありますね」と言う。（一つひとつ指さしながら）

④「それでは、さっそく、野菜の収穫をしましょう。どの野菜から収穫しようかしら？」と言って、子ども達に問いかける。「では、キュウリにしましょう。キュウリの収穫をしてみたい人はいますか？」と言い、手を挙げ

た２人の子どもが１本ずつ収穫する。（ほかの野菜も同様に進めていく）

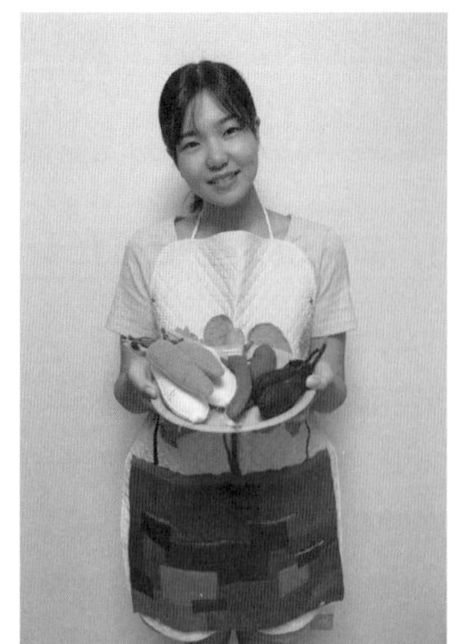

⑤すべての野菜の収穫が終わったところで、「あら？　ふしぎねぇ」と言って、首をかしげるしぐさをする。「どうして、土の上にある野菜と、土の中にある野菜があるのかしら？　同じ野菜なのに、ふしぎですね。みんなはこのほかにも知っている野菜はありますか？」と子ども達に問いかけ、子どもの言葉を受け止める。

⑥「ここにあるキュウリやトマト、ナスは、実を食べる食べ物なの。そして、ニンジンやダイコンは、根を食べる野菜なんです。みんながふだん食べている野菜は、土の上で育つ野菜なのか、土の中で育つ野菜なのか、今度調べてみましょうね」と子どもが興味をもてるような言葉かけをして、エプロンを使ったシアターを終える。

引用文献

・中谷真弓（1985）『幼児と保育 BOOKS ② 子どもと楽しむエプロンシアター』小学館

参考文献

・小林由利子（2012）『保育に役立つ ストーリーエプロン』萌文書林

・中谷真弓（2011）『作って！演じて！楽しいエプロンシアター 3』メイト

・中谷真弓（2010）『中谷真弓のエプロンシアター！②』チャイルド本社

・乳幼児教育研究所　http://www.nyuyoken.com

第12章 言葉を育て楽しさを広げる児童文化財4　パネルシアター

パネルシアターは、「動く紙芝居」と表現されることもある日本発祥の児童文化財です。ふわふわと柔らかい毛羽立ちのよい不織布が貼られているボード（パネル板）に、少し厚みのある不織布に絵を描いたもの（絵人形）を、演じ手がボードの横に立ち、貼ったりはがしたりしながら演じていきます。

第1節　パネルシアターの成り立ちと保育における役割

1. パネルシアターの成り立ち

パネルシアターは、東京都墨田区の住職である古宇田亮順によって考案されました。古宇田は、学生時代より人形劇や紙芝居など多くの児童文化にふれ、子どもと触れ合うなかで、子どもとコミュニケーションをとりながら進められるフランネルグラフという貼り絵式の絵ばなしに興味をもち続けていました。しかし、フランネルグラフは、片面に絵を描き、その裏にフランネルを貼りつけるというものでした。それに不自由さを感じていた古宇田は、表にも裏にも絵が描けて、貼りつけることができる素材を探し始めます。その後、様々な素材から特殊加工された不織布（Ｐペーパー：147 ページ脚注参照）を発見し、それにより新しい手法や作品が次々と生まれました。1973（昭和 48）年、古宇田はこれを「パネルシアター」と名づけました。

2. 保育の現場とパネルシアター

パネルシアターは、小さな舞台を観劇するようなシアタースタイルの児童文化財です。保育の現場では、主に誕生会や季節の行事、イベントの出し物として用いられ、年齢を超えて多人数で楽しむ場面が多いといえます。このように年齢を超えて楽しむことができるのは、後述するパネルシアターの持つ様々な要素や特性によるものです。

保育の現場で日常的に手軽に取り入れることができる絵本や紙芝居と比べ、パネルシアターは、演じる練習や舞台のセッティングなどの準備が必要となります。しかし、普段使いではなく、特別なときに観ることができるものだからこそのワクワク感が、子ども達に生まれます。

第２節　言葉の育ちを引き出す　パネルシアターの特性

1. 様々な表現方法をもち合わせた児童文化財

パネルシアターは、素材の面白さ、絵人形やしかけ、演じ手の表情やジェスチャーなど視覚に訴えかけるもの、うたやリズム、言葉かけなど聴覚へ訴えかけるものなど、様々な表現方法をもち合わせた児童文化財であるといえます。様々な表現が、お話の世界と相まって子ども達の感情を揺さぶります。驚きや楽しさなどの心の動きは、子ども達の「この気持ちを伝えたい」という思いを生み、そしてその思いは言葉の育ちの原動力となっていきます。

1　子ども達をお話の世界にいざなう演じ手の存在

パネルシアターでは、絵人形と同じくらい演じ手の存在が重要です。いわば、そのお話の登場人物の１人です。演じ手はパネル板の横に立ち、子ども達からよく見える位置で演じます。絵人形だけでは表現できない部分は、演じ手が言葉やジェスチャーなど体全体を使って補いながら、子ども達をお話の世界へと引き込み、現実とお話の世界の橋渡しをするのです。子ども達がお話の登場人物の体験を共有することにより、子ども達の世界や言葉でのやり取りがよりいっそう豊かになります。

2　子どもの想像力を広げるシンプルな舞台

パネルシアターの舞台は、白や黒のボード１枚のとてもシンプルなもので、何にでも見立てられるようになっています。演じ手の言葉かけ次第で子ども達の想像力が引き出され、様々な場面を表現することができるのです。例えば、木の絵人形をパネル板に１つ貼り、「ここは森です」と言葉かけするだけで、子ども達は白いボードがたちまち森に見えてくるでしょう。シンプルな舞台であるからこそ、子ども達の想像力は自由に広がっていき、そしてその面白さや気づきを伝えようと、子ども達の言葉のやり取りも活発になっていきます。舞台は２種類あり、特徴は以下の通りです。

①ホワイトパネルシアター

白いパネル布を貼ったパネル板を用いるパネルシアターです。通常、「パネルシアター」というとホワイトパネルシアターのことを指します。演じ手と子どもとの言葉のやり取りがしやすいことが特徴です。

②ブラックパネルシアター

黒いパネル布を貼ったパネル板を用いるパネルシアターです。絵人形も蛍光絵の具で彩色します。会場の照明は暗くし、パネル板をブラックライトで照らすことで、絵人形がライトで光り、幻想的な世界が広がります。七夕やハロウィン、クリスマスなどのイベント・行事などでは、ブラックパネルシアターの作品が特に効果的に用いられます。

2. 表現方法を広げる素材としかけ

1 お話の表現の幅を広げる素材の魅力

パネルシアターの表現の幅を広げているのは、絵人形を貼ったりはがしたりすることが容易であり、表も裏も貼りつけできることにあります。

パネルシアターの貼りつく力はその素材に特徴があり、毛羽立ちのよい不織布（パネル布：日本不織布 3150 番）を貼ったボードに、張りがあり少し厚みのある不織布（Ｐペーパー：MBS テック 130 番、180 番）に絵を描いた絵人形を貼ることで、お互いの素材の摩擦でくっつきます。この特性を活かし、後述する様々なしかけを用いることで、お話の世界に彩りを加え、子ども達をお話の世界へいざないます。

2 お話を彩る様々なしかけ

パネルシアターには様々なしかけがあります。しかけにより、画面に動きが生まれ、より視覚的に理解しやすく、子ども達をお話の世界へ引き込む表現となります。

①裏返し

Ｐペーパーの表も裏も貼りつけできる特性を活かしたしかけです。例えば、表側は右を向いている絵、裏側は左を向いている絵にすることで、絵人形がどちらを向いているかを表現したり、表にたまご、裏にヒヨコなど全く違う絵を描くことで、絵人形が変身したようにみせるなど様々な表現ができます。

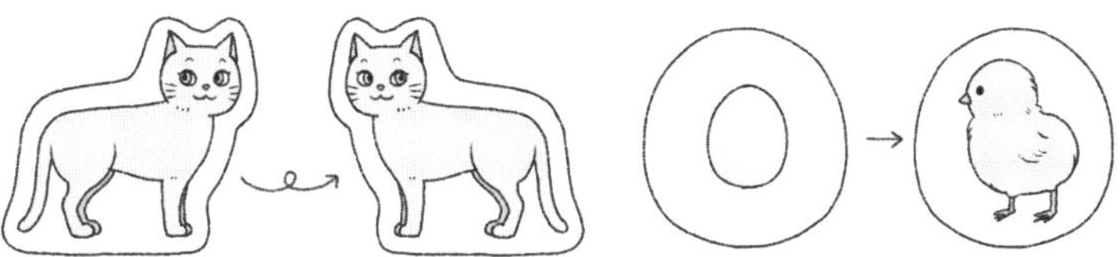

②重ね貼り

絵人形の上にさらに重ねて絵人形を貼るしかけです。絵人形に帽子をかぶせたり、目の表情を変えるなど様々な方法があります。Pペーパー同士はくっつかないため、重ねて貼る側の絵人形の裏にパネル布を貼ることで、重ねることができます。

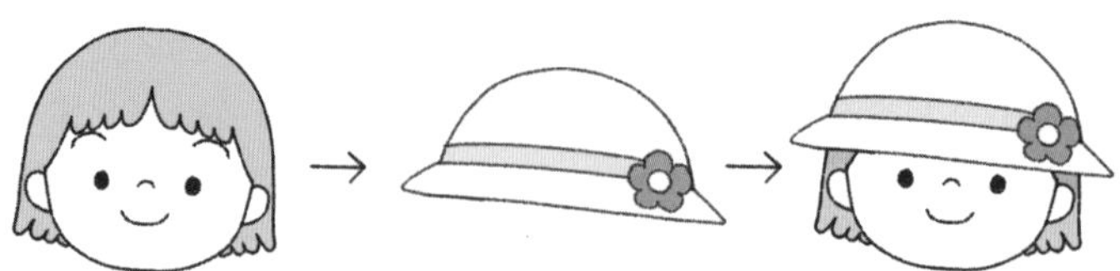

③重ねずらし

手に収まる同じサイズの絵人形を数枚手に持ち、パネル板の上で手を滑らせると、滑らせたところにサーッと絵人形が貼られ、手品のようにみえる効果が得られるしかけです。少し練習が必要ですが、コツをつかめば上手にできるようになります。

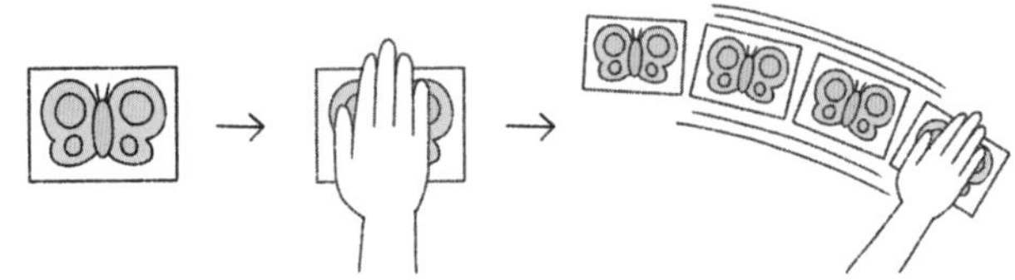

④ポケット

絵人形の表側や裏側に、Pペーパーをポケット状に貼りつけるしかけです。ポケットにほかの絵人形をしのばせておき、好きなタイミングで取り出すことができます。

⑤切り込み

絵人形にカッターなどで切り込みを入れるしかけです。例えば、絵人形の口の部分に切り込みを入れ、その切り込みにキャンディの絵人形を挟むと、キャンディを食べているような表現ができます。

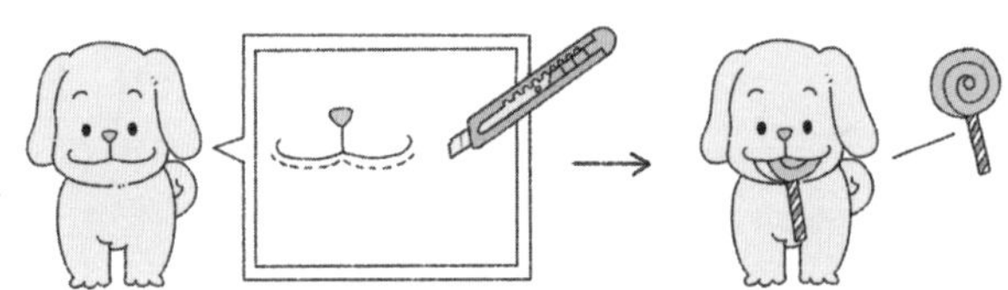

⑥糸どめ

絵人形同士を針と糸で玉止めするしかけです。玉止めが関節のような役割を果たします。例えば、首が揺れる動きや手足を曲げ伸ばしする動きなどを表現できます。

⑦糸引き

絵人形に糸をつけて引っ張るしかけです。例えば、ロケットを飛ばすような表現や、煙が立ち上っていくという表現ができます。

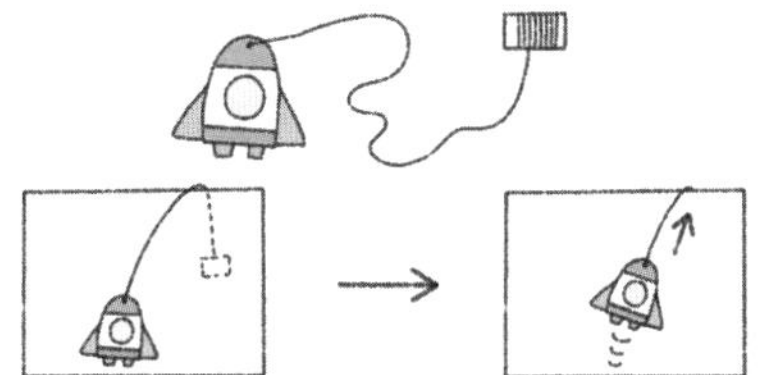

第３節　教材のつくり方

1. 絵人形をつくる

1 作品を選ぶ

パネルシアター書籍には、演じ方とともに下絵が載っています。たくさんの本が出版されていますので、大型の書店や図書館などを探して、どの作品をつくるか選んでみましょう。選び方のポイントは第４節で後述します。

2 材料を用意する

絵人形は以下のような材料を用いてつくります。

- Ｐペーパー[1)]
- パネル布
- 絵の具、マーカーなど彩色するもの
- 油性マジック
- ボンドまたは両面テープ（強粘着タイプ）

1）Ｐペーパーには２つのサイズと厚さがあるので用途によって使い分ける。
①Ｌサイズ：厚口（27㎝×39㎝）主に絵人形をつくるときに使用。
②Ｓサイズ：標準（26㎝×36㎝）Ｌサイズより薄くて小さい。主に絵人形のしかけ（ポケット等）をつくるときに使用。
Ｐペーパーやパネル布は、大型書店のパネルシアター書籍、保育関連書籍売り場やネット通販でも購入できる。

・ハサミ、カッター
・縫い針、木綿糸

3 人形のつくり方

①下絵を写す

作品が決まったら、下絵をPペーパーに写します。使うボードのサイズにより作品の大きさも変わってきますので、まず、ボードの大きさと絵人形のサイズを確認します。そして、下絵を拡大・縮小コピーし、ボードに対して適切な大きさにしましょう。

下絵が写しにくいときは、ライトボックスを使用したり、昼間の窓ガラス越しに写したりするとよいでしょう。

②彩色する

下絵を写したら絵の具やマーカー等で彩色をしましょう。子どもの見やすさの観点から、はっきりとしていて鮮やかな色で塗るとよいでしょう。色を塗ったらよく乾かしてください。

③ペンで絵を縁取る

絵人形に色を塗り、乾かしたら、下絵から写した線を黒い油性ペンで縁取ります。絵人形の一番外側の縁取りは、内側の線よりも太くすることをおすすめします。これにより、子ども達が遠目に絵人形を見ても境がはっきりとして見やすくなります。

④切り取る

ペンで縁取りをしたら、縁取った線をハサミで切り取ります。縁取りが細かい部分や、絵人形を扱うときにすぐ折れてしまいそうな部分は、少し余白を残して切り取ると扱いやすくなります。

2. パネルシアターの舞台（パネル板）をつくる

1 パネル板の大きさ

市販されているパネル板の大きさは、標準サイズが約80㎝×110㎝で、持ち運びのしやすさから二つ折りになっているものが主流です。このサイズを基準にしてパネルシアター書籍の下絵などは印刷されています。

保育室など1クラス程度の子ども達に対して演じる場合は、標準サイズの半分の大きさ（約55㎝×80㎝）の「中パネル板」を使用してもよいでしょう。

2 パネル板の材料

標準サイズのパネル板は以下のような材料を用いてつくります。

・のり付きスチレンボード（55㎝×40㎝を2枚）

片面が粘着面になっているスチレンボード（ポスターなどを貼る展示用途のもの）で、耐久性の観点から厚さは7㎜以上のものをおすすめします（中パネル板なら5㎜以上）。ベニヤ板、ダンボール等でも作成できます。

・パネル布（100㎝×120㎝くらい）

パネル布は表面が起毛している布地（フランネルなど）でも代用できます。

・布ガムテープ

3 パネル板のつくり方

①粘着面（パネル布を貼る面）を内側にして、2枚のスチレンボードの片側の長辺を布ガムテープで貼り合わせます。

②ボードを開き、粘着面を上にします。パネル布をボードの上に置き、粘着面の剥離紙（はくりし）を少しずつはがしながら、パネル布がしわにならないように貼っていきます。

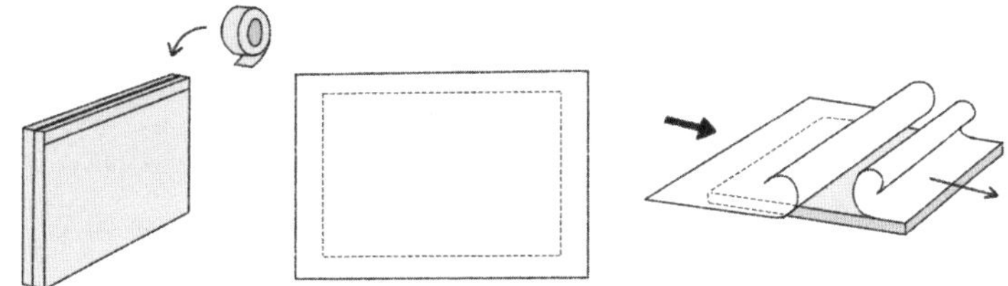

※のりなしのスチレンボード、ダンボール等を用いる場合は、②の工程は省きます。

③パネル布が下になるようにボードを開いて置き、パネル布に図のように切り込みを入れます。

④パネル布を図のように布ガムテープでとめます。

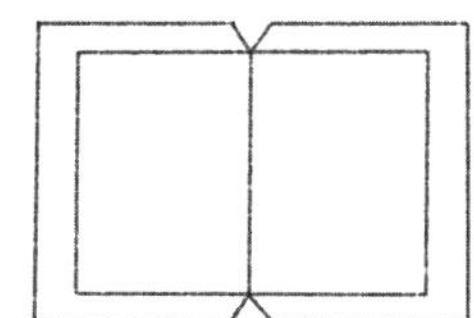

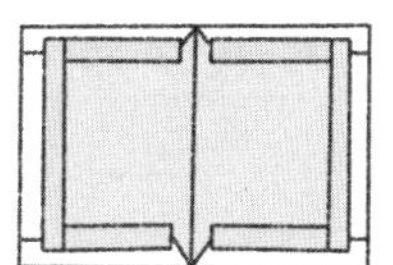

3. パネルシアターの台（イーゼル、スタンド）を設置する

パネル板は垂直に立てると絵人形が落ちやすくなるので、少し傾斜をつけて設置します。設置には市販のパネルシアタースタンドを使用します。

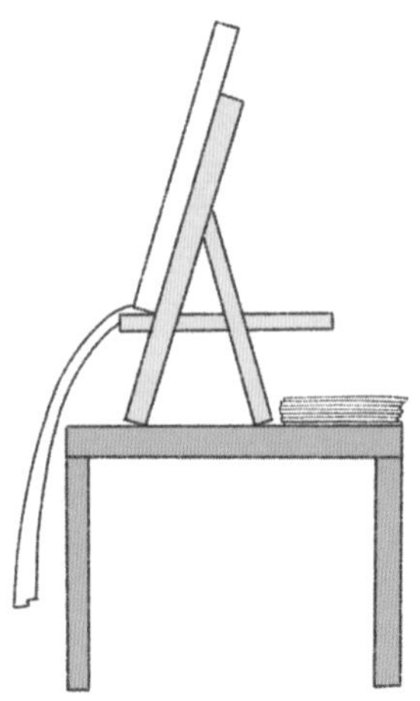

第４節　実践してみよう

1. 環境設定と演じ方の基本

パネルシアターを演じるときの環境設定として、保育室やホールにパネルシアターの舞台を設置する際、背景にカーテンをつけるなど、パネルシアター以外の余計なものが子ども達の視界に入らないように配慮しましょう。また、パネルシアターの舞台の高さと、子ども達の目線の高さ（床座りなのか、いすなのか等）に配慮しましょう。

演じるときは、利き手側にパネル板がくるように横に立ちます。そして、利き手で絵人形を貼ります。演じるときに自分の体でパネル板が隠れてしまわないよう気をつけましょう。また、子ども達が聞き取りやすいよう、声の大きさ、速さ、抑揚も意識するとよいでしょう。

2. 演じる作品の選び方

作品の選び方の基本として、年齢や発達段階を考慮しながら、題材に季節感のあるもの、子ども達の興味関心のあるものなどを選び、加えて保育活動の導入、

誕生会の出し物など、場面や用途によって作品を選びます。パネルシアターには、お話、うた、クイズなど様々なジャンルの作品があります。同じ作品であっても、画面構成、演じ方、言葉かけの変化によって年齢や発達段階の違う子ども達も楽しむことができます。乳児と幼児を対象とした作品選びのポイントは、以下を参考にしてください。

(1) 乳児を対象とした作品選びのポイント

・作品1つの長さが比較的短いもの（～3分程度）
・動物や食べ物など、子ども達になじみのあるものが登場するもの
・繰り返しの多い内容であり、見通しをもちやすいもの
・絵人形の数が少ないなど、画面構成がシンプルなもの

(2) 幼児を対象とした作品選びのポイント

・クイズや手あそび、うたなど子ども達が参加できる要素が入っているもの
・お話など、ストーリー性のあるもの
・ブラックパネルシアターの作品（例えば、夜空の星やトナカイが引くサンタクロースのそりなどを蛍光絵の具で塗り、部屋を暗くしてブラックライトで照らすと鮮やかに浮かび上がります）

3. 言葉をはぐくむことを意識したパネルシアターの演じ方

1 子ども達の反応や保育の流れをイメージする

①お話の流れや子ども達の反応をイメージする

本にある演じ方通りにセリフを覚える必要はありません。子ども達は思わぬところで言葉や反応を返してきます。それらに柔軟に対応できるよう、お話の構成や流れをおおまかに掴み、自分が子ども達の前で演じているイメージをもちながら練習しましょう。

②保育の流れのなかで演じるイメージをもつ

保育のなかでパネルシアターを演じる場面とは、行事のなかであったり、おむかえまでのちょっとした時間だったりと様々です。パネルシアターを練習し、演じるときには、お話を演じる練習だけでなく、保育の流れのなかでパネルシアターをどのように始めるか、そして終わった後、どのように子ども達に言葉をかけ、次の活動につなげていくのかを意識しましょう。

2 失敗を含め、保育者自身が子ども達とともに楽しむ

演じているときに、「失敗してしまった！」という場面に遭遇するかもしれません。そのようなときは、動揺せずにパネル板の裏にある絵人形をそっと覗い

て、次の展開を確認しながら、何食わぬ顔で流れを切らさないように先に進めましょう。何より、失敗すると子どもがゲラゲラとよく笑います。これは、失敗したことを笑っているのではなく、ちょっとした予想外の出来事が面白くて笑っているのです。失敗も一緒に笑い飛ばして、子ども達と言葉のやり取りを楽しみましょう。

大好きな先生が楽しそうにパネルシアターを演じることは、子ども達が安心してパネルシアターを楽しむための大切な要素の一つです。自分自身も演じることを楽しみ、そして子ども達と一緒に楽しいお話の世界をつくり上げましょう。

3 演じ方のポイント

①乳児の演じ方のポイント

突然大きな声を出したり、大音量で音楽を流したり、驚かせるようなことはせず、ゆったりとした語りかけで、言葉を短めにわかりやすく演じましょう。乳児の場合、集中してパネルシアターを観ていても、演じ手の言葉かけに対して反応がないように感じるかもしれません。しかし、子ども達はしっかり演じ手の言葉かけを受け止めています。演じ方としては、子ども達から反応が返ってきたつもりで、「そうだね、○○だね」などと笑顔で子ども達に語りかけてください。また、パネルシアターの舞台に多くの絵人形は貼らず、今見てほしい絵人形に指さしをするなど、視線が絵人形に集中するように工夫しましょう。

②幼児の演じ方のポイント

保育者がパネルシアターの舞台を準備しているだけでも、幼児はこれから何が始まるのかワクワクし、「ねえねえ、何するの？」などと声をかけてきます。そこからお話の世界が始まっていきます。言葉のやり取りを楽しみながら、子ども達の期待感を高めていきましょう。

さらに、作中に子ども達が一緒に参加できる場面を取り入れると、よりお話の世界に引き込むことができます。例えば、「おおきなかぶ」では、一緒に「うんとこしょ、どっこいしょ」と、かぶを引っ張る真似をしてみましょう。

また、クイズなどの正解を求めるような作品では、最終的に子ども達が正解を言い当てられるように、ヒントの出し方や絵人形の見せ方を工夫しましょう。

参考文献

・阿部恵（1988）『保育指導資料４　たのしく遊ぼうパネルシアター――つくり方からたのしい作品まで、アイディアいっぱい』明治図書出版
・道灌山学園創造教育研究会（1982）『幼児と保育文庫 19　パネルシアター――とびだせ歌とお話』小学館
・古宇田亮順・阿部恵（1983）『こうざパネルシアター――初歩から応用まで』東洋文化出版
・古宇田亮順・藤田佳子・松家まきこ（2009）『実習に役立つパネルシアターハンドブック』萌文書林

第13章 言葉を育て楽しさを広げる児童文化財5 ペープサート・人形劇

ペープサートや人形劇は保育のなかで手軽に活用することができます。これらを使用することで、自然に言葉が出たり会話が広がったりすることが多くあります。この章では、ペープサートと人形劇の歴史にふれ、保育現場での活用方法を学びましょう。そして、実際に保育現場で使用できる簡単な人形をつくってみましょう。

第1節 ペープサートの成り立ちと保育における活用方法

1. ペープサートの歴史―『ペープサート脚本集 新しい「紙人形劇」教材』（永柴, 1973）より

ペープサートは「Paper Puppet Theater」からつくられた日本語であり、「紙の人形の劇場」を指します。1801～1804年頃、江戸で亀屋都楽という人が「写し絵」、またの名を「影芝居」という動く幻灯（げんとう）を見世物として興行し、人気を呼んでいました。明治中期になると、「影絵のたわむれ」という竹串のついた紙人形を操作するシルエットパペットの形態に、「写し絵」の原理を加えた新しい紙人形の芝居が発明されました。2枚の異なった絵姿を厚紙に描いて、表裏2面に張り合わせ、中心部分に竹串を入れ、これを取っ手とし、うちわのような形のもの数個を1人で舞台に操り、時代物や世話物、怪談などの劇を演出したのでした。

これが縁日などの小屋がけの見世物になり、演出者の見世物師たちが、街頭（町角や路地裏など）に進出し、町で遊ぶ子どもを相手に飴（あめ）を売り、毎日連続した作品を見せていたのです。当時は、怪談ややくざ物などが多く、演出話術もごく低俗な巻き舌の口調でした。時代が進むなかで現今の街頭紙芝居へと変化していきます。

大正の末頃、「紙芝居」という名称が誕生しました。昭和の初期に入ると業者が激増し、「写し絵」「影芝居」は子ども達の前から姿を消しました。当時、この2つの姿の紙芝居を区別するために、紙人形タイプのものを「立絵」といい、絵話タイプのものを「平絵」といいました。こうした流れのなかから、新しい児童文化財として、ペープサートという紙人形が生まれたのです（永柴, 1973）。

2. 保育における活用方法

ペープサートは、保育の様々な場面で活用することができます。動物や子どものペープサートが手を挙げたり座ったりする様子を子どもに見せることで、生活習慣を伝えたり、ちょっとした時間のお楽しみとして、うたの歌詞に合わせたペープサートを使用することで子ども達の気持ちを保育者に向けることができます。子ども達全員がそろうまでの待ち時間にも有効です。人形を介することで、保育者と子どもとの距離が縮まることもあるでしょう。園の先生が協力して少し長い物語のペープサートをつくり、誕生会等のお楽しみとして演じたりすることもできます。このような大作は園の財産として台本とともに残しておくと、何度も使用することができ、さらにしっかりと頑丈につくっておくと、長い期間使用することもできます。この後の実践編を参考に、ぜひ制作してみてください。

第２節　人形劇の成り立ちと保育における活用方法

1. 人形劇の歴史
―『日本の人形劇―1867-2007』（加藤, 2007）より

第１節であげたペープサートの歴史をみると、人形劇の大きな枠組みのなかに、ペープサートも含まれていることがわかります。加藤は、『日本の人形劇―1867-2007』のなかで人形劇の歴史を次のように記しています。日本の人形劇は、江戸時代に全盛期を迎えた人形浄瑠璃（にんぎょうじょうるり）に始まります。明治期になると、人形芝居の「座」が各地で誕生します。江戸・東京にはその芝居を見るための寄席が 100 を超えていたといわれています。同じ頃、西洋から人形芝居が初めて来日し、東京で興行を行います。明治後期には、子ども向きの演目がつくられ、当時イギリス人から受け継いだ演目のほか、「桃太郎」や「雀のお宿」などが上演されていました。教育との関連では、東京女子高等師範学校（現・お茶の水女子大学）附属幼稚園で園長を務めていた倉橋惣三が、「お茶の水人形座」の名で園児達に人形芝居を自ら演じたといわれています。倉橋惣三は園の保育者とともに脚本集を出版し、次いで出版社から舞台、人形、脚本のセットが売り出されました。この人形劇用具の宣伝にあたっては、「型にはまった幼稚園を、真に子どもの世界らしい幼稚園にする為に」がうたい文句とされ、この教育観の根底には、

倉橋惣三の「皆で一緒に舞台を見る楽しさを子ども達とわかち合いたい」という願いと「小さなものの動きに特に惹かれ夢中になる子ども心」への熱い共感がありました。この２つの視点は、子どもの人形劇を考えるときに特に重要とされています（加藤, 2007)。

2. 保育における活用方法

人形には「doll（ドール)」「puppet（パペット)」「guignol（ギニョール)」の３種類があります。ドールは動かして使用することのない鑑賞用のものを指し、パペットは動かして遊ぶものを指します。ギニョールはもともと、人形師のローラン・ムルゲが考案した３本指で操る指人形を指していましたが、今では操り指人形の総称となっています。ここでは、主に保育で活用する場面の多い様々なパペットやギニョールについて説明していきます。

子ども達が人形を使って遊んでいるシーンをイメージしてみましょう。小さい人形を赤ちゃんに見立てて家族ごっこをしたり、おんぶしたりベビーカーに乗せてお散歩している姿を思い浮かべるのではないでしょうか。なかには自分自身がそうやって遊んでいたという記憶がある人もいるかもしれませんね。お母さんや先生の口調を真似て会話をしたり、友達とイメージを共有して遊んだりすることで、言葉の発達や相手の言葉を聞くことにつながっていきます。

人形（パペット、ギニョール）もペープサートと同様、保育の様々な場面で活用することができます。保育者と人形が会話をしているような様子をみせると、視覚的な効果もあり子どもが集中することがあります。子どもは人形を友達や仲間と認識することもあるので、例えば、動物や子どもの好きなキャラクターのパペットやギニョールを用意しておき、出欠確認の相棒にすることで、いつもは返事ができない子どもが「はい」と返事をしたこともありました。保育者と子どもという２者の関係から、人形により３者の関係になったことで緊張がほぐれたのでしょう。実習生が子ども達の前で手づくり人形を出し、会話をしているかのように自己紹介をしたときには、あっという間にその人形と実習生が子ども達の人気者になりました。実習生も子どもの前で話をするのは緊張しますね。そのようなとき、ペープサートや人形になりきることで緊張が和らいだり、人形と実習生が会話をすることで子どもにも伝わりやすく楽しむことができたりします。トイレに行く際に、人形を先頭にして向かうことでちょっぴり楽しくなったり、気持ちが向かない子どもでも「クマちゃんと一緒なら…」と思えたりするものです。

第３節　保育のなかのペープサート・人形劇

保育のなかにペープサートや人形があると、子どもの視覚に訴えられるという説明をしてきました。それが保育者や実習生が自分で制作したものであればなおさらです。どんなに不器用でも、一生懸命制作したものには愛着がわきます。保育者の手づくり作品を見て、「自分もつくりたい」という子どもも出てくることでしょう。そんなときのためにも、基礎的なペープサートや人形のつくり方を学び、実際につくってみましょう。

1. 教材のつくり方

1　ペープサートのつくり方

①ペープサートの種類

ペープサートの人形にはいくつかの種類があります。

・基本人形：表と裏の絵が対称になっているもの。人形の向きが正面と後ろ姿になっている、同じウサギが右向き、左向きになっているなど。

・活動人形：表と裏の絵が異なっているもの。表がオタマジャクシ、裏がカエルなど。

・活動景画：動く背景を表したもの。表は野原、裏は野原に花が咲いた様子を描き、季節の変化を表すなど。

・景画：風景や背景を描いたもの。森、町など。

②ペープサートのつくり方

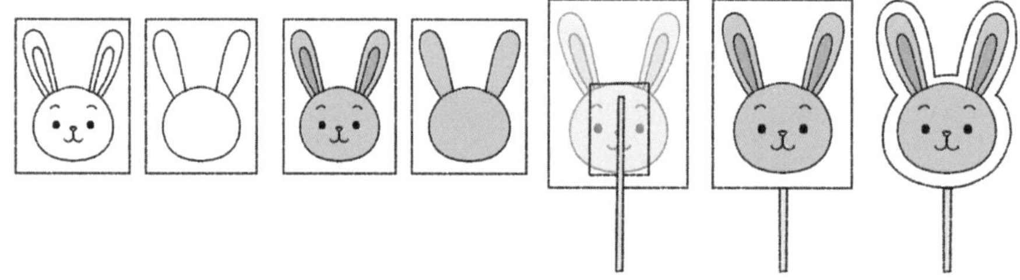

①サイズを合わせて表と裏の絵を描き、色を塗ります。色はしっかりと塗り、アウトラインを太いペン等ではっきり描いておくと見やすいです。

②間に棒を挟み込みます。安定させたいときは平棒、クルクル回したいときは丸棒を使いましょう。棒はガムテープ等でしっかり貼っておきます。

③絵を貼り合わせます。端までしっかり貼りましょう。

2 ペープサート舞台のつくり方

ペープサートは、１つ２つなら保育者が手に持って演じることができますが、複数になると手で持つのは難しいことがあります。そのようなときのために、簡単につくれる舞台を用意しておくと便利です。

①段ボールの舞台

段ボールの段々の部分に棒をさし込む方法です。段ボール箱の３面を残し切ります。中に段ボールの板を５、６枚貼り合わせたものを入れ、貼りつけます。段ボールの外側には色画用紙等を貼り、舞台にします。少し人数が多くても楽しむことができる舞台です。

＜段ボール舞台＞

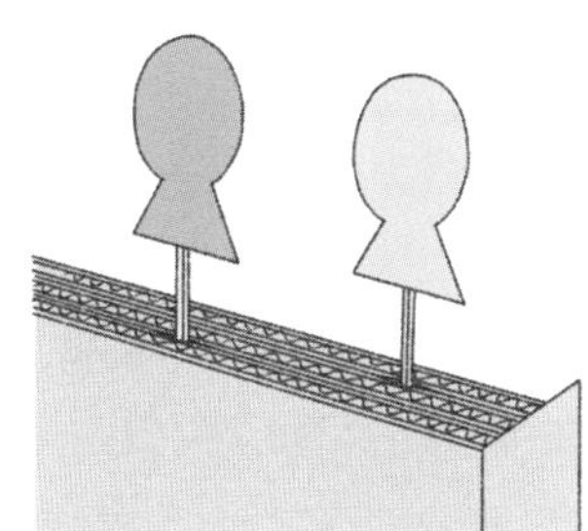

＜段ボールに棒をさす＞

②箱や粘土を活用した舞台

箱の中に油粘土を入れたカップ等を用意しておき、その中に棒をさし込む方法です。ティッシュペーパーやお菓子の空き箱など、身近なものを活用することができます。油粘土は穴を再度ふさぐことができるので、何度でも使用できます。また、子ども達が自分でつくったペープサートを演じる際にも使用することができます。この場合も、箱の周りに色画用紙を貼っておくとよいですね。

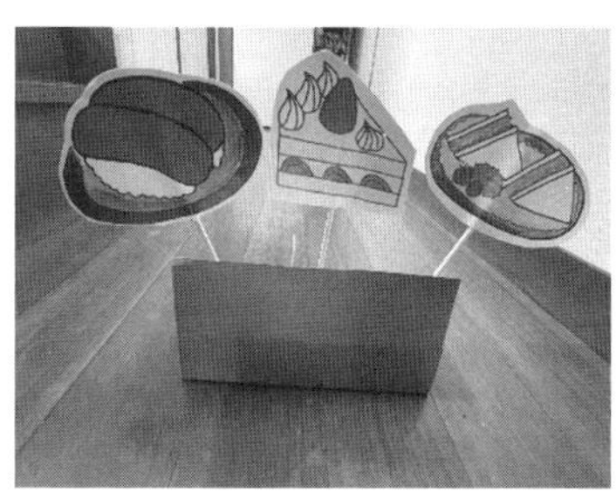

写真 13-1 ティッシュの箱の中にプリンカップ（油粘土入り）

③発泡スチロールを使用した舞台

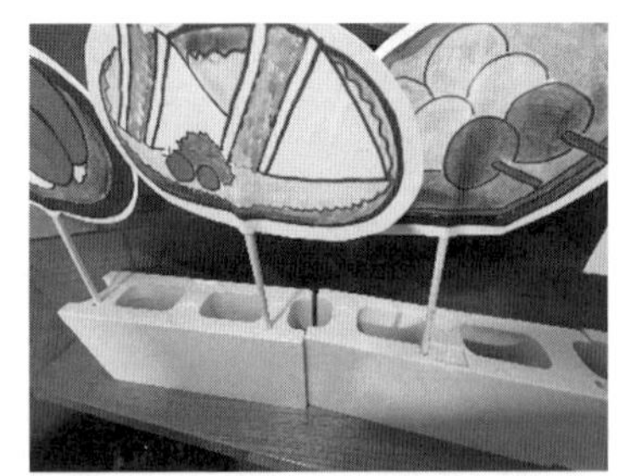
写真 13-2 発泡スチロールに穴をあけた舞台

発泡スチロールに穴をあけておき、そこに棒をさし込みます。最近は簡単に手に入る便利グッズも増えています。それらを活用するのもよいでしょう。

3 簡単な人形のつくり方

人形をつくりましょう！　というと、大変そう…と思った方も多いことでしょう。布を切ったり縫ったりすると思うと、なかなか取り組むのが大変そうですね。確かに、本格的な人形劇の人形を保育者がつくるのは難しいかもしれません。

パペットには様々な種類があります。第４節でも紹介していきますが、封筒や空き箱に、画用紙の端切れやシールを利用してつくった目や耳を貼って、顔にしただけでも人形になり得るのです。牛乳パックの底の部分を口に見立て、様々な動物にしたり、靴下やミトン（鍋つかみ）に目をつけたりすると、パクパクと口を開く人形のできあがりです。初対面の子どもと握手をしたり、その手を離さなかったりとコミュニケーションをとることもできるのです。また、軍手や手袋を使った人形をつくっておくと、手あそびやうたあそび、お話を演じることもできますね。どのようなものを利用して、どのようなものができるのかは、皆さんのアイディア次第です！

第４節　実践してみよう

1. ペープサートの実践例

1 ペープサート「風船」

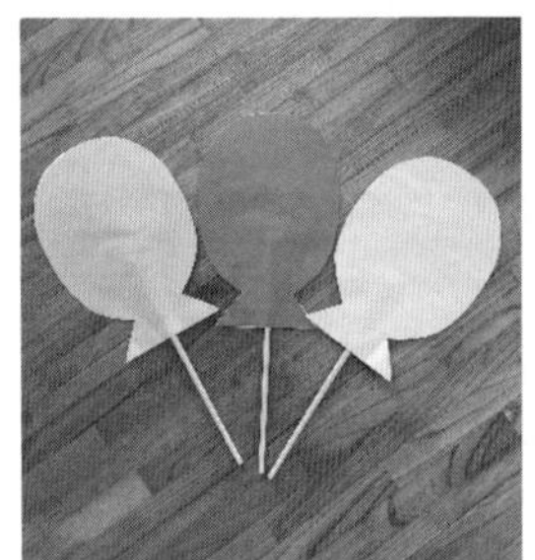

写真 13-3 風船ペープサート表面と裏面

表面をカラフルな風船に、裏面には花や動物、果物、食べ物など、子ども達が好きなものを描いてつくってみましょう。つくった風船の型を残しておくと、つくり足すときに同じ風船の形でつくることができます。

　皆さんもよく知っているうた『ふうせん』に合わせて遊んでみましょう。うたに合わせて色面のペープサートを揺らします。「ふわっふわ～」の歌詞の後で、裏面が子ども達に見えるようペープサートをクルクル回します。すると、子ども達から「チューリップ！」などの声が聞こえてくるでしょう。最後に、歌詞に合わせてチューリップを見せます。保育者と子どもで会話をしながらうたが進んでいくので、実習生も取り組みやすいですね。また、うたを使わず、クイズとして「黄色い風船が飛んできたよ。裏はな～んだ？」と楽しむこともできます。

ふうせん　（作詞：湯浅とんぼ／作曲：中川ひろたか）

きい ろ いふう せん ルル ルー そっ と かぜに あ げ たらー フ
あ かいふう せん ルル ルー そっ と かぜに あ げ たらー フ
ワ フワー フ ワ フワー きい ろ いちょう ちょに なっ た
ワ フワー フ ワ フワー あ かいとん ぼに なっ た

2 ペープサート「自己紹介」

　ペープサートで自己紹介をする方法です。

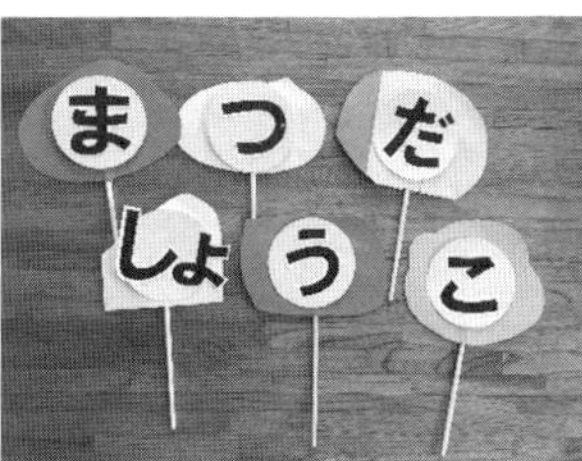
ま
つ
だ
しょ
う
こ

写真 13-4 食べ物ペープサートを使って自己紹介につなげる

ま：まぐろのお寿司
つ：ツナサンド
だ：だんご
しょ：ショートケーキ
う：うなぎ
こ：紅茶

　「私の好きな食べ物」の頭文字をとって自己紹介にしました。裏面の文字は貼ったりはがしたりできるようにしています。自己紹介をする子どもの年齢によって、ひらがなをつけたりつけなかったりできますね。こちらも「みんなの好きな食べ物も教えてね！」と呼びかけると、コミュニケーションにつながりやすいですね。また、子ども自身が自分の好きな食べ物でペープサートをつくりたいと感じ、あそびに発展することもあります。「頭文字」という言葉も子どもにとっては難しい言葉です。どのように言い換えたら子ども達に伝わるでしょうか。考えてみましょう！

2. 人形劇の実践

1 人形劇「封筒人形」

封筒に端切れ色画用紙で目や耳をつけた封筒人形です。中に手を入れて遊ぶことができます。保育者がつくってみせると、子どもも「自分でつくりたい」と言い出すかもしれません。簡単ですので、子どもと一緒にいろいろな動物をつくってみるのもよいですね。

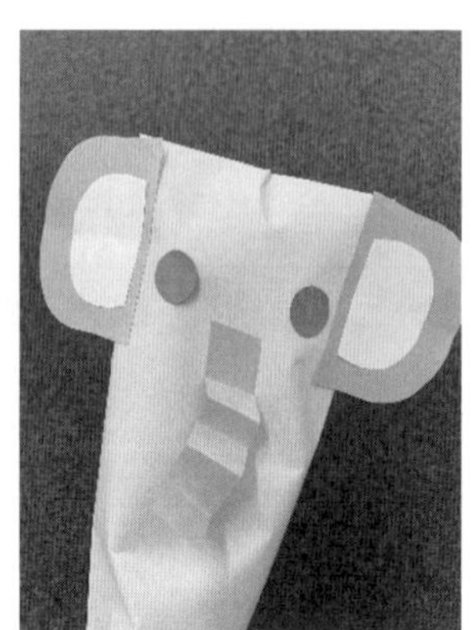

写真 13-5 封筒でつくった人形

2 人形劇「へび人形」

布でつくったへび人形です。3、4 名が腕にはめ、子どもから体が見えないように、鉄棒や台に布をかけた舞台の後ろで演じます。音楽に合わせて踊ったり、お話を演じたりすることができます。踊りでは、へびが同じ動きをしたり、反対にわざと間違えたりして動きが合わないへびがいることで、子どもは大喜びしたり応援したりします。練習は必要ですが、誕生会やお楽しみ会のアトラクションとして活用することができますね。保育者がつくり、演じたい子どもが演じるのも楽しいでしょう。

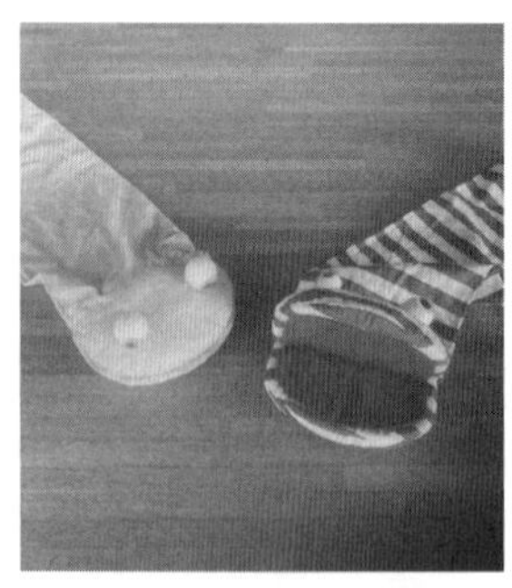

写真 13-6 へび人形

写真 13-7 手にはめたところ

3 人形劇「ミトン人形」

ミトン型の鍋つかみを利用してつくった人形です。動く目玉をグルーガンで貼りつけています。アクセントにおそろいのリボンをつけてみました。あいさつがわりに子どもの手をパクっとかじると、子どもは大喜びします。少し慣れてきたらかじったまま離さないでみましょう。子どもは「はなしてよ～！」と言いながらも喜び、ほかの子ども達も、「ぼくも！　わたしも！」と集まってきて大人気間違いなしです。赤ちゃん絵本の『おんなじ おんなじ』（多田ヒロシ作，こぐま社，1968）を活用して遊んでみても面白いですね。

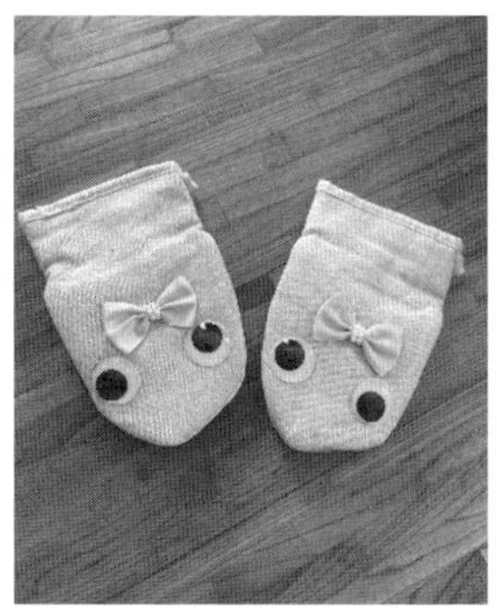

写真 13-8 ミトン人形

写真 13-9 手を入れたところ

4 人形劇「手袋人形」

カラー軍手を利用してつくった手袋型の人形です。顔や髪の毛、洋服は洗えるフェルトでつくっています。動く目玉をグルーガンで、鼻や口は糸で縫ってつくっています。親指がお父さん、人さし指がお母さん、中指がお兄さん、薬指がお姉さん、小指が赤ちゃんになっています。１本ずつ指を出して手あそびうた「おはなしゆびさん」に合わせたり、両手を使用し、同じく手あそびうた「曲がり角」に合わせてみたりするのも楽しいでしょう。

写真 13-10 手袋の家族人形

5 人形劇「牛乳パック人形」

牛乳パックを使用してつくった人形です。牛乳パック、のり、ハサミ、画用紙があれば簡単につくることができます。

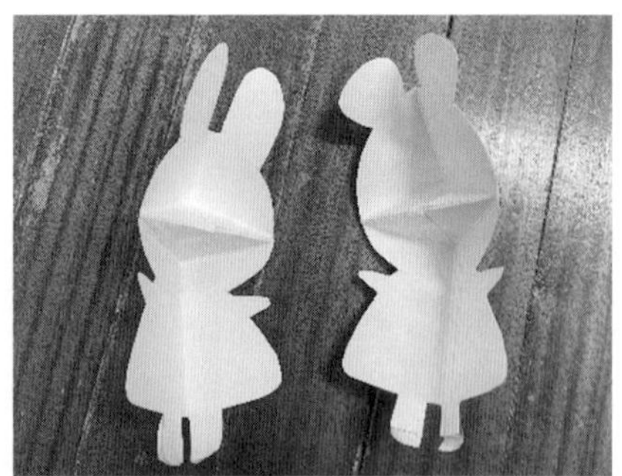

写真 13-11 牛乳パックの底を口にしたウサギとネズミ

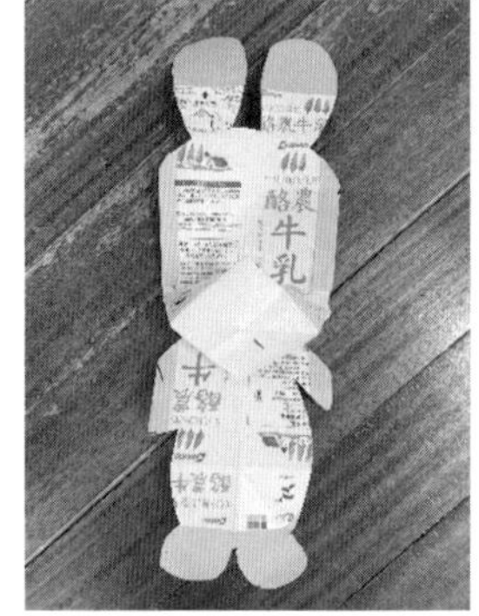

写真 13-12 口を大きくしたウサギ

上の人形も下の人形も、牛乳パックの底の部分を口にしています。牛乳パックを使用する際は、子どものアレルギーに十分配慮する必要がありますが、ジュースやお茶の１ℓパックで代用することもできます。このようなちょっとした人形があるだけで、保育者と人形が会話をしながら活動を進めたり、子ども達に質問したりと保育の幅を広げることができるのです。

ここまで様々なペープサートや人形の実践例をみてきました。つくった作品は、ぜひ子ども達の前で実際に演じてみてください。子どもの反応から新たな課題が見つかるかもしれません。その課題に一つずつ向き合っていくことで、保育や制作の楽しさがみえてきます。どんどんチャレンジしてみましょう！

参考文献

・加藤暁子（2007）『日本の人形劇—1867-2007』法政大学出版局
・永柴孝堂（1973）『ペープサート脚本集 新しい「紙人形劇」教材』ひかりのくに

第14章 言葉を育て楽しさを広げる児童文化財６　劇あそび・劇づくり

劇あそびは、絵本やお話のストーリーをもとに虚構の世界で役になりきり、友達とイメージを共有して一緒に表現を楽しむもので、表現活動として捉えられることが多いあそびですが、豊かな言葉がはぐくまれる活動でもあります。

第１節　保育における劇あそびの意義

「劇遊び」の教育的意義として、1968（昭和43）年に文部省（当時）は、『幼稚園教育指導書一般編』において次のように示しています。

⑴　喜びや満足感を与え、感情的な安定をもたらす。

⑵　想像や空想を豊かにし、表現力を養う。

⑶　個人生活や社会生活における望ましい習慣や態度を身につける。

⑷　友達とグループをつくって協力する習慣や態度を身につける。

また、上記の教育的な意義をふまえた幼児の表現活動の姿としては、

⑴　ストーリーを追わないで、即興的に劇的な表現をする。

⑵　見たり聞いたりした物語の一部を、劇的に表現する。

⑶　創作した話を劇化して表現する。

と、「劇遊び」に関してのねらいが明確に示されています。

幼稚園や保育所などで行われている「劇遊び」は、絵本やお話などからイメージを膨らませ、そのなかの登場人物になって遊ぶ姿や、身近な出来事にストーリー性をもたせて演じる姿を保育者や友達、保護者などに見てもらうことが多く、「生活発表会」[1)] などがその発表の場となっています。つまり「劇遊び」は、各領域の経験・クラス集団や生活全般の経験と深い関係があり、どのような経験を積み重ねてきたかがわかる保育活動といえるでしょう。

1）「生活発表会」という言葉は、1964（昭和39）年の幼稚園教育要領の改訂以降使われるようになりました。「発表会」と「生活発表会」の違いは、「発表会」が当日の出来ばえを評価するのに対し、「生活発表会」は発表会当日だけでなく、その日に至るまでのすべての経験（友達との話し合い、必要な物の制作、技能の習熟、身体表現など）の集大成として、個々の育ちの違いをふまえた成長・発達をみるとともに、そのクラス全体の育ちをみることが評価の観点になっていることです。

1. 仲間を育てる文化財としての劇あそび

『保育用語辞典（第８版)』では、児童文化財を「子どもの健全な心身の発達に深いかかわりをもつ、有形無形のもの、技術、活動などの総称、大人が子どものために用意した文化財や、子どもが自分の生活をより楽しくするために作り出した文化財がある。広義には、子どもの生活における文化事業全般。一般には、より狭義に、遊び、お話、玩具、図書、紙芝居、人形劇、音楽、映画、テレビ、ビデオなどを指す」としています。これらの児童文化財は、保育現場では友達や保育者と一緒に楽しむことが多く、児童文化財を媒介にして感情やイメージを共有したり言葉を交わし合ったりすることで、子どもの言葉に対する感覚が豊かになっていきます。

絵本やお話などからイメージしたことや、身近な出来事を取り入れてあそびを創っていくことを楽しむ「劇遊び」は、人とのつながりのなかで想像力を働かせ創造するあそびであり、台詞や動きを暗記して見ばえよく表現するのが目的ではありません。保育者が場や雰囲気をつくり、そこで子ども達が発する言葉を大切に育てて劇のなかに取り入れ、仲間と創っていくことを楽しめるようにすることが大切です。その過程で自分の思いや考えが取り入れられて満足感を味わったり、友達とよさを認め合ったり、思いが通らないことで挫折感を感じることもありますが、折り合いをつける力を身につける体験をすることができます。小田（2010）は「劇遊び」を、「仲間どうしで（無）から（有）を生み出す、いわば、あそびによって、子どもたちが主体的に形成する小さな社会の誕生」と述べています。

劇あそびは、自分なりの言葉で表現し楽しむ状態から、相手にわかるように話し、互いにイメージを共有しながら場面にあった言葉を使い合うなどの幼児の社会性の発達や言葉の獲得の集大成ともいえるでしょう。

2. 劇と劇あそびの違い

劇は「台本や筋書きにしたがって観客の前で歌ったり演じたりするもの」で、基本的には「劇あそび」と大きな違いはないでしょう。ただ、保育現場で多く行われている「劇あそび」は、台本や筋書きにこだわらない、そのときの状況に応じて自由に変化させながら演じる、必ずしも観客に見せることを目的としていないなどの特徴があります。そのため生活発表会などでは、あそびの延長としての「劇あそび」を見てもらうこともあれば、発表に向けて友達や保育者と協同して練り上げていく「劇づくり」に移行した「劇」を観てもらうこともあります。

3. 劇あそびでつちかう言葉の感覚

劇あそびの面白さは、絵本やお話などの物語に入り込んで登場人物になりきり、身体や道具を使って想像世界を体験できるところにあります。また、イメージを目に見える動きや形にしていく面白さや、個々のイメージを言葉や表情を介してすり合わせ、仲間や保育者と共有していく喜びもあります。このように、それぞれの心に描いているイメージを共有して一つにまとめ上げ、劇あそびを創っていく過程では、劇あそびに必要な言葉（台詞）だけでなく、互いのイメージや思いを伝え合うための言葉を必要とする場面が多々あります。幼稚園教育要領 領域「言葉」の内容の取扱いでも、「⑵幼児が自分の思いを言葉で伝えるとともに、教師や他の幼児などの話を興味をもって注意して聞くことを通して次第に話を理解するようになっていき、言葉による伝え合いができるようにすること」「⑶絵本や物語などで、その内容と自分の経験とを結び付けたり、想像を巡らせたりするなど、楽しみを十分に味わうことによって、次第に豊かなイメージをもち、言葉に対する感覚が養われるようにすること」「⑷幼児が生活の中で、言葉の響きやリズム、新しい言葉や表現などに触れ、これらを使う楽しさを味わえるようにすること。その際、絵本や物語に親しんだり、言葉遊びなどをしたりすることを通して、言葉が豊かになるようにすること」とあり、保育者が、①劇遊び以外の日常生活のなかで、言葉による伝え合いの場を意識してつくる、②絵本や物語の読み聞かせを通して言葉を内面化し、生活のなかに取り入れていく、③言葉を豊かにし発達を促すために言葉あそびをする、④劇遊びをするなかで幼児同士の思いやイメージなどの伝え合いを深め合う、など心がけることで、子どもの言葉に対する感覚が養われていくのです。

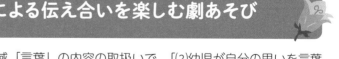

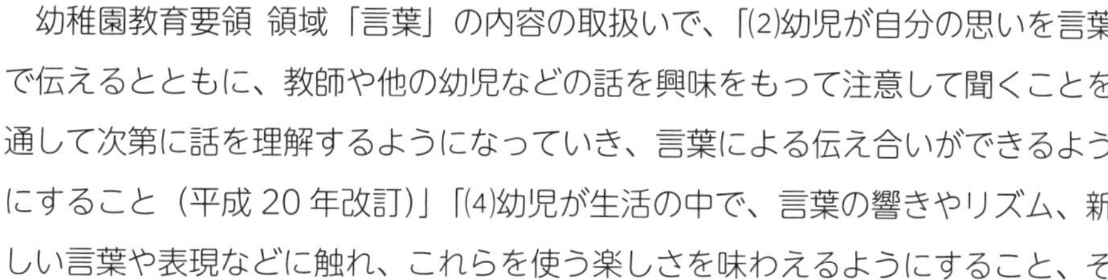

第2節 言葉による伝え合いを楽しむ劇あそび

幼稚園教育要領 領域「言葉」の内容の取扱いで、「⑵幼児が自分の思いを言葉で伝えるとともに、教師や他の幼児などの話を興味をもって注意して聞くことを通して次第に話を理解するようになっていき、言葉による伝え合いができるようにすること（平成20年改訂）」「⑷幼児が生活の中で、言葉の響きやリズム、新しい言葉や表現などに触れ、これらを使う楽しさを味わえるようにすること、その際、絵本や物語に親しんだり、言葉遊びなどをしたりすることを通して、言葉が豊かになるようにすること（平成30年改訂）」が追加されたように、「言葉による伝え合い」や「言葉が豊かになる」ことが重要視されてきています。劇あそびは、互いのイメージを共有するために「伝え合う」ことや、演じるための「豊かな言葉」が必要な活動です。保育者は、子ども達が劇あそびに取り組むなかで、相手と共感できることに喜びを感じたり、豊かな言葉を使って表現する楽しさを感じたりできるように配慮することが求められているのです。

1. 絵本から劇あそびへ

絵本は、ページをめくりながら絵だけを見てもストーリーがわかるような構成になっており、絵と文が融合して一つの世界がつくられています。保育現場では、劇あそびの導入として、決まり文句のような言葉が出てくる絵本やお話を読み聞かせ、子ども達が想像世界に入り込みやすい雰囲気をつくります。例えば、『おおきなかぶ』（A・トルストイ再話・内田莉莎子訳・佐藤忠良画, 福音館書店, 1966）の「うんとこしょどっこいしょ」、『ぐりとぐら』（なかがわりえこ作・おおむらゆりこ絵, 福音館書店, 1967）の「ぐりぐらぐりぐら」、『わたしのワンピース』（にしまきかやこ, こぐま社, 1969）の「ララランロロロン」などはよく知られています。また、繰り返しのあるストーリーも、再現しやすく劇あそびに移行しやすい絵本であるといえます。例えば、『どうぞのいす』（香山美子作・柿本幸造絵, ひさかたチャイルド, 1981）や『てぶくろ』（エウゲーニー・M・ラチョフ絵・うちだりさこ訳, 福音館書店, 1965）、『三びきのやぎのがらがらどん』（マーシャ・ブラウン絵・せたていじ訳, 福音館書店, 1965）などが挙げられます。

年齢別に選択基準を挙げてみると、3歳児では、そのクラスでよく読まれている絵本や、お話のなかに決まり文句のような言葉や繰り返しがあり、ストーリーが理解しやすく親しみやすいものが適しており、普段の生活のなかで幼児が表現そのものを楽しめるようにします。4歳児では、3歳児と同じような選択基準に加えて、ストーリー展開に変化があり、テンポよく読みながら表現活動が展開できるような題材も多く選ばれています。そして5歳児では、抽象的なテーマを盛り込んだ題材も加わり、物語を読み込むことによって、登場人物の心情や物語に込められた思いを感じ、よりイメージが膨らむようなものを選ぶとよいでしょう。『エルマーのぼうけん』（ルース・スタイルス・ガネット作・ルース・クリスマン・ガネット絵・わたなべしげお訳, 福音館書店, 1963）、『ももいろのきりん』（中川李枝子作・中川宗弥絵，福音館書店，1966）、『おしいれのぼうけん』（ふるたたるひ・たばたせいいち，童心社，1974）など、挿絵付きの物語や１日では読み切れないような少しボリュームのある物語も楽しめるようになります。

2. ごっこあそびと劇あそび

「ごっこ遊び」と「劇遊び」については、『昭和 22 年度（試案）保育要領—幼児教育の手びき—』（文部省）の「幼児の保育内容—楽しい幼児の経験—」の項目に以下のように明記されており、保育のなかでは重要な活動と考えられていたことがわかります。

10　ごっこ遊び・劇遊び・人形芝居

ごっこ遊び

人形・おもちゃの動物・積み木・草花・木の葉などなんでも使って幼児たちは自由に社会や家庭の模倣遊びをする。おかあさんごっこ・動物園ごっこ・汽車ごっこなど、次から次へと展開されてゆく。幼児はこの遊びを通して社会性を獲得してゆく。ごっこ遊びはできるだけ幼児の自発活動を尊重して干渉しない方がよいが、全く放任して悪質の摸倣をするようなことがあってはいけないから、正しい誘導を忘れてはならない。

ごっこ遊びは子供の経験にもとづくもので、周囲に起るさまざまの事件を再現しようとする。このようにして、ごっこ遊びを通して、自分の日常生活経験を総合したり、明らかにしたりするのである。

劇遊び（お話遊び）

幼児自身の生活となって楽しめるお話遊びなども大いに取り入れられなければならない。幼児は童話を聞くとそれを遊びにしてみたいと考えるものである。たとえば、三匹の子ぶたの話を聞くと、これを直ちに遊びにする。大きい男の子はおおかみになり、小さい子はそれぞれ三匹の子ぶたになって、話で聞いた筋を興味深く再現しようとする。ちょっとした指導によって、少しの組織とヒントとを与えてやると、おもしろい劇化されたお話の遊びができるものである。

出典：文部省（1948）「昭和 22 年度（試案）保育要領—幼児教育の手びき—」

２歳を過ぎた頃から、「ごっこ遊び」を楽しむ姿がみられるようになります。最初は仲間と同じような格好や動きをしながら会話をすることを楽しんでいますが、少しずつ場面を再現したり役割を分担したりしてそれらしくふるまったり、やり取りのなかでストーリーをつくって共有するようになっていきます。保育者は、あそびに参加する子どもがもつ様々なイメージを共有、調整しながらあそびを展開していくことが必要になります。ストーリーや役割、物の見立て、状況設定などのイメージを共有したり調整したりするうえで、言葉は重要な役割を果たします。同時に、一緒に遊んでいる友達に自分の思いやイメージをわかりやすく伝えようとするなかで、子どもの言葉はより豊かなものとなります。

絵本やお話などからイメージしたことや、身近な出来事を取り入れてあそびを創っていくことを楽しむ「劇遊び」も、ストーリーや役割、物の見立て、状況設定などのイメージを共有したり調整したりすることは必要で、「ごっこ遊び」との明確な区別はありません。しかし、「ごっこ遊び」には台本などはなく、あそびの成り行きで設定とそれぞれの役どころにしたがって、行き当たりばったりの展開を楽しむことが中心となります。一方、「劇遊び」には台本はありますが、文字で表現されないことが多く、配役を決めれば、台詞や展開は柔軟に変更して楽しめるという特徴があります。また、ごっこ遊びの場合、子ども同士で交わされる「言葉」は、その場限りのものが多いですが、劇遊びにおける「言葉」は、子ども同士のやり取りのなかで、その場限りのものからイメージとともに磨かれ、誰にでもわかる明快な表現として、「台詞」へと移行していきます。

第３節　劇あそびから劇づくりへ

劇あそびは必ずしも観客に見せることを目的としていませんが、「劇づくり」に移行することで、生活発表会などで保護者や友達に観せることを目標とする活動につながることもあります。

神谷（1993）は、劇遊びとごっこ遊びは、「どちらも虚構場面を創造して、なんらかの役を演じ合うという点は共通している」が、「童話作品に触発されたごっこ遊びと劇遊びは違うものである」とし、その違いを、①保育者の直接的指導の有無、②行動様式の違い（表現される人物の行為が一般化されたものか物語のなかで特定されたものか）、③動機の移行の３点で示しています。そして、「遊びへの動機が、ごっこ遊びの場合は遊びそのもの（遊びの過程）であるのに対し、劇遊びにおいては動機が遊びの結果へと移行しつつある」としています。つまり、保育場面では「ごっこ遊び」に保育者の指導が加わり、ストーリーに沿って状況や登場人物を想定しながら台詞や動きを考えることで、子ども達は劇遊びを楽しむようになり、さらに観客を意識して演じるようになると劇づくりに移行し、目標に向かって協力して取り組むようになるのではないでしょうか。また、田川（2004）は、観察や実験の対象になった子どもがおかれている文化や環境の違い、集団保育経験の有無などによって想像遊びの発達が違うと前置きしたうえで、「保育所・幼稚園児でとくにごっこ・劇遊びの指導に熱心に取り組まれている園の子どもに見られる発達段階」として以下の試案をまとめています（図表 14-1）。この表からも、劇遊びから劇づくりへの移行を読み取ることができます。

図表 14-1 ごっこ・劇遊びの発達段階（田川浩三　試案）

	Ⅰ（2歳）	Ⅱ（3歳）	Ⅲ（4歳）	Ⅳ（5歳）
主導的活動	みたて、つもり、身ぶりあそび	身ぶりあそび、ごっこ遊び	ごっこ遊び、劇あそび	ごっこ遊び、劇あそび、劇づくり
はじまり	何となく思いつく	発想が突然ひらめく	一人の発想を皆が受け入れる	集団で相談して始める
題材	日常慣れ親しんだもの	印象強いもの	少し難しいもの	難しいもの
素材	そこにあるもの	そこにあるもので適当な使い方のできるもの	題材に合うもの	目的に合わせて工夫、加工できるもの
保育者の働きかけ	保育者が主導 発表会－子どもと一緒に（保育者主役）	保育者が誘導 発表会－子どもと一緒に（保育者脇役）	保育者が援助 発表会－保育者が進行役で子どもだけ	劇づくりなら保育者が演出を援助 発表会－すべて子どもだけで
役割認識	外形の特徴を直感的に	役の外形的行動は理解	役の内容が解りはじめる	役の内面と心情が解る
役割表現	自分のままなりきる バスの運転手が何人いても平気	「らしく」と「なりきる」の中間	それらしく表現することに努力するが、自分の性格がまざる	リアルな表現に努力。自分以外の性格も演じることができる。
役割取得（配役）	気の向いたとき自分のなりたい役	自己中心的に、なりたい役がはっきりとする	相手とのかかわりで、なりたい役でなくても努力する	集団の中で自分を生かそうと努力 配役－立候補、集団で決定
虚構性	保育者の狼を本気でこわがる	保育者の狼に迫力があるとこわがる	こわい狼でないと面白くない	全員でうそっこを本気のように演じることが楽しい
イメージの共有	個々のあいまいなイメージのままで遊べる	保育者の誘導であいまいながらイメージの共有ができはじめる	イメージの言語化ができ、保育者の援助でイメージを共有する	イメージの言語化が巧みになり、集団の話し合いでイメージをふくらませる
集団の様子とトラブル	遊び道具や場所のぶつかりがない限りトラブルはない	自分のやりたい行動が阻止されたとき、トラブル	役の約束や妥当性をめぐってトラブル	役の演技の内容をめぐって相互批判

効果的な教材	即興的・断片的なお買い物ごっこ、人形あそび 保育者主導の狼と子山羊	お店ごっこ、乗り物ごっこ、お父さんお母さんごっこ 保育者誘導のスーパーマン遊び	お話劇遊び、人形劇遊び 保育者が相手役をするストーリーの起伏のある即興劇遊びなど	本物に近い市場ごっこ、スリルのある探検ごっこ、複雑なお話劇遊び、寸劇、クラス全体での劇づくり

1 劇づくりで養うコミュニケーション能力

劇あそびから劇づくりに移行すると、ストーリーだけでなく場面のイメージや登場人物の特徴、台詞などを皆で話し合って共有していくことが必要になります。その過程では、自分の考えを主張したり、相手の思いに気づいたり、折り合いをつけなければならない場面も出てきて、イメージや思いを相手にわかるように伝えるためのコミュニケーション能力が養われます。そして、互いの思いやイメージを調整しながら友達と協力して取り組む楽しさや、友達と思いや考えを共有して表現する楽しさを味わうようになるのです。

幼稚園教育要領には劇についての直接的な言及はありませんが、領域「表現」の内容に「(8)自分のイメージを動きや言葉などで表現したり、演じて遊んだりするなどの楽しさを味わう」という文言があり、イメージの世界を十分楽しめるようにすることが重視されています。また、領域「言葉」のねらいでは、「(2)人の言葉や話などをよく聞き、自分の経験したことや考えたことなどを話し、伝え合う喜びを味わう」とあり、言葉による伝え合いができるようにすることが求められています。さらに、文部科学省の有識者会議においては、「コミュニケーション能力とは「話す・聞く・書く・読む」といった言語活動のほか、「イメージ、音、身体」を使うなど非言語も含めた活動のこと」[2)] とあります。以上のことからも、劇づくりに取り組むことを通してコミュニケーション能力が養われることがわかります。

2 協同する姿勢と劇づくり

齋藤・無藤（2009）は、協同する姿勢について「主に５歳児で、保育者の援助のもと、子ども同士が共通の目標を作り出し、協力し合いながら継続して取り組んでいく活動を「協同的な活動」と呼ぶ」としています。

子ども一人ひとりの表現を大事にした劇づくりは、子ども達の「自分達でつくる」という思いや「クラス全員で発表したい」という思いを強め、クラス全体で共通の目標をもつなかで仲間意識が高まります。しかし、子ども同士がイメージ

2）中央教育審議会初等中等教育分科会教育課程部会　言語能力の向上に関する特別チーム（第３回）配付資料５言語能力について（整理メモ）

や思いを伝え合いながら進めていく過程を重視する劇づくりにおいては、互いのずれが表面化しトラブルになってしまうことが多々あり、それをどうすり合わせて進んでいくのかが子ども達にとって重要な課題となってきます。

この課題を解決するには、八木（1982）が「劇遊びは各領域の系統的な積み上げと、クラス集団や生活全般の積み重ねが条件であり、目的や価値を共有しながら集団的に作り上げる最も創造的な活動である」と述べているように、劇づくりから離れた日常生活のなかでの様々な経験の積み重ねが重要な条件になります。劇づくりは、結果よりも活動の過程で経験するプロセスを重視することで、幼児一人ひとりの思いやイメージが集団としての表現につながり、保育者と子ども同士の間に、協同的な表現を楽しむ姿勢が生まれるのではないでしょうか。

第４節　実践してみよう

「劇づくりに取り組む過程」を体験する場合、子どもになったつもりで取り組むことと、保育者として取り組むことの両方の立場で考える必要があります。

1 「劇ごっこ」から「劇あそび」を楽しもう

①・②は子どもになったつもりで取り組み、③では役を分けて取り組むことで、保育者の役割を理解することができます。

①演じる子どもの年齢を想定して、絵本を選ぶ

対象年齢は何歳児でもいいですが、あまり複雑な内容ではなく、即興でも楽しめるような絵本を選びます。

②劇ごっこをする

お面や、場面の見立てに必要な環境をつくり、グループでお話の内容を共有して、それぞれのイメージで自由に演じてみます。

③劇あそびをする

②の「劇ごっこ」を「劇あそび」に移行させ、子ども役と保育者役になってロールプレイングしてみましょう。その際、保育者役、子ども役は設定年齢を考えて、ストーリーや役割、物の見立て、状況設定などのイメージを共有したり調整したりできるように、あそびに参加しながらリードします。子ども役も、設定年齢をイメージした言動をすることが大切です。

2 劇づくりの過程を体験しよう

ここでは、③～⑥の体験が重要です。自分のイメージや思いを伝えること、相手のイメージや思いを受け止めること、意見を調整して共通理解する過程で感じる様々な気持ちの揺れなどを体験し、保育者にどのように援助してもらいたいと思ったかを記録しておくことで、⑧の「保育者としての配慮」を考えることができます。

①演じる子どもの年齢（5歳児）を想定して、絵本を選ぶ

劇づくりは、劇あそびを十分に楽しんでから移行することが重要です。ここでは、劇あそびを十分に楽しんだ経験がある5歳児という設定で考えて絵本を選びましょう。

②以下の③～⑥をどのくらいの時間で行うかおおまかな見通しを立てる

ここでは、保育現場で取り組むことを想定して見通しを立てます。

③ストーリーを共有し、場面のイメージや台詞、動きなどを相談して決める

まず、大道具の配置や登場人物の動線、核となる台詞など、場面ごとのイメージをスケッチして共通理解を図ります。その後で、実際に動きながらイメージをすり合わせていきましょう。

④必要な大道具や小道具、衣装などを相談して決める

③をもとに、大道具や小道具、衣装として何が必要か相談して決め、どんなものにするかイメージを出し合いましょう。

⑤分担して製作したり調達したりする

実際の保育現場では、大道具や小道具の製作も十分時間をかけて行いますが、ここでは最小限の製作にとどめ、見立てられるものを調達し、代用するようにしましょう。

⑥練習と話し合いを繰り返しながら、修正やすり合わせを行う

③で共有したことを、必要に応じて修正しながら、観客を意識して立ち位置や演じ方などを調整し、完成度を高めていきましょう。

⑦ほかのグループと見せ合い、気づいたことを言い合う

感想を伝え合う際に、「工夫がみられた」「いいなと思った」などのプラス面だけでなく、質問したいことを見つけて伝えるように心がけましょう。質問されたことについて考えることが、保育者の配慮につながります。

⑧保育者として関わる場合の配慮について考える

①～⑥の過程を振り返り、保育者の援助があったらよかったと感じた場面を思い出してみましょう。活動の流れを見ていただけではわからない、子どもの内面を推し量る視点がもてるでしょう。

保育現場で取り組む劇づくりは、そのプロセスが重要視されており、長い期間を要する活動です。そのため、授業内で実践するのは難しい活動でもあります。実践する際には、劇を演じることを目的とせず、劇づくりの過程で子ども達が感じる葛藤や達成感、友達とイメージや思いを伝え合う姿などに思いを馳せながら、劇づくりを楽しんでほしいと思います。

引用文献

・神谷栄司（1993）『ごっこ遊び・劇遊び・子どもの創造―保育における経験と表現の世界』法政出版，p.122.
・森上史朗・柏女霊峰編（2015）『保育用語辞典（第 8 版）』ミネルヴァ書房，p.383.
・小田豊・芦田宏編著（2009）『保育内容　言葉』北大路書房，p.102.
・齋藤久美子・無藤隆（2009）「幼稚園 5 歳児における協同的な活動の分析―保育者の支援を中心に」『湘北紀要』30，p.1.
・田川浩三・兵庫保育問題研究会（2004）『ごっこ・劇遊び・劇づくりの楽しさ』かもがわ出版，p.73.
・八木紘一郎・喜多村純子（1982）「劇遊びの条件（Ⅰ）―4 歳児の実践活動とその VTR の分析および考察」『白梅学園短期大学紀要』18，p.46.

参考文献

・秋田喜代美・野口隆子編著（2018）『保育内容「言葉」』光生館
・柴崎正行・戸田雅美・秋田喜代美編著（2010）『保育内容「言葉」』ミネルヴァ書房
・利根川彰博（2016）「協同的な活動としての「劇づくり」における対話―幼稚園 5 歳児クラスの劇「エルマーのぼうけん」の事例的検討」『保育学研究』54（2）
・八木紘一郎・喜多村純子（1983）「劇遊びの条件（Ⅱ）―5 歳児の実践による分析と考察」『白梅学園短期大学紀要』19
・渡辺明編著（1998）『子どもが創る劇あそび・劇ごっこ』あゆみ出版

＊Column 5　子どもは劇づくりのなかでどう育つか

ある年の５歳児クラスで、レオ・レオニの絵本のなかから、ねずみが主人公となる３冊を選び、それをもとにした劇表現活動に取り組むことになりました。レオ・レオニの絵本は、とても色彩豊かに描かれ、谷川俊太郎の洗練された言葉で訳されています。『マシューのゆめ』の最後は、画家になる夢を叶えた主人公の絵が美術館に飾られている場面です。劇では、美術館の学芸員の役をつくり、実際に絵を飾る動きと「これで、よし！」というセリフを加えました。絵本のなかの言葉だけでなく、絵から場面を想像したり、言い回しを試したりすることで、生き生きとした劇表現となっていきます。

子ども達は、劇のもととなる絵本や物語と出会い、セリフを考えながら繰り返しその作品にふれ、イメージを深めていきます。そのプロセスに、劇づくりの一つの意味があります。『アレクサンダとぜんまいねずみ』に出てくるぜんまいねずみのおもちゃは、途中で持ち主に捨てられてしまう役です。その役を選んだＡさんは、お話のなかでとても大事な場面であることをお母さんに話したそうです。お話の世界の全体像をよく感じ取っていたのだと思います。

『フレデリック』には、食べ物に満ちて元気な場面と、冬になり空腹続きの場面があります。ねずみ役の子ども達は、友達と手づくりした草や岩から登場し、それぞれの場面に合った言い方のセリフ（はっきり／弱々しく）と、歩き方（スキップ／重い足取り）で表現しました。登場する音楽（長調／短調）もそれに合わせて選びました。造形、動き、音楽といったほかの表現と関連しながら、言葉の表現を広げていくことも、劇づくりでの育ちの姿です。一人ひとりのなかではもちろん、友達と互いに見合い、聞き合いながら、豊かな表現力をはぐくんでいきましょう。

３つの絵本で劇づくりを進めるなかでは、レオ・レオニのほかの作品を手に取って読む姿もありました。劇づくりは、一人ひとりがいろいろな絵本や物語にふれ、お気に入りのお話の世界に出会うきっかけでもあるのです。

出典

・レオ・レオニ作・谷川俊太郎訳（1992）「マシューのゆめ―えかきになったねずみのはなし」好学社
・レオ・レオニ作・谷川俊太郎訳（1975）「アレクサンダとぜんまいねずみ―ともだちをみつけたねずみのはなし」好学社
・レオ・レオニ作・谷川俊太郎訳（1969）「フレデリック―ちょっとかわったのねずみのはなし」好学社

第15章 領域「言葉」の指導計画と指導案

指導計画は、どのように作成していけばよいのでしょうか。領域は子どもの育ち（発達）を捉える視角ですから、領域「言葉」のみを取り出して指導案をつくることはできません。しかし、指導計画のなかでどのように配慮しているのかをみることはできます。ここでは、領域「言葉」の指導計画のあり方と作成方法について学んでいきましょう。

第１節 領域「言葉」のねらいと内容

1. 領域「言葉」のねらい・内容とその取扱い

３歳以上児にとっての領域「言葉」は、「経験したことや考えたことなどを自分なりの言葉で表現し、相手の話す言葉を聞こうとする意欲や態度を育て、言葉に対する感覚や言葉で表現する力を養う」領域です。そのねらい・内容は、保育所保育指針では以下のように示されています。また、幼稚園教育要領では、「保育士」は「先生」になっており、ほかは同じです。

（ア）ねらい
① 自分の気持ちを言葉で表現する楽しさを味わう。
② 人の言葉や話などをよく聞き、自分の経験したことや考えたことを話し、伝え合う喜びを味わう。
③ 日常生活に必要な言葉が分かるようになるとともに、絵本や物語などに親しみ、言葉に対する感覚を豊かにし、保育士等や友達と心を通わせる。

（イ）内容
① 保育士等や友達の言葉や話に興味や関心をもち、親しみをもって聞いたり、話したりする。
② したり、見たり、聞いたり、感じたり、考えたりなどしたことを自分なりに言葉で表現する。
③ したいこと、してほしいことを言葉で表現したり、分からないことを尋ねたりする。
④ 人の話を注意して聞き、相手に分かるように話す。
⑤ 生活の中で必要な言葉が分かり、使う。
⑥ 親しみをもって日常の挨拶をする。
⑦ 生活の中で言葉の楽しさや美しさに気付く。
⑧ いろいろな体験を通じてイメージや言葉を豊かにする。
⑨ 絵本や物語などに親しみ、興味をもって聞き、想像をする楽しさを味わう。
⑩ 日常生活の中で、文字などで伝える楽しさを味わう。

領域「言葉」において、育てていきたい内容としては、大きく分けるなら4つになるでしょう。1つ目は、自分なりの言葉で表現すること、2つ目は、相手の話を注意して聞くことを通して話の内容が理解できるようになること、3つ目は、言葉に対する感覚を豊かにすること、4つ目は、言葉で伝え合いができるようになることです。言葉を使う楽しさや感覚は、内面からわき出るものといえます。したがって、子ども自身が「心を動かす」ような直接的で豊かな体験を通し、「言葉を交わす喜びを味わえるようにしていく」ことが重要であり、そのためには、言葉で他者と伝え合ったり、絵本や物語などで「想像を巡らせ」たり、「言葉の響きやリズム、新しい言葉や表現などに触れ」たり、文字などを使って伝える喜びや楽しさを味わいながら、言葉に対する理解を深め、感覚を豊かにしていくことが重要だと考えられます。

2. 乳児および1歳以上3歳未満児における「言葉」のねらいと内容

保育所保育指針の乳児保育に関わる「ねらい及び内容」では、以下のように示されています。

> イ　身近な人と気持ちが通じ合う
> 　受容的・応答的な関わりの下で、何かを伝えようとする意欲や身近な大人との信頼関係を育て、人と関わる力の基盤を培う。
>
> （下線は筆者による）

また、「内容の取扱い」の記載部分では以下のようになっています。

> ②　身近な人に親しみをもって接し、自分の感情などを表し、それに相手が応答する言葉を聞くことを通して、次第に言葉が獲得されていくことを考慮して、楽しい雰囲気の中での保育士等との関わり合いを大切にし、ゆっくりと優しく話しかけるなど、積極的に言葉のやり取りを楽しむことができるようにすること。
>
> （下線は筆者による）

乳児保育の基盤は信頼関係です。乳児期にとって基本的な関わりである「受容的・応答的な関わり」を通して、ゆったりとやり取りを楽しむ保育が大切になります。

さらに、保育所保育指針の「1歳以上3歳未満児の保育に関わるねらい及び内容」の基本的事項では、以下のように示されています。

ア （略）自分でできることが増えてくる時期であることから、保育士等は、子どもの生活の安定を図りながら、自分でしようとする気持ちを尊重し、温かく見守るとともに、愛情豊かに、応答的に関わることが必要である。

（下線は筆者による）

温かく穏やかな雰囲気のなかで言葉のやり取りを楽しみながら、内面を言語化する援助や対応が大切になります。また、言葉に気づき、聞き分けたり、模倣したりしながら言葉に対する感覚を育て豊かにしていく時期でもあり、経験を言語化し、伝え合いを支える保育者の存在が重要であるともいえます。

0～2歳における「言葉」に関わる保育の「ねらい及び内容」については、保育所保育指針、幼保連携型認定こども園教育・保育要領の「言葉」の「ねらい及び内容」、そして「内容の取扱い」を読み込み理解することが、保育内容を考えるうえでは大切になります。

3. 領域「言葉」の指導方法について

乳幼児期の子ども達は、「言葉」を教えられて身につけるのではなく、子ども自身の努力によって獲得していきます。大人の模倣をしたり、子ども自らの活動を繰り返すことで言葉はさらに深まっていきます。保育者は、乳幼児期の子どもの日々の生活を通し、どのように援助していくか、保育内容を考えるにあたり、目の前の子どもの実態をしっかりと把握することが大切になります。同時に、子どもの発達を理解しておかなくてはいけません。言葉の発達を理解し、その後の成長を見通した指導計画が必要です。長期の指導計画、短期の指導計画をふまえ、具体的な活動内容となります。ただし、あくまでも計画であり、柔軟さも必要です。どのようなことを育てるのか、援助するのかを、個の育ちと集団の育ちも含め、基本を押さえながら考えていくことが大切です。

次節では、具体的な指導計画をもとに、「言葉」をはぐくむ保育について考えていくことにします。

第2節　領域「言葉」の指導計画

1. 全体的な計画と指導計画

指導計画の作成について、保育所は、「全体的な計画に基づき、具体的な保育が適切に展開されるよう、子どもの生活や発達を見通した長期的な指導計画と、それに関連しながら、より具体的な子どもの日々の生活に即した短期的な指導計画を作成しなければならない」（保育所保育指針）と示されています。幼稚園においては、「教育課程に示す教育理念や目指す幼児像、幼児の発達の過程、指導内容を念頭に置きながら、教育課程を中心とした一体的な教育活動となるように計画することが大切」（文部科学省, 2021）とされ、様々な計画を目的に応じて作成しつつ「全体的な計画」のなかに置き、教育課程と関連させながら教育活動の全体図を描いていくことが重要だといわれています。つまり、「全体的な計画」とは、その園の保育の全体像を包括的に示すものであり、教育課程や保育の指導計画を中心として保健計画や食育計画、安全管理計画、研修計画など、様々な計画とも関連されて作成されるべきものなのです。**図表 15-1** は、文部科学省「幼児の思いをつなぐ指導計画の作成と保育の展開」（2021）の「カリキュラム・マネジメントによる質向上（イメージ図）」を参考に、幼稚園・保育所双方の就学前の保育活動と指導計画の関係を中心にイメージ図を描いたものです。

関係法令や園の保育理念・保育方針、子どもの実態や発達状況、家庭や地域の状況をふまえて、「全体的な計画」を作成しつつ、求められる資質・能力や園が目指す子ども像・保育目標を達成していくために、ねらいを定め、具体的な指導計画を立て（Plan）、保育実践を行い（Do）、それを、評価・改善（Check & Assessment）しつつ、入園から卒園まで保育活動を展開していくプロセスが描

図表 15-1 子どもの発達と育ちを目指す保育活動と全体的な計画・指導計画との関係

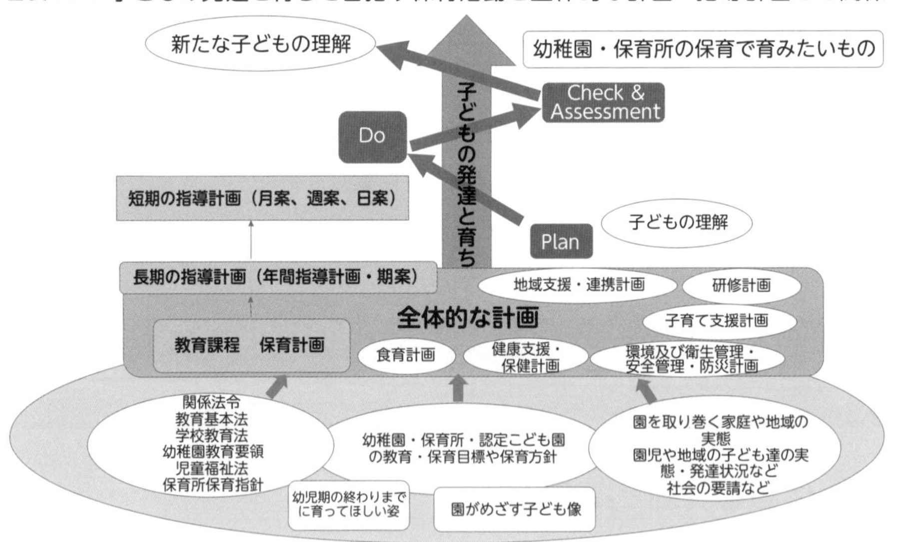

出典：文部科学省（2021）「幼児の思いをつなぐ指導計画の作成と保育の展開（令和３年２月）」p.28. を一部改変

かれています。計画は、一度立てたら終わりではなく、実践しながら評価、見直して修正したり、改善したりすることもあるので、⬆矢印はらせん状に向上し発展し続けていくこと（スパイラルアップ）を示しています。

また、指導計画では、子どもの発達状況やその年度のクラスの状況や実態をふまえて、具体的に指導内容や方法を示していくことになります（図表 15-2）。長期の指導計画としては、年間指導計画や園で決めた学期ごとの期案や月ごとの月案があり、短期の指導計画としては、週案や日案があります。短期の指導計画は、長期の指導計画をもとにクラスの実態をふまえて作成しますが、計画はあくまで仮説ですので、場合によっては、園長・主任との相談、担任間・職員間での話し合いを通して変更していきます。また、障害のある子どもの保育については、個別支援計画を作成・活用しながら、クラスのなかで全体的な発達を促すことができるように支援していきます。

幼児だけでなく、1 歳から 3 歳未満のクラスでも、5 領域と関連させて年間指導計画を作成する園が増えましたが、各領域は子どもの発達をみる視角であり、領域ごとにあそびや活動を設定することはもちろんできません。一人ひとりの発達をふまえつつあそびを通して総合的に指導することや、子どもの発達にふさわしい生活を用意すること、そして、環境を通して子ども達が生活のなかで主体的に活動できるようにすることが重要です。

図表 15-2 具体的な指導計画

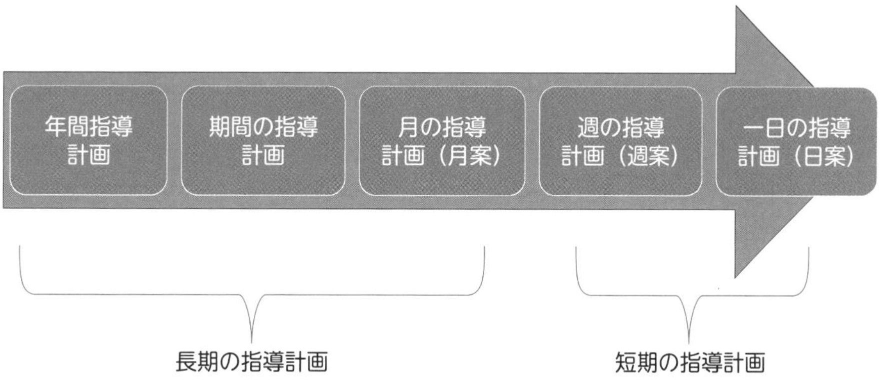

2. 指導計画の実際（具体的な指導計画の一例）

1 乳児保育の指導計画例

3 歳未満児（0 歳児、1 歳児、2 歳児）の指導計画については、一人ひとりの子どもの成育歴、心身の発達、活動の実態等に即した個別的な計画が立てられます。**図表 15-3** にあげた月の指導計画（月案）は、全体的な指導計画のもと、長期の指導計画の一例です。特に、０歳児は個別的に計画が立てられています。参考例として、０歳児の指導計画でねらいや配慮のなかにことばの視点がどのように

図表 15-3 ０歳児の月の指導計画

０歳児　ひよこ組
６月の保育計画（月の計画）

６月のポイント
・体調や清潔に配慮し、梅雨の時期を快適に過ごす。
・一人ひとりの興味・関心に応じたあそびを楽しめるようにする。

		りん（9か月・男児）		さくら（1歳3か月・女児）	
子どもの姿		・腹這いで遊び、少し這うことができるようになる。 ・不安定さはあるものの一人座りもできるようになってきた。 ・喃語が多くなり、保育者が応答すると喜ぶ。 ・食事は形のあるものをいやがり、「ペー」と出してしまうことがある。		・人見知りをして泣き出すことがある。 ・探索活動が盛んになり楽しんでいる。 ・指さしや喃語で、自分の思いや要求を伝えようとする。 ・幼児食が食べられるようになる。	
		内　容	配慮事項	内　容	配慮事項
養護・教育	健康・清潔	・戸外に出ることを喜ぶ。 ・いやがらずに顔や鼻汁や手を拭いてもらう。 ・抱っこやつかまりだちをして流水で手を洗ってもらう。	・個々の様子に合わせ、無理のないように時間に気をつける。 ・戸外から帰ったら水分補給をする。 ・言葉かけをしながらていねいに洗ったり拭いたりする。	・戸外に出ることを喜ぶ。 ・保育者と一緒に手を洗う。 ・鼻汁が出たらいやがらずに拭いてもらう。	・外気に触れ、健康な体づくりを心がける。 ・言葉かけをしながらていねいに拭いたり洗ったり気持ちよさを知らせ、清潔を保つ。
	食事	・手に持てるものは持って食べる。 ・コップで飲もうとする。 ・よく噛んで食べる。 ・下で押しつぶし咀嚼する（２回食）。	・パンなどは持ちやすい大きさにして持たせる。 ・食品の数が増え固形物になっていくので噛むことに慣れさせていく。	・苦手なものでもできるだけ食べようとする。 ・乳児食に慣れ、よく噛んで食べる。 ・自分でコップを持って飲もうとする。 ・椅子に座って食べる。 ・食前食後のあいさつを動作で表す。	・苦手なものでも一口は食べるようにし、いろいろな味に慣れさせていく。 ・こぼしても自分で食べたり飲んだりする気持ちを大切にし、手づかみも禁止せずそっと介助していく。 ・あいさつを促したり保育者がやってみせる。
	排泄	・オムツが濡れたら不快感を訴え、交換してもらう。	・「気持ちいいね」など言葉かけをしながらオムツを交換し気持ちよさを知らせていく。 ・排尿、便の量、様子、回数など個人差を早めに把握する。	・オムツ交換をいやがらずにしてもらう。	・尿や便が出たことを表情や動作で読みとり、言葉かけをしながらオムツ交換をし気持ちよさを知らせていく。
	睡眠	・保育者が見守るなかで安心して眠る。 ・個々の睡眠の型に沿って十分眠る（1日の睡眠時間14 ～ 16時間）。	・個々の睡眠の型をつかみ熟睡できるよう環境を整える。	・徐々に一定時間眠る。 ・一回寝になり始める（午睡）。	・家庭との連絡を密に取りながら徐々に一回寝のリズムに整えていく。
	あそび	・好きな場所、遊具で遊ぶ。 ・身体を動かして遊ぶことを喜ぶ（お座り、ハイハイ、つかまり立ち）。 ・手先を使ったあそびを喜ぶ。 ・わらべうたや手あそびを見たり聞いたりして手足を動かす。 ・喃語が盛んになってくる。	・個々の発達に応じて身体発達を促す働きかけをしていく。 ・１対１の触れ合いを多くもち、言葉かけや表情を豊かに接していく。 ・優しい笑顔で名前を呼びかけたり、語りかけたり、喃語に応じて、表情を見ながら発語を促していくよう対応する。	・身体を動かして遊ぶことを喜ぶ（ハイハイ、階段をのぼる、しゃがむ、体操、散歩、歩行、わらべうた）。 ・指先を使ったあそびを楽しむ（物の出し入れ、積み木、ポットン落とし、なぐり描き等）。 ・単語を言おうとすることに共感する。	・巧技台、固定遊具等からの転落には十分注意し、必ずそばにつくようにする。 ・保育者がやってみせたり一緒に遊んでいくなかであそび方を知らせ、繰り返し楽しんでいく。 ・子どもの言葉に共感したり話しかけを表情を見ながら１対１で対応し、簡単な言葉を促していく。

取り入れられているのかみてみましょう。

6月の個別の計画は、入園して3か月目に入り、新しい環境に慣れてくる時期であることから、一人ひとりが安心して興味・関心のあるあそびが楽しめるように、発達に応じたていねいな関わりが記述されているのが読み取れると思います。言葉での関わりを含め、安心できるよう優しい笑顔で応答的に関わること、また、身近な人と気持ちが通じ合うというねらいが配慮事項に記載されていることがわかります。

2 幼児の指導計画例

幼児の指導計画では、参考例として、4歳児の1週の指導計画（週案）と5歳児の1日の指導計画（日案）のなかに、言葉の視点をどのように取り入れているかみてみましょう（**図表 15-4、図表 15-5**）。

4歳児の指導計画（週案）の言葉の視点は、気の合う友達と好きなあそびを一緒に楽しむなかで、「自分の思いを言葉で表し、出し合う」というねらいになっています。また、配慮点・留意点として、個々の子どもに応じて思いを言語化できるよう援助していくことや、絵本を通し、言葉の響きやリズム、言葉の感覚を豊かにしていくこと、また、ルールのあるあそびを楽しむことで、4歳児なりにルールがわかり、さらにあそびの発展につながるよう保育者の願いが込められた計画になっています。いろいろなあそびのなかで言葉のねらいが達成されることが予測できます。

5歳児の指導計画は、言葉に関する特定の活動を行う日の日案例です。9月の敬老の日が近いことから、日本の行事に関心を示し、親しみながら、祖父母の長寿を願って「手紙を書こう」という設定で、「文字などで表現する喜びや満足感を味わう」という活動のねらいになっています。

敬老の日の行事の意味、日本の文化を伝えること、いずれにしても手紙を書こうという活動から親しみをもった祖父母への敬意を小さいながらも伝えることが日案に込められています。配慮事項をみると、このことから文字への興味関心が高まることを期待しています。そしてお手紙ごっこに発展していくように保育者は働きかけるなど、十分に援助する旨が計画に示されています。

日案の活動は、その日に終了するのではなく、継続、発展することを期待しています。5歳児が自分達で必要なものを作成したり、また、文字への関心が高まることを期待した指導計画になっています。

図表15-4 4歳児の週の指導計画（週案）6月

4歳児　6月20日～6月24日　すみれ組	園長印	担任印

前週の園児の実態	ねらい	行事
それぞれに気の合う友達と一つのあそびを継続して自分達で考えて、「ここはこうしよう」等、言葉を交わしながら遊ぶ姿がみられる。また、自分の気持ちを出して遊ぶようになってきたが、お互いの思いがぶつかり合って思うようにならない姿もみられる。 ・好きなあそびができて、子ども同士でおもちゃの取り合いや順番争いがみられるようになっている。主張はできるが理由は言葉で表せない子が多い。 ・ルールのあるあそびを楽しめるようになってきている。	自分のしたいことや興味をもったことに繰り返し関わり、そのなかで自分なりに動いたり、思いを出し合う。 ・気の合う友達と一緒に遊ぶなかで、自分の思いを言葉で表し、出し合う。 ・水の心地よさを感じ、夏ならではのあそびを通し開放感を味わう。	

環境構成図	予想される活動	具体的な姿	指導上の留意点
〈室内〉 ブロック　絵本 変身あそび　製作 粘土 園庭側 〈園庭〉 色水あそび　鉄棒・ブランコ シャボン玉あそび　砂場 水道　プール テラス側	〈好きなあそび〉 ○室内あそび 変身あそび、おままごと、製作、粘土、ブロック ○外あそび 砂あそび、固定遊具、鬼ごっこ 〈クラスで集まる活動〉 ・絵本 ・色水あそび、シャボン玉あそび ・鬼ごっこ ・フルーツバスケット ・プールあそび ・うた「プールのうた」	・自分の思いを出して好きなあそびを楽しむ。 ・園庭で体を動かすことを通し開放感を味わう。 ・絵本「ぐりとぐらのかいすいよく」を読む。 ・吹き方を変えたり、試したりして遊ぶ（シャボン玉あそび）。 ・色の混ざり合いにより様々な色ができることを楽しむ（色水あそび）。 ・プールでのあそび方やきまりを守り、プールあそびに慣れ親しむ。 ・ルールのあるあそびを通し、ルールがわかり自分なりにあそびを楽しむ。 ・身近な材料を使って自分がイメージをしたものをつくったりして遊ぶ。 ・自分の思いやイメージを保育者や友達に動きや言葉で表したり、伝えようとする。	・好きなあそびを選んで遊べるようコーナーの設定を整えておく（おままごと・粘土・製作など）。 ・保育者も一緒に遊びながら、一人ひとりの興味、関心を把握し、そのあそびが楽しめるよう言葉かけを行う。 ・おままごとや製作などでは、具体的にどのようなことをイメージしているのか、自分の思いを伝えられるよう、個々の子どもに応じて言語化できるよう援助していく。 ・絵本を通して、言葉の響きやリズム、新しい言葉や表現などにふれ、言葉に対する感覚が豊かになるよう保育者や友達と楽しめるようにしていく。 ・あそびに使うものをつくったり、実際に使ったりして楽しめるよう、必要な材料や環境を整える。 ・フルーツバスケットでは果物以外のものもアレンジし、自分の考えたことを表現できるよう援助していく。 ・あそびのなかで、友達と一緒に遊ぶことが楽しい、うれしいという気持ちを感じられるよう、またその思いを共有する楽しさを言葉で伝えられるよう援助していく。 ・トラブルになりそうなとき、なったときなどは、まずは思いを受け止め、相手の思いに気づかせながら時系列で説明し、友達に言葉で説明できるよう援助していく。 ・プールでのあそび方やきまりを具体的に知らせたり、確認したりしながら、守っていくことができるようにする。

	20日（月）	21日（火）	22日（水）	23日（木）	24日（金）
主活動	好きなあそび 鬼ごっこ プールのうたを歌う	色水あそび	プールあそび	フルーツバスケット	シャボン玉あそび 絵本を読む

図表 15-5 5歳児の1日の指導計画（日案）9月

9月 6日（火） 天気 晴		対象クラス	5歳児（クラス名 ばら組） 男児（12名）女児（13名）計（25名）
活動名	おじいちゃん、おばあちゃんへ手紙を書こう		
子どもの姿（実態）	・好きなあそびのなかで、友達と相談しながら、あそびを進める姿がみられる。 ・友達と「お手紙」のやり取りを楽しむ姿がみられるようになってきている。 ・ごっこあそびのなかで、看板やメニューなどを読んだり、文字を書くことに興味をもち、自分なりの表現で書いたりする幼児が増えてきている。 ・地域のお祭り、盆踊り等、地域社会の行事に参加した経験を友達に伝える姿がある。	活動のねらい	・自分の気持ちを手紙に書いて伝える喜びを感じる。 ・文字などで表現する喜びや満足感を味わう。 ・「敬老の日」の意味を知る。
設定の理由	・友達と手紙をやり取りをする楽しさを感じている幼児が多いので、「敬老の日」に向けておじいちゃん、おばあちゃんに手紙を書くことを通して、お年寄りを敬う気持ちや、日本の文化・行事に込められた願いを知らせたい。 ・この活動を経験することで、「手紙」を媒介に子ども同士のつながりが深まったり広がったりすることや、文字を使うことで、離れた相手とやり取りができることを理解してほしい。		

準備物	環境の構成
・官製はがき（子どもの人数分） ・2Bの鉛筆、色鉛筆 ・ひらがなスタンプ、ひらがな表 ・絵本「てがみをください」（山下明生作・村上勉絵, 文研出版, 1976.）	テラス　子ども　保育者

時間	準備と環境の再構成	子どもの活動	保育者の動きと配慮点・留意点
10:00 10:15 10:45	保育者 子ども	導入 ・手あそび「おおきくなったら」をする。 ・絵本「てがみをください」を見る。 ・敬老の日について保育者の話を聞く。 展開 ・席に着く。 ・文字のサンプルを受け取る。 ・各自の鉛筆を用意する。 ・はがきを受け取る、自由に文字を書く。 ・書き終わった子は、絵本やコーナーにて遊ぶ。 まとめ 全員書き終わったら、おじいちゃん、おばあちゃんに届くよう郵便屋さんにお願いすることや、おじいちゃん、おばあちゃんが手紙を読んでくれることへの期待について話す。	・保育者の近くに集まるよう声をかける。 ・温かい表情で子どもに視線を向け、本日の活動を伝える。 ・「敬老の日」の行事の話をし、おじいちゃん、おばあちゃんに手紙を書くことを提案する。手紙を書くことへの興味や期待を引き出せるよう配慮する。 ・個々にはがきを配り、はがきに文字を書いてみようと伝え、どんな文字をどのように書いていくのか、サンプルを見せる。 ・スタンプの押し方を伝える。 ・鉛筆を使っても、スタンプを使ってもよいと伝える。 ・はがきに書き入れる文字について伝え、自分なりの書き方で文字を使う喜びを味わえるよう配慮する。 ・幼児なりに文字などの記号を使って楽しみたいという関心を受け止めて援助する。 ・実際に手紙を書くことを通して、文字というものが果たす役割について自然に理解が進むようにする。 ・日常的に「おてがみごっこ」として発展していくよう、スタンプコーナーやポストの設置など、環境構成を行う。

反省と評価
反省と評価の観点 ・手紙を書きながら、友達と見せ合ったり、内容について話し合ったりしていたか。 ・ひらがな表を見たり、ひらがなスタンプを使ったりして手紙を書こうとしていたか。 ・おじいちゃんやおばあちゃんのことを考えながら手紙を書いていたか。

第３節　教材や情報機器を活用した保育計画

文部科学省の中央教育審議会答申[1]では、「子どもが成長し自立する上で（中略）「心の原風景」となる多様な体験を経験することが不可欠である」とあり、乳幼児期には、人や物と出会い、五感を使って感じ、気づく直接体験が大切であることが示されています。しかし、「都市化や情報化の進展によって、子どもの生活空間の中に自然や広場などといった遊び場が少なくなる一方で、テレビゲームやインターネット等の室内の遊びが増えるなど、偏った体験を余儀なくされている」と指摘しているように、地域社会などにおいて子どもが育つ環境は変化しています。保育現場では、直接体験が最も重要視されていますが、子ども達を取り巻く情報機器などの使用状況を無視するわけにはいきません。

1. 情報機器を活用した保育

ベネッセ教育総合研究所「第２回 乳幼児の親子のメディア活用調査」(2018）によると、2017（平成 29）年には、２歳以上の幼児の７～８割が家庭でスマートフォンを使用しているという結果が出ています。また、小平(2016）が全国の幼稚園を対象に行った調査では、2015（平成 27）年時点でパソコンソフト・インターネットでアクセスできる教材の保育への利用が11%、タブレット端末の利用が 5%と一部の園でしか使われていませんでしたが、秋田ら（2022）が 2020（令和 2）年 12 月から 2021（令和 3）年３月に保育所・認定こども園を対象に行った調査では、５割近くの園が利用しているという結果が出ています。調査の対象が違うのでそのまま比較はできませんが、保育の現場での ICT の活用が進んでいることがうかがえます。

コンピューターのお絵かきソフトなどの情報機器を使って絵を描いたりお話をつくったりする保育活動[2]は二十数年前にも行われていました。当時は、子ども達が描いた絵などを OHP や OHC などの OA 機器に映して遊んでいました。その頃としては１台のコンピューターの前に皆が集まり、内蔵されている機能を

1）中央教育審議会「子どもを取り巻く環境の変化を踏まえた今後の幼児教育の在り方について（答申）」平成 17 年１月 28 日

2）「保育環境としてのコンピューターのもつ意義—絵をかくソフトの活用を中心に—」東京都立教育研究所幼児教育研究部幼児教育研究室　東京都練馬区立北大泉幼稚園　教諭　阿部アサミ（この実践は、平成７年度東京都教員研究生研究概要収録 p.135 ～ p.136 に収録されている）

探索して自分達で使ってみたり、機器を操作して画面上に絵として表現したりする活動は画期的な試みでした。

現在、コンピューターを使って自分で描いた絵を映して遊ぶという活動がどのように楽しまれているのか、プログラミングを保育に取り入れている渕野辺ひばり幼稚園の事例[3)]を紹介します。

この園では、年長組になるとパソコンの時間があり、園長先生が子ども達にプログラミングを指導します。子ども達は1人1台のパソコンを使って自由にプログラミングで絵を描き、その動画をクラスにあるパソコンに送って、クラス全員の作成した動画を一つの画面に合成します。例えば、一人ひとりが海の生き物をつくると、最終的に海のなかをたくさんの生き物が泳ぐ世界が完成します。子ども達の自由な発想を、言葉で伝えるより視覚で伝えることでイメージを共有しやすくし、言葉での表現を補完することができます。また、その動画を保護者にも公開し親子で共有することで、親子の会話を豊かにすることにもつながりま

写真 15-1 園長先生からプログラミングを教えてもらう

写真 15-2 自分のイメージしたものを画面上に表現する

写真 15-3 皆の作品を合体した動画を保護者に見てもらう

3）学校法人八木学園 渕野辺ひばり幼稚園（2001（平成 13）年より保育にプログラミングを導入）

す。

渕野辺ひばり幼稚園のようなICTを駆使した保育活動ではなくとも、デジタルカメラやタブレットなどの情報機器で撮影した写真をプリントして皆で共有したり、プリントしたものについて調べてみたりする活動を保育に取り入れる園も増えてきています。

2. 情報機器と言葉

言葉に対する感覚を養ったり豊かな言葉を獲得したりする過程では、人との直接的な関わりが重要な役割を果たします。第4章の第2節では、ICTを活用した保育を考える際に大切なこととして、①子どもに育てたいことが明確になっているか、②子どもの直接体験と関連をもちながら、子どもの興味や関心、経験を広げたり深めたりすることができているか、③子ども同士、子どもと保育者、子どもと保護者や地域の人々との間で、関わりや対話が生まれることにつながっているか等の視点が挙げられていますが、情報機器を活用した保育活動のなかで人と人との関わりを保障し、そこで交わされる言葉が豊かになったりコミュニケーションへの関心が高まったりするように、①から③の視点を大切にし、保育のなかで情報機器を有効に活用することが求められるのではないでしょうか。

第4節　実践してみよう

1. 指導案を作成してみよう

実習の内容では、観察実習・参加実習・保育技術実習（絵本、紙芝居の読み聞かせなどの部分実習）・責任実習（全日実習・部分実習）があります。

責任実習においては、事前準備のために指導案の作成を行います。つまり、指導案はその活動に必要な計画書にあたります。

では、「絵本の読み聞かせ」をテーマにした指導案を作成してみましょう。

1　指導案作成の具体的な記載内容

①活動名

ねらいを達成するために、どのような経験が必要か、どのような活動をするのかについて、子どもが主語になるように具体的に記述します。

例：×絵本「〇〇〇」の読み聞かせ➡絵本「〇〇〇」を楽しむ

②**子どもの姿（実態）**

子どもの生活やあそびの様子、子どもが興味・関心をもっていること、クラスの発達状況、技能・技術面の発達や身体的発達の状態などをふまえ記述します。イメージしにくい場合は、例えば4歳児クラスであれば、4歳前半・後半、5歳前半の子どもの発達状況をイメージしてみましょう。

例：サツマイモの収穫が近づくにつれ、イモに関連する絵本を読む子どもが増えてきた

③**活動のねらい**

この活動を通して子ども達にどのような心情・意欲・態度を育てたいのか、また、子どもの姿（実態）をふまえ、どのような経験をしてほしいか具体的に記述します。実習園の指導計画や保育者の願いに照らし合わせることも必要です。

例：絵本の世界をイメージしたり、友達とお話の面白さを共有して楽しむ

④**設定の理由**

「経験する内容」を無理なく経験し、「活動のねらい」を達成するために、この活動が適切だと考えた理由について記述します。具体的には、子どもの姿のうち、活動の設定に関する子どもの経験値、興味関心の方向性、クラスの状況、子どもの技能・技術面の発達、季節や時期、活動そのものの特性などを記述します。

⑤**準備物**

活動に必要な準備物や内容等を記述します。

⑥**環境の構成**

事前に行う環境の設定について、何を、どこまで、どのように配置するかを具体的に記述します。空間としての環境構成図（俯瞰図）で説明します。

⑦**時間**

予想される時間配分を記入します。

⑧**準備と環境の再構成**

活動に合わせて環境や準備物が変わる場合、再構成を記述します。

⑨**子どもの活動**

子ども達が環境に関わってどのような反応や行動をするのか具体的な姿を予想して記述します。大項目と小項目に分けて、「◎」や「○」などで整理すると読みやすくなります。導入→展開→まとめの順番で組み立てましょう。

⑩**実習生の動きと配慮点・留意点**

予想される子どもの姿から、必要な援助とその留意点を具体的に記述します。「活動のねらい」を十分に意識し、「経験する内容」が実現できるような働きかけ

を考えましょう。

⑪反省と評価

実際の子どもの姿とそれに対する自分の指導がどうだったかを振り返ります。指導案の各項目について検討し、次の活動に活かすことが大切です。

指導案のシート（**図表 15-6**）をもとにして、実際に「絵本」をテーマに指導案を作成してみましょう。

図表 15-6 指導案（日案）の記入シート

<table>
<tr><td colspan="4">月　日（　）天気</td><td>対象クラス</td><td colspan="2">歳児（クラス名　組）
男児（　名）女児（　名）
計（　名）</td></tr>
<tr><td>①活動名</td><td colspan="6"></td></tr>
<tr><td>②子どもの姿（実態）</td><td colspan="3"></td><td>③活動のねらい</td><td colspan="2"></td></tr>
<tr><td>④設定の理由</td><td colspan="6"></td></tr>
<tr><td colspan="3">⑤準備物</td><td colspan="4">⑥環境の構成</td></tr>
<tr><td colspan="3"></td><td colspan="4"></td></tr>
<tr><td>⑦時間</td><td>⑧準備と環境の再構成</td><td colspan="2">⑨子どもの活動</td><td colspan="3">⑩実習生の動きと配慮点・留意点</td></tr>
<tr><td></td><td></td><td colspan="2"></td><td colspan="3"></td></tr>
<tr><td colspan="7">⑪反省と評価</td></tr>
<tr><td colspan="7"></td></tr>
</table>

引用文献

・秋田喜代美・宮田まり子・野澤祥子編著（2022）『ICT を使って保育を豊かに―ワクワクがつながる＆広がる 28 の実践』中央法規出版
・ベネッセ教育総合研究所（2018）『第 2 回 乳幼児の親子のメディア活用調査報告書』
・小平さち子（2019）「幼児教育におけるメディアの可能性を考える―2015 年度 幼稚園におけるメディア利用と意識に関する調査を中心に」NHK 出版『放送研究と調査 2016 年 7 月号』pp.14-37.
・文部科学省（2021）「幼児の思いをつなぐ指導計画の作成と保育の展開（令和 3 年 2 月）」p.28.

索引

た

な

は

ま

や

ら

わ

アルファベット

数字

おわりに

本書は、執筆者それぞれが行ってきたフィールドワークをふまえ、熟考し、まとめたものです。わかりやすい事例や教材、見やすい図表、楽しいイラストなど、読者の皆さんが常に手元においていただけるよう工夫しました。保育事例や写真の提供者の皆様、引用転載等の労をとってくださった皆様、親しみやすいイラストを希望通りに描いてくださった、のはらあこさん、ありがとうございました。そして、細かな言い回しのチェックも含めて辛抱強く最後まで寄り添ってくださった編集の荒川陽子さん、福尾このみさん、大変お世話になりました。記して感謝申し上げます。

執筆者を代表して　齋藤政子

編者・執筆者一覧

● 編者

齋藤政子（明星大学教育学部教授）

● 執筆者（50 音順）

市野繁子（駒沢女子短期大学教授）
第３章第１節

井上宏子（明星大学教育学部特任教授）
第９章第４節、第 14 章、第 15 章第３節

大屋壽海（すぎのこ保育園主任保育士）
Column4、第９章第３節

小川貴代子（竹早学園竹早教員保育士養成所教員）
第 11 章

北相模美恵子（明星大学教育学部特任准教授）
第８章第３節

小谷宜路（埼玉大学教育学部附属幼稚園副園長）
第４章第４節、Column5

齋藤政子（再掲）
第１章、Column1、第８章第１・２・４節、第９章第１・２節、第 15 章第１節１、同第２節１

中村麻衣子（フェリシアこども短期大学副学長）
第３章第２・３・４節

韓仁愛（和光大学現代人間学部講師）
第７章第１・２・３節

藤枝充子（明星大学教育学部教授）
第４章第１・２節、Column2

藤本朋美（南九州大学人間発達学部准教授）
第２章、第４章第３節

古橋真紀子（国際学院埼玉短期大学講師）
第５章、第６章第４節、第７章第４節

松田聖子（帝京平成大学人文社会学部講師）
第 13 章

武藤篤訓（くしろせんもん学校専任講師）
Column3

安田真紀子（フェリシアこども短期大学講師）
第 12 章

山下晶子（フェリシアこども短期大学教授）
第 10 章、第 15 章第１節２・３、同第２節２、同第４節

呂小耘（帝京大学教育学部助教）
第６章第１・２・３節

（2023 年１月現在）

保育内容「言葉」と指導法
理解する・考える・実践する

2023年3月1日　発行

編　集　　齋藤政子
発行者　　荘村明彦
発行所　　中央法規出版株式会社
〒110-0016　東京都台東区台東3-29-1　中央法規ビル
TEL 03-6387-3196
https://www.chuohoki.co.jp/

装幀・本文デザイン　株式会社ジャパンマテリアル
本文イラスト　のはらあこ
印刷・製本　長野印刷商工株式会社

定価はカバーに表示してあります。
ISBN978-4-8058-8813-1